I0583596

ଭାବକୁ ନିକଟ

ଭାବକୁ ନିକଟ

ଗୌରହରି ଦାସ

BLACK EAGLE BOOKS

2021

BLACK EAGLE BOOKS

USA address:
7464 Wisdom Lane
Dublin, OH 43016

India address:
E/312, Trident Galaxy, Kalinga Nagar,
Bhubaneswar-751003, Odisha, India

E-mail: info@blackeaglebooks.org
Website: www.blackeaglebooks.org

First International Edition Published by
BLACK EAGLE BOOKS, 2021

BHABAKU NIKATA
by **Gourahari Das**

Copyright © Gourahari Das

All rights reserved. No part of this publication may be reproduced, stored in a
retrieval system, or transmitted, in any form or by any means, electronic,
mechanical, photocopying, recording or otherwise without the prior permission
of the publisher.

Cover & Illustration: **Tanuj Mallick**
Interior Design: Ezy's Publication

ISBN- 978-1-64560-150-0 (Paperback)

Printed in United States of America

ଅନ୍ୟର ଦୁଃଖରେ ଦୁଃଖୀ ହୋଇ ସହାୟତାର ହାତ
ବଢ଼ାଉଥିବା ରକ୍ତମାଂସର ଶ୍ରୀଜଗନ୍ନାଥମାନଙ୍କୁ

ଗୌରହରି

ସୂଚୀ

ନିଜକଥା	୯
ପଙ୍ଗୁର ପର୍ବତ ଆରୋହଣ	୧୩
ସେ ମୋ ମହାଜନ, ମୁଁ ତାଙ୍କର ଖାତକ	୩୩
ବିପଦଶଙ୍କୁଳ ଯାତ୍ରା ଓ ସେଇ ଅପରିଚିତ ଦୁଇ କିଶୋର	୩୭
ମୋର ଗବେଷଣା ଓ ତାଙ୍କ ଆଶୀର୍ବାଦ	୪୯
ଏୟାରପୋର୍ଟରେ ଦେବଦୂତ	୫୭
ଭିନ୍ନ ଇସାରା	୬୫
ଜଗନ୍ନାଥ ବାହାଘର ଦାୟିତ୍ୱ ବୁଝିଲେ	୭୩
ସିଏ ମୋର ସ୍ୱପ୍ନ ଓ ସାହସ	୮୫
ଭାବକୁ ନିକଟ	୯୫
ଜଗନ୍ନାଥ ଆମ ଦୁଶ୍ଚିନ୍ତା ଦୂର କଲେ	୧୦୩
ଅପରିଚିତ ବନ୍ଧୁ	୧୧୩
ରଥଯାତ୍ରାର ଧାରାବିବରଣୀ ଅଭିଜ୍ଞତା	୧୨୧
ଜଗନ୍ନାଥ ଲୁହ ପୋଛିଦେଲେ	୧୩୫

ନିଜକଥା

ମଣିଷଠାରୁ ଅସହାୟ ପ୍ରାଣୀ ଆଉ କେହି ନାହାନ୍ତି। ଜନ୍ମଠାରୁ ନିଜ ଗୋଡ଼ରେ ଛିଡ଼ା ହେବା ପର୍ଯ୍ୟନ୍ତ ମଣିଷ ଛୁଆକୁ ଯେତେ ସମୟ ଲାଗେ ଆଉ କୋଉ ପ୍ରାଣୀକୁ ସେତେ ସମୟ ଲାଗେ ନାହିଁ। ବଡ଼ ହେଲାପରେ ବି ସବୁ କଥାଲାଗି ଅନ୍ୟ ଉପରେ ନିର୍ଭରଶୀଳ ହୁଏ ମଣିଷ। ଯୋଉଠି ଚିହ୍ନାପରିଚିତ କାହାକୁ ନ ପାଏ, ସେଇଠି ହାତଯୋଡ଼ି ଆକାଶକୁ ଅନାଏ- ଈଶ୍ୱର ମୋତେ ସହାୟ ହୁଅ। ଅସହାୟ ମଣିଷର ଶେଷ ଭରସା ଈଶ୍ୱର, ତା'ର କାନ୍ଦିବାଲାଗି ନିର୍ଭରଯୋଗ୍ୟ କାନ୍ଧ ଈଶ୍ୱର।

ଏକଥା ସତ ଯେ ଈଶ୍ୱର ମଣିଷକୁ ନୁହେଁ ମଣିଷ ହିଁ ଈଶ୍ୱରଙ୍କୁ ସୃଷ୍ଟି କରିଛି। ଈଶ୍ୱର ମଣିଷର ସବୁଠାରୁ ଉପକାରୀ ଆବିଷ୍କାର, ହେତୁବାଦୀଙ୍କ ବିଚାରରେ ସବୁଠାରୁ କ୍ଷତିକାରକ ଆବିଷ୍କାର। ସେମାନଙ୍କୁ ନିଜ ସୃଷ୍ଟ ଈଶ୍ୱର ପାଖେ ମଣିଷକୁ ଅସହାୟ ହୋଇ ଛିଡ଼ା ହେବାଟା ଅର୍ଥହୀନ ଲାଗେ। ମାତ୍ର ମୁଁ ଲକ୍ଷ୍ୟ କରିଛି, ଈଶ୍ୱର ମଣିଷ ପାଇଁ ଏକ ପ୍ରୟୋଜନୀୟ ଅନୁଭବ। ଯଦି ଈଶ୍ୱର ନ ଥାଆନ୍ତେ ତାହାହେଲେ ମଣିଷ ନିଜର ଦୁଃଖତକ ନେଇ କୋଉଠିକୁ ଯାଆନ୍ତା!

ଏକଥା କହିଲାବେଳେ ମୁଁ ସଚେତନ ଯେ, ଈଶ୍ୱର ବିଶ୍ୱାସ ଅନେକଙ୍କୁ ଅନ୍ଧବିଶ୍ୱାସୀ କରିଦେଇଛି। ଏଇଠୁ ଆରମ୍ଭ ହୋଇଛି ନାନା ପୂଜା, ଉପଚାର, ତନ୍ତ୍ର-ମନ୍ତ୍ର, ବଳି ଓ ମାଜଣା। ଭୟାର୍ତ୍ତ ମଣିଷ ବିପଦରୁ ମୁକ୍ତି ପାଇଁ ପୂଜା ଯାଚିଛି। ଏଇଥିପାଇଁ କୁହାଯାଇଛି ଯେ ମଣିଷର ଭୟରୁ ଈଶ୍ୱରଙ୍କର ସୃଷ୍ଟି। ଯୋଉଦିନ ମଣିଷ ମନରୁ ଭୟ ଚାଲିଯିବ ସେଦିନ ଈଶ୍ୱରଙ୍କର ପ୍ରୟୋଜନ ମଧ୍ୟ ଚାଲିଯିବ। ମାତ୍ର କଥା ହେଉଛି, ମଣିଷ ମନରୁ କୌଣସି ଦିନ ଭୟ ସମ୍ପୂର୍ଣ୍ଣ ଚାଲିଯିବ ନାହିଁ।

ପୂର୍ବରୁ ମୁଁ ଈଶ୍ୱରଙ୍କର ଉପସ୍ଥିତିକୁ ଅସ୍ୱୀକାର କରି ବହୁ ପ୍ରବନ୍ଧ ଲେଖିଛି। ଆଜି ମଧ୍ୟ ମୁଁ ପୂଜା-ଉପଚାର ଇତ୍ୟାଦିରେ ବିଶ୍ୱାସ କରେ ନାହିଁ। ଫରାସୀ ଦାର୍ଶନିକ ମଣ୍ଟେନଙ୍କର ସେହି ମନ୍ତବ୍ୟ ମୁଁ ପଢ଼ିଛି ଯେଉଁଠି ସେ କହିଛନ୍ତି- ମଣିଷଠାରୁ ବଳି ପାଗଳ କେହି ନାହିଁ। ଗୋଟାଏ ପୋକ ସୃଷ୍ଟି କରିବାକୁ ଅସମର୍ଥ ମଣିଷ ପ୍ରତିଦିନ ଡଜନେ ଈଶ୍ୱର ସୃଷ୍ଟି କରିପାରୁଛି। ଏହା ସତ୍ତ୍ୱେ ସଂସ୍କାର ହେଉ କି ପରମ୍ପରା ହେଉ, ବିପଦ ଆପଦ ପଡ଼ିଲେ ମୋର ହାତ ଯୋଡ଼ିକ ଶ୍ରୀଜଗନ୍ନାଥଙ୍କ ଉଦ୍ଦେଶ୍ୟରେ ଉଠିଯାଏ। ସେ ମୋର ଚେତନା, ବିବେକରକ୍ଷକ, ଶେଷ ଆଶ୍ରୟ। ତା'ପରେ ଯାହା ହୁଏ ସେସବୁ ତାଙ୍କରି ନିର୍ଦ୍ଦେଶ ବୋଲି ମୁଁ ଗ୍ରହଣ କରିନିଏ। ମୋର ଏହି ମୁଦ୍ରାକୁ କେହି ସଂଶୟବାଦ ବା ଅନ୍ୟ କିଛି କହିପାରନ୍ତି। ମୁଁ ଉଭୟକୁ ସ୍ୱୀକାର କରୁଛି।

ଏ ବହିର ଗୋଟିଏ ଦୁଇଟିକୁ ଛାଡ଼ିଦେଲେ ସବୁତକ ଲେଖା ରଚନା ପଛରେ ଜଣଙ୍କର ଭୂମିକା ରହିଛି ଏବଂ ସେ ହେଲେ ଲେଖକ ଶ୍ରୀ ପୀତବାସ ରାଉତରାୟ। ସମ୍ଭବତଃ ଦୁଇହଜାର ଆଠ ମସିହାରୁ ପ୍ରତିବର୍ଷ ରଥଯାତ୍ରାବେଳକୁ ସେ ଶ୍ରୀଜଗନ୍ନାଥଙ୍କୁ ନେଇ ବିଭିନ୍ନ ବ୍ୟକ୍ତିଙ୍କ ଲେଖା ସଂକଳିତ ବହି ପ୍ରକାଶ କରିଆସୁଛନ୍ତି। ତାଙ୍କରି ଅନୁରୋଧ ଓ ତାଗିଦା ଫଳରେ ଏସବୁ ଲେଖି ହୋଇଯାଇଛି। ପ୍ରତିବର୍ଷ ଭାବେ, ଏବର୍ଷ ବୋଧହୁଏ ସେପରି କିଛି ଘଟଣା ଘଟିବ ନାହିଁ, ତେଣୁ ମନା କରିଦେବି। କେତେ ବର୍ଷ ସେମିତି ହୋଇଛି। ଜଗନ୍ନାଥଙ୍କୁ ନେଇ ସେଭଳି ଅନୁଭୂତି ସଂଗ୍ରହ ହୋଇ ନ ଥିବା ବର୍ଷଗୁଡ଼ିକରେ ମୁଁ ତାଙ୍କଠାରୁ କ୍ଷମା ମାଗିନେଇଛି। ତେବେ ଅଧିକାଂଶ ସଂଖ୍ୟା ପାଇଁ ମୁଁ ଲେଖା ଦେଇଛି। ସେଇ ଲେଖାଗୁଡ଼ିକର ଏକତ୍ର ସଂକଳନ ଏଇ ବହି - 'ଭାବକୁ ନିକଟ'।

୧୯୯୬ ମସିହା ମୋ ଜୀବନ ପାଇଁ ଗୋଟେ ଖୁବ୍ ଗୁରୁତ୍ୱପୂର୍ଣ୍ଣ ବର୍ଷ। ସେ ବର୍ଷ ମୋର ତଳ ଭାଇ ଭକ୍ତହରି ସଡ଼କ ଦୁର୍ଘଟଣାରେ ଚାଲିଗଲା। ସେଇ ବର୍ଷ ମୁଁ ପ୍ରଥମେ ଆମେରିକା ଗଲି, 'ଓସା' ସମ୍ମିଳନୀରେ ଭାଷଣ ଦେବା ପାଇଁ। ସେ ସମୟର ଅନୁଭୂତି ବିଚିତ୍ର। ସେଗୁଡ଼ିକ ଆଗରୁ ଲେଖିପାରି ନ ଥିଲି। ସେଇ ଲେଖାଟି ଏ ବହିର ପ୍ରଥମରେ ଦେଇଛି।

'ଭାବକୁ ନିକଟ'ର ଲେଖାଗୁଡ଼ିକ ମୋର ବ୍ୟକ୍ତିଗତ ଅନୁଭୂତି। ଏସବୁ ପାଠକମାନଙ୍କୁ କେମିତି ଲାଗିବ ମୁଁ ଜାଣେ ନାହିଁ। ତେବେ ଏହି ଲେଖାଗୁଡ଼ିକ ପଢ଼ି ବିଭିନ୍ନ ସମୟରେ ବହୁ ବ୍ୟକ୍ତି ମୋତେ ଫୋନ୍ ଯୋଗେ ଅଭିନନ୍ଦନ ଜଣାଇଛନ୍ତି। ତାଙ୍କ ଭିତରୁ ଜଣେ ବିଖ୍ୟାତ ବ୍ୟକ୍ତି ହେଲେ ଗୁରୁ ଶ୍ରୀ ଚନ୍ଦ୍ରଭାନୁ ଶତପଥୀ। ସେହି ଦୃଷ୍ଟିରୁ ମୋର ବିଶ୍ୱାସ, ସମଭାବାପନ୍ନ ପାଠକଙ୍କୁ ଏହା ଖରାପ ଲାଗିବ ନାହିଁ। ସେମାନେ ମୋ ପରି ନିଜ ନିଜ ଜୀବନରେ ଏପ୍ରକାର ଅଭିଜ୍ଞତା ନିଶ୍ଚୟ ଅନୁଭବ କରିଥିବେ।

ବହିଟିର ପ୍ରକାଶ ଦାୟିତ୍ୱ ମୁଁ ଓଡ଼ିଶାର କୌଣସି ପ୍ରକାଶକଙ୍କୁ ଦେଇପାରିଥାଆନ୍ତି। ମାତ୍ର କାହିଁକି କେଜାଣି ପ୍ରଥମେ ଶ୍ରୀ ସତ୍ୟ ପଟ୍ଟନାୟକଙ୍କ କଥା ମନେପଡ଼ିଲା। ଆମେରିକାରେ ରହୁଥିବା ବିଶିଷ୍ଟ ଲେଖକ, ପ୍ରକାଶକ ଏବଂ ସଙ୍ଗଠକ ଶ୍ରୀ ସତ୍ୟ ପଟ୍ଟନାୟକଙ୍କ ସାହିତ୍ୟପ୍ରୀତିକୁ ଯେତେ ପ୍ରଶଂସା କଲେ ସୁଦ୍ଧା କମ୍ ହେବ। ସେ ପୁଣି ଶ୍ରୀଜଗନ୍ନାଥଙ୍କର ଜଣେ ନିଷ୍ଠାପର ଭକ୍ତ। ସେଥିପାଇଁ ଶ୍ରୀଜଗନ୍ନାଥଙ୍କ କରୁଣା ସମ୍ପର୍କରେ ଲେଖାଯାଇଥିବା ବହିଟିର ପ୍ରକାଶନ ଦାୟିତ୍ୱ ତାଙ୍କୁ ଦେବାଲାଗି ମୋର ମନ କହିଲା। ପୂର୍ବରୁ ସେ ମୋର କେତେଖଣ୍ଡ ବହି ପ୍ରକାଶ କରିଛନ୍ତି ଓ ଏ ଖଣ୍ଡିକ ମଧ୍ୟ ପ୍ରକାଶ ନିମନ୍ତେ ବିଶେଷ ଆଗ୍ରହ ଦେଖାଇଥିବାରୁ ମୁଁ ତାଙ୍କ ନିକଟରେ କୃତଜ୍ଞ। ବିଭିନ୍ନ ସମୟରେ ପ୍ରକାଶିତ ଏହି ଲେଖାଗୁଡ଼ିକରୁ କେତୋଟି ଲେଖା ମୋ ପାଖରେ ନ ଥିଲା। ସେହିଗୁଡ଼ିକୁ ସଂଗ୍ରହ କରି ମୋତେ ଯୋଗାଇ ଦେଇଥିବାରୁ ମୁଁ ଶ୍ରୀ ପୀତବାସ ରାଉତରାୟଙ୍କୁ କୃତଜ୍ଞତା ଜଣାଉଛି। ଏ ବହିରେ ମୁଁ ବହୁ ଚିହ୍ନା-ଅଚିହ୍ନା ଚରିତ୍ରଙ୍କ କଥା ଉଲ୍ଲେଖ କରିଛି ଯେଉଁମାନେ ଅସମୟରେ ଆସି ମୋତେ ବା ମୋ ପରିବାରକୁ ସାହାଯ୍ୟ କରିଛନ୍ତି। ସେମାନଙ୍କ ମଧ୍ୟରୁ କେତେକଙ୍କ ସହ ହୁଏତ ଏ ଜୀବନରେ ଆଉ କେବେ ଦେଖା ହୋଇ ନ ପାରେ। ମାତ୍ର ସେମାନଙ୍କ ଶ୍ରଦ୍ଧା ଓ ଆଦର ଚିରକାଳ ମୋର ଛାତି ଭିତରେ ପଥରରେ ଟଣା ଗାର ପରି ଅକ୍ଷତ ରହିଥିବ। ଏ ବହିର ପ୍ରକାଶନ ଅବସରରେ ମୁଁ ସେମାନଙ୍କୁ ନମ୍ରତାର ସହ ସ୍ମରଣ କରୁଛି।

ସବା ଶେଷରେ ଯିଏ ଏ ବହିର ଆଦ୍ୟ, ମଧ୍ୟମ ଏବଂ ଅନ୍ତିମ ସେଇ ଶ୍ରୀଜଗନ୍ନାଥଙ୍କୁ ସ୍ମରଣ କରି ରହୁଛି।

ଗୌରହରି ଦାସ

‘ଅନୁଭବ’
୩୭୮ ବରମୁଣ୍ଡା ଗାଁ
ଭୁବନେଶ୍ୱର- ୭୫୧୦୦୩
ଭାରତ

ପଙ୍ଗୁର ପର୍ବତ ଆରୋହଣ

ପିଲାଦିନେ ଭାଗବତ ପଢ଼ିଲାବେଳେ ଅନ୍ୟ କେତେ ପଦ ଶ୍ଳୋକ ସାଙ୍ଗରେ ଏହି ପଦକ ପଢ଼ିବାକୁ ପଡୁଥିଲା। ତାହାହେଲା, ''ମୂକଂ କରୋତି ବାଚାଳମ୍, ପଙ୍ଗୁ ଲଂଘୟତେ ଗିରିମ୍, ଯତ୍ କୃପା ତମହଂ ବନ୍ଦେ ପରମାନନ୍ଦ ମାଧବମ୍।" ଏହାର ଅର୍ଥ ଈଶ୍ୱରଙ୍କ କରୁଣା ମିଳିଲେ ମୂକ ମଧ୍ୟ ବାଚାଳ ହୋଇପାରେ ଏବଂ ପଙ୍ଗୁ ମଧ୍ୟ ପର୍ବତ ଆରୋହଣ କରିପାରେ। ମୋ ଜୀବନରେ ମୁଁ ଏ ଦୁଇଟି ସତ୍ୟ ଅନୁଭବ କରିଛି- ଥରେ ନୁହେଁ ଅନେକ ଥର। ତା' ଭିତରୁ ଗୋଟିଏ କଥା ଏଠି ଉଲ୍ଲେଖ କରିବି।

୧୯୯୬ ପର୍ଯ୍ୟନ୍ତ ଅର୍ଥାତ୍ ମୋତେ ଛତିଶ ବର୍ଷ ହେଲା ଯାଏଁ ମୁଁ ଆଦୌ ବିମାନରେ ବସି ନ ଥିଲି। ୧୯୯୬ରେ ଆମେରିକା ଯିବାର ସୁଯୋଗ ଆସିଲା ଏବଂ ମୁଁ ଭୁବନେଶ୍ୱରରୁ ଦିଲ୍ଲୀ ଓ ଦିଲ୍ଲୀରୁ ନ୍ୟୁୟର୍କରେ ଯାଇ ପହଞ୍ଚିଗଲି। ଯେତେବେଳେ ମୋର ବନ୍ଧୁମାନେ କହନ୍ତି ଯେ ତୁମେ ପ୍ରଥମ ଥରରେ ଭୁବନେଶ୍ୱରରୁ ନ୍ୟୁୟର୍କ ପର୍ଯ୍ୟନ୍ତ ଉଡ଼ିଗଲ ସେତେବେଳେ ମୋର ମନେପଡ଼େ 'ପଙ୍ଗୁ ଲଂଘୟତେ ଗିରିମ୍।' ଭାଗବତର ଏଇ ପଦକର ପୂର୍ବ ପଦ ହେଲା- 'ମୂକଂ କରୋତି ବାଚାଳମ୍'। ଏ କଥାଟି ମଧ୍ୟ ମୁଁ ସେଇ ଆମେରିକା ଭ୍ରମଣ ଅବସରରେ ଅନୁଭବ କରିଥିଲି। ୧୯୯୬ ପର୍ଯ୍ୟନ୍ତ କୋଉଠି ମଞ୍ଚରେ ମୁଁ ଭାଷଣ ଦେଇପାରୁ ନ ଥିଲି। ପିଲାଦିନୁ ମଞ୍ଚ ପ୍ରତି ମୋର ଭୟ ଥିଲା। ଏଇ ଭୟ ଯୋଗୁଁ ରେଭେନ୍‌ସାରେ ପଢୁଥିବା ବେଳେ ମୁଁ ମଞ୍ଚ ଉପରକୁ ଯାଇ ରାଜ୍ୟପାଳଙ୍କ ହାତରୁ ମୋର ପୁରସ୍କାରଟି ଆଣିବା ଲାଗି ସୁଦ୍ଧା ସାହସ ସଂଗ୍ରହ କରିପାରି ନ ଥିଲି। ମାତ୍ର ଆମେରିକାରେ ସେ ଭୟକୁ ଛାଡ଼ିବାଲାଗି ପଡ଼ିଲା। ସେଠାରେ ଭାଷଣ ଦେବା ଓ ପ୍ରଶଂସା ଗୋଟେଇବା ମୋ ପକ୍ଷେ ଉଭୟ 'ପଙ୍ଗୁ ଲଂଘୟତେ ଗିରିମ୍' ଏବଂ 'ମୂକଂ କରୋତି ବାଚାଳମ୍' ପରି

ହୋଇଥିଲା। ଏସବୁ ଶ୍ରୀଜଗନ୍ନାଥଙ୍କ କରୁଣା ଭିନ୍ନ ଅନ୍ୟ କିଛି ନୁହେଁ ବୋଲି ମୁଁ ମନେକରେ। ସେହି ପ୍ରଥମ ପ୍ରବାସର କିଛି ଅନୁଭବ ଏଇଠି ରଖୁଛି।

ମେ ୬ ତାରିଖ ମୋ ପାଇଁ ଖୁବ୍ ଗୋଟେ ଭଲ ତାରିଖ ବୋଲି କିଛି ବର୍ଷ ହେଲା ଧରି ନେଇଥିଲି। ଏଇ ତାରିଖରେ ମୁଁ ବାହା ହୋଇଥିଲି, ଏଇ ତାରିଖରେ ଆମେ ଆମର ଭୁବନେଶ୍ୱର ଘରକାମ ସାରି 'ଗୃହ ପ୍ରବେଶ' କରିଥିଲୁ। ସେଥିପାଇଁ ମେ ୬ ତାରିଖଟି ମୋ ଭିତରେ ଗୋଟେ ଅଲଗା ଆସନ ତା' ଲାଗି ବିଛେଇ ନେଇଥିଲା। ଗୃହ ପ୍ରବେଶ ଘଟଣାଟିକୁ ସ୍ମରଣ କରିବାର କୌଣସି ଉପାୟ ନାହିଁ, ବ୍ୟସ୍ତ ଜୀବନରେ ବାହାଘର ତାରିଖ ମଧ୍ୟ ମନେରଖିବା ସବୁବେଳେ ସମ୍ଭବ ନୁହେଁ। ଏଭଳି ତିଥି ବାର ମନେରଖି 'ବିବାହ ବାର୍ଷିକୀ' ପାଳନ କରିବାର ଯୋଉ ମାନସିକତା ସେତକ ମଧ୍ୟ ମୋର ରହେ ନାହିଁ। କିଛି ବର୍ଷ ହେଲା ମୋ ଝିଅ କିନ୍ତୁ ଏଇ ତାରିଖଟିକୁ ଢେର୍ ଆଗରୁ ମନେପକେଇ ଦେଉଛି। ବାପା ଓ ମାଆଙ୍କ ଜନ୍ମଦିନ, ସେମାନଙ୍କର ବାହାଘର ତାରିଖ ଓ ସର୍ବୋପରି ତା' ନିଜର ଜନ୍ମ ତାରିଖକୁ ସେ ଗୋଟେ ଖାତାରେ ଟିପି ରଖିଛି।

୧୯୯୬ ମେ ୬ ତାରିଖ। ସକାଳ ତଥାପି ଫିଟି ନାହିଁ। ଗୋଟେ ଟେଲିଫୋନ୍ କଲ୍ ପାଇଲି ରାଉରକେଲାରୁ। ଆମ ପ୍ରେସ୍‌ର କର୍ମଚାରୀ ବୁଦ୍ଧିରାମ ଫୋନ୍ କରୁଥାଏ, 'ଭାଇ, ଆପଣ ଶୀଘ୍ର ଚାଲି ଆସନ୍ତୁ। କଟି ଭାଇର ଆକ୍ସିଡେଣ୍ଟ୍ ହୋଇଯାଇଛି।' କଟି (ଭକ୍ତହରି) ମୋର ସାନ ଭାଇ। ତିନି ଭାଇଙ୍କ ଭିତରେ ସେ ମଝିଆ। ମୋ ଦେହରୁ ଝାଳ ବୋହିଗଲା। ଦୁର୍ଘଟଣା ସେତିକି ଗୁରୁତର ହୋଇ ନ ଥିଲେ ବୁଦ୍ଧିରାମ ମୋତେ 'ଶୀଘ୍ର ଆସନ୍ତୁ' ବୋଲି କଦାପି କହି ନ ଥାନ୍ତା। ପୂର୍ବଦିନ ରାତିରୁ କେତେ କଥା ଭାବିଥିଲି। ମାମା (ସ୍ତ୍ରୀ) ଓ ଲୁନା (ଝିଅ)ଙ୍କୁ ନେଇ କୋଉଠୁ ଟିକିଏ ବୁଲେଇ ଆଣିବି। ସେକଥା ଆଉ ଭାବି ଲାଭ ନାହିଁ। ଦାଣ୍ଡଘରେ ଶୋଇଥିଲି। ଫୋନ୍‌ଟି ସେଇଠି ଥାଏ। ଫୋନ୍ ଥୋଇଦେଇ ଦୁଆର ପାଖକୁ ଚାହିଁଲି। ଦଶ ବର୍ଷର ଝିଅ ଲୁନା ତା' ହାତରେ ଗୋଟେ ଗ୍ରୀଟିଂସ୍ କାର୍ଡ ଧରିଛି। ବାପା ଓ ମାଆର ଯୋଡ଼େ କାର୍ଟୁନ୍ ଆଙ୍କି ତହିଁରେ ବିବାହ ବାର୍ଷିକୀର ଶୁଭେଚ୍ଛା ଲେଖିଛି। ତିନି ଚାରି ଦିନ ହେଲା ସେ ଏ କାର୍ଡ ତିଆରିରେ ଲାଗିଥିଲା। ପାଞ୍ଚ ସାତଟି କାର୍ଡ ନାକଚ କଲାପରେ ଏଇଟିକୁ ବାଛିଚି। ଅନ୍ୟ ଦିନ ହୋଇଥିଲେ ମୁଁ ତା'ର ଏହି ସ୍ନେହ ଓ ଆଦର ଲାଗି ତାକୁ କୁଣ୍ଢେଇ ଘେରାଏ ନାଚି ଯାଇଥାଆନ୍ତି। ମାତ୍ର କଟିର ଆକ୍ସିଡେଣ୍ଟ୍ ଖବର ମୋ ହାତ ପାଦ ସବୁକୁ ଅବଶ କରି ଦେଇଥାଏ। ଫିକା ହସଟିଏ ହସି ତା' ହାତରୁ କାର୍ଡଟି ରଖିଲି ଓ 'ଭଲ ହେଇଛି' କହି ଗୁମ୍ ହୋଇ ବସିଗଲି।

ଏହାପରେ ମୋର କାମ ହେଲା କେତେ ଶୀଘ୍ର ରାଉରକେଲାରେ ପହଞ୍ଚିବି। ସେ ସମୟରେ ଦିନବେଳା ଭୁବନେଶ୍ୱରରୁ ରାଉରକେଲାକୁ ପ୍ରାୟ କୌଣସି ବସ୍ ନଥାଏ। ସଞ୍ଜବେଳକୁ ଗଲେ ବହୁତ ଡେରି ହୋଇଯିବ। ଆଗରୁ ରାଉରକେଲାକୁ 'ବାୟୁଦୂତ' ସର୍ଭିସ୍ ଉଡ଼ାଜାହାଜ ଯା-ଆସ କରୁଥିଲା। ଏବେ ସେଇଟି ବି ବନ୍ଦ। ଏକମାତ୍ର ଉପାୟ ହେଉଛି ଟ୍ୟାକ୍ସିଟେ ନେଇ ଯିବା। ତା' ପରଦିନ ଭୁବନେଶ୍ୱରରେ ଭୋଟ୍ ଗ୍ରହଣ। 'ସମ୍ବାଦ'ର ସଂପାଦକ ସୌମ୍ୟରଂଜନ ପଟ୍ଟନାୟକ ଲୋକସଭା ପ୍ରାର୍ଥୀ। ଗଲା ପନ୍ଦର ଦିନ ହେଲା ମୁଁ ଢେର୍ ଘୂରାଘୂରି କରିଛି। ଅନୁଷ୍ଠାନର ମୁଖ୍ୟ ନିଜେ ପ୍ରାର୍ଥୀ ହୋଇଥିବାରୁ ପ୍ରତ୍ୟେକ ସହଯୋଗୀ ସକ୍ରିୟ ଥାଆନ୍ତି। କାଲି ନିର୍ବାଚନ, ଆଜି ହଠାତ୍ ମୋତେ ଭୁବନେଶ୍ୱର ଛାଡ଼ିବାକୁ ପଡ଼ିବ, ଏକଥା ମୁଁ ଆଗରୁ କଦାପି କଳ୍ପନା କରିପାରି ନ ଥାନ୍ତି।

ଟ୍ୟାକ୍ସି ଆସିଲା। ମୋର ସବା ସାନ ଭାଇ ଟିକିଲି (ନରହରି) ପୂର୍ବଦିନ ଅର୍ଥାତ୍ ପାଞ୍ଚ ତାରିଖ ରାତିରେ ରାଉରକେଲାରୁ ଭୁବନେଶ୍ୱର ବସ୍‌ରେ ବସିଛି। ମଝିଆର ଆକ୍ସିଡେଣ୍ଟ୍ ଖବର ସେ ଜାଣେ ନାହିଁ। ମୁଁ ତାକୁ ଅପେକ୍ଷା କରି ରହିଲି, ସେ ଆସି ପହଞ୍ଚିଲେ ତାକୁ ସାଙ୍ଗରେ ନେଇ ରାଉରକେଲା ବାହାରିଯିବି। ଏକଥା ମୁଁ ଘରେ ମୋ ସ୍ତ୍ରୀ, ବାପା କି ଲୁନା କାହାକୁ କହିପାରୁ ନ ଥାଏ। ସେମାନଙ୍କ ବିକଳ ଅବସ୍ଥା ସହି ହୁଅନ୍ତା ନାହିଁ!

ଟିକିଲି ଆସି ପହଞ୍ଚିବାକ୍ଷଣି ଆମେ ଦିହେଁ ରାଉରକେଲା ବାହାରିଗଲୁ। ଖିଆପିଆ ନାହିଁ। ରାଉରକେଲାରେ ପହଞ୍ଚିଲା ବେଳକୁ ଉପରଓଳି ସାଢ଼େ ଚାରିଟା। କଟି ଆଇ.ଜି.ଏଚ୍.ର ଇଣ୍ଟେନ୍‌ସିଭ୍ କେୟାର ୟୁନିଟ୍‌ରେ, କୋମାରେ। ବଞ୍ଚିବାର ଆଶା ନାହିଁ। ବାଟସାରା ମୁଁ କେତେ ଠାକୁର ଠାକୁରାଣୀଙ୍କୁ ଡାକି ଡାକି ଯାଇଥାଏ। କେତେ କେତେ ଲୋକ ଆକ୍ସିଡେଣ୍ଟ୍‌ରେ ପଡୁଛନ୍ତି, ବଞ୍ଚି ଯାଉଛନ୍ତି। ଇଏ ତ ଦୁର୍ବଳ କି ରୋଗା ନୁହେଁ, ନିଶ୍ଚୟ ବଞ୍ଚିଯିବ। ମାତ୍ର ମୋ ଆଶା ଆଶାରେ ରହିଲା। ୬ ତାରିଖ ସନ୍ଧ୍ୟା ପ୍ରାୟ ଛଅଟା ବେଳକୁ ଡାକ୍ତର ଘୋଷଣା କରିଦେଲେ- କଟି ଆଉ ନାହିଁ।

ଗୋଟେ ପାହାଡ଼ ଯେମିତି ମୋ ମୁଣ୍ଡ ଉପରେ କୁଢ଼େଇ ପଡ଼ିଲା। ଏମିତି ଏକ ଦୁର୍ଘଟଣାକୁ ସାମ୍ନା କରିବାକୁ ପଡ଼ିବ- ଏକଥା ସ୍ୱପ୍ନରେ ସୁଦ୍ଧା ମୁଁ ଭାବି ନ ଥିଲି। ରାଉରକେଲାର ଇସ୍ପାତ ଜେନେରାଲ୍ ହସ୍ପିଟାଲ୍ ବାରନ୍ଦାରେ କଟିର ଶହ ଶହ ବନ୍ଧୁ। ସମସ୍ତେ କାନ୍ଦୁଥାନ୍ତି। ସାରଦା (ସାରଦା ପ୍ରସନ୍ନ ନାୟକ) ଓ ଟିକିଲିର ଅବସ୍ଥା ଶୋଚନୀୟ। ଲେଖକ ବନ୍ଧୁ ରବି କାନୁନ୍‌ଗୋ ମୋତେ ଭିଡ଼ିଆଣି ଛେଣ୍ଡ କଲୋନିକୁ ପଠେଇ ଦେଲେ। ଆମେ ଭୋ ଭୋ ଚିତ୍କାର କରି ଫେରିଲୁ।

ଏହି ଘଟଣା ପରଠାରୁ ମେ ୬ ତାରିଖ ମୋ ପାଇଁ ଅଶୁଭ ତାରିଖ ପାଲଟିଗଲା।

ମଝିଆଁ ଭାଇର ପରଲୋକ ପରେ ରାଉରକେଲାରେ ମୁଁ ଷୋହଳ ଦିନ ରହିଥିଲି। ସେଇ ଷୋହଳ ଦିନ ଭିତରୁ ଅଧିକାଂଶ ସମୟ କେବଳ ଲୁହ ଗଡ଼େଇବାରେ ଯାଇଛି। ଅବଶିଷ୍ଟ ଜୀବନକାଳ ଲୁହ ଗଡ଼େଇଲେ ସୁଦ୍ଧା ସାନ ଭାଇ ଫେରିଆସିବ ନାହିଁ ଜାଣି ସୁଦ୍ଧା ସମସ୍ତଙ୍କଠାରୁ ମୁହଁ ଲୁଚେଇ ମୁଁ କାନ୍ଦିଛି। ବାପା ବୋଉଙ୍କ ସାମ୍ନା କରିପାରି ନାହିଁ। ସାନ ଭାଇର ବିଧବା ସ୍ତ୍ରୀ ଓ ସାନଝିଅ ଚିକିକୁ ଦେଖିବାକ୍ଷଣି ମୋର ଛାତି ଭିତରଟା ଦୁହିଁ ହୋଇଯାଇଛି। ବତିଶ ବର୍ଷର ସୁସ୍ଥ ସବଳ ଭାଇ ମୋର, ସମସ୍ତଙ୍କ ସାଙ୍ଗେ ଏତେ ଭଲ ସମ୍ପର୍କ, କ୍ଷଣିକରେ ପରକୁ ଆପଣାର କରିଦେବ- ଅଥଚ ଅଧାରାସ୍ତାରୁ ବାଟ ଭାଙ୍ଗି ଚାଲିଗଲା !

ରାଉରକେଲାରୁ ଫେରିବାର ସପ୍ତାହଟେ ପୂରିନି; ସକାଳେ ସେଇ ଦାଣ୍ଡଘରେ ବସିଛି, ବର୍ମିଂହାମ୍ (ଆମେରିକା)ରୁ ଡକ୍ଟର ଦିଗମ୍ବର ମିଶ୍ର ଫୋନ୍ କଲେ। 'ଓଡ଼ିଶା ସୋସାଇଟୀ ଅଫ୍ ଆମେରିକାଜ୍'ର ବାର୍ଷିକ ଅଧିବେଶନ ଜୁଲାଇ ତିନିରୁ ଛଅ ତାରିଖ। ତୁମେ ଆସିପାରିବ କି ?' ମୁଁ ଏ ପ୍ରଶ୍ନର କିଛି ଉତ୍ତର ଦେଇପାରିଲି ନାହିଁ।

'ଆଉ ଦି' ଦିନ ପରେ ଫୋନ୍ କରିବି' କହି ସେ ଫୋନ୍ ରଖିଦେଲେ।

ପିଲାଦିନର ଗୋଟେ କଥା ମନେ ପଡ଼ିଗଲା। ସମ୍ଭବତଃ ମୁଁ ସେତେବେଳେ ପଞ୍ଚମ ଶ୍ରେଣୀରେ ପଢୁଥାଏ। ସ୍କୁଲ୍‌ର ଜଣେ ଟାଣୁଆ ଶିକ୍ଷକ ଶ୍ରୀ ଧନେଶ୍ୱର ଓଝା ଆମକୁ ଘରୋଇ ଭାବେ ପଢ଼ଉଥିଲେ। ମୁଁ ଓ ମୋର ସାଙ୍ଗ ରମାକାନ୍ତ (ଡାକନାମ ବଗୁଲି) ଦୁହେଁ ସାରଙ୍କ ଖାଇବା କଥା ବୁଝୁ। ସାରଙ୍କ ପାଇଁ ଆମଘରୁ ପନ୍ଦର ଦିନର ଓ ବଗୁଲିଙ୍କ ଘରୁ (ଏଇ ବଗୁଲି କଥା 'ଜୀବନର ଜଳଛବି' ବହିରେ ଅନେକ ଥର ଲେଖିଛି) ଅବଶିଷ୍ଟ ପନ୍ଦର ଦିନର ଖାଇବା ଯାଇଥାଏ। ସାର୍ ସ୍କୁଲ୍‌ରେ ରହୁଥାଆନ୍ତି।

ସେ ବର୍ଷ କ'ଣ ହେଲା ନା, ଆମ ପନ୍ଦର ଦିନ ପାଳି ସରିବା ପୂର୍ବଦିନ ହିଁ ଶ୍ରୀପଞ୍ଚମୀ ପଡ଼ିଲା। ସରସ୍ୱତୀ ପୂଜାର ଗୋଳଚହଳ ଭିତରେ ସାରଙ୍କ ଖାଇବା ପାଳି କଥାଟି ଆମେ ଭୁଲିଗଲୁ। ହୁଏତ ବଗୁଲି ଭାବିଛି, ଆମଘରୁ ଖାଇବା ଯିବ ଓ ମୁଁ ଭାବିଛି ତାଙ୍କ ଘରୁ ସେମାନେ ସାରଙ୍କ ଖାଇବା ପଠେଇବେ। ଏମିତିରେ କେହି ଆଉ ସାରଙ୍କ ଖାଇବା କଥା ବୁଝିଲୁ ନାହିଁ। ସରସ୍ୱତୀ ପୂଜା ଗଲା, ସେ ଦିନସାରା ସାରଙ୍କର ଖାଡ଼ା ଉପବାସ। ଆମର ମଫସଲ ଗାଁ (ଚାନ୍ଦବାଲି ବ୍ଲକ୍‌ର ଷଣ୍ଢଗଡ଼ା) ପାଖରେ ହୋଟେଲ୍ କି ଜଳଖିଆ ଦୋକାନ ନାହିଁ ଯେ ପଇସା ଦେଇ ଖାଇ ଆସିହେବ। ଏକ୍‌ରେ ଓଝା ସାର୍, (ଜାତିରେ ସେ ଲୁହା ପିଟା କମାର ବୋଲି ବାପା ଆମକୁ ଡରେଇବା ପାଇଁ ବରାବର କହନ୍ତି), ଦ୍ୱିତୀୟରେ ଭୋକର ଜ୍ୱାଳା। ସାର୍ ପୂରା ରାଗିପାଚି ଲାଲ୍। ଆମେ

ଶ୍ରୀପଞ୍ଚମୀ ବାସିଦିନ ଆନନ୍ଦ ମନରେ ବିଛଣାରୁ ଉଠି ବିସର୍ଜନ କଥା ଚିନ୍ତା କଲାବେଳକୁ ସ୍କୁଲ୍‌ର ଜଣେ ସହାଧ୍ୟାୟୀ ଖବର ଦେଲା- ସାର୍ ଡାକୁଛନ୍ତି। ଧେତ୍, କି ସାର୍ ଇଏ! ୟାଙ୍କର ଗୋଟେ ବେଳକାଳ ଜ୍ଞାନ ନାହିଁ। ବହି, ଖାତା, କଲମ ଓ ପେନ୍‌ସିଲ୍ ସବୁ ତ ଠାକୁରଙ୍କ ପାଖରେ। ସାର୍ ପୁଣି ଡାକୁଛନ୍ତି କାହିଁକି? ଆଜି କ'ଣ କିଏ ପାଠ ପଢ଼େ!

ଆଗକୁ ଅବଶ୍ୟ ଥାଏ ବୃତ୍ତି ପରୀକ୍ଷା। ଧନେଶ୍ୱର ସାର୍ ଟାଣୁଆ ସାର୍। ତାଙ୍କର ପରୀକ୍ଷା ନେବା ଶୈଳୀ ଅଦ୍ଭୁତ। ହାଟରେ, ଘାଟରେ କି ବାଟରେ ଯୋଉଠି ଦେଖିବେ ସେଇଠି ପାଠ ପଚାରିବେ। ଠିକ୍ ଉତ୍ତର ଦେଇ ପାରିଲେ ଭଲ, ତା' ନ ହେଲେ ସ୍ଥାନ କାଳ ପାତ୍ର ବିବେଚନା ନ କରି ମାଡ଼ ବସେଇବେ। ଟେଷ୍ଟ୍ ପେପର୍‌ଟି ପିଲାଙ୍କ ଆଡ଼କୁ ଫିଙ୍ଗି ଦେବେ, ଯୋଉ ପୃଷ୍ଠା ଖୋଲିଯିବ ସେଇ ପୃଷ୍ଠାର ଅଙ୍କ କଷିବାକୁ କହିବେ। ତାଙ୍କ ରାଗ ସହ ଆମର ବେଶ୍ ପରିଚୟ ଥାଏ। ସାର୍‌ଙ୍କୁ ଡରି ପୋଖରୀରେ ପହଁରୁଥିବା ପିଲାଏ ବୁଡ଼ିଯିବା ଓ ବୁଡ଼ିରହିବା ଭିତରେ ଅଣନିଃଶ୍ୱାସୀ ହୋଇ ପାଣିରୁ ବାହାରି ଆସି ଆଉ ଥରେ ଧନେଶ୍ୱର ସାର୍‌ଙ୍କୁ ଦେଖି ପୁଣି ବୁଡ଼ ଦେବାର ଉଦାହରଣ ଅଛି। ସେଇ ସାର୍ ସକାଳୁ ଡାକ ପକେଇଲେଣି, ନ ଯାଇ ଉପାୟ ନାହିଁ।

ଗାଁ ଦାଣ୍ଡରେ ବଗୁଲି ଦେଖାହେଲା। ତାକୁ ବି ଡକେଇଛନ୍ତି। ମନରେ ଛାନିଆ ପଶିଲା। ବଗୁଲିକୁ ପଚାରିଲି, 'ତୁ କାଲି ସାର୍‌ଙ୍କ ଖାଇବା ନେଇ ଯାଇଥିଲୁ?' ବଗୁଲି ଆକାଶରୁ ଖସିପଡ଼ିଲା ପରା! ପାଠରେ ମୋଠୁ ସେ ଟିକେ ଦୁର୍ବଳ। ସାର୍‌ଙ୍କ ପ୍ରତି ଭୟଟା ସେହି ଅନୁପାତରେ ବେଶି!

ଧନେଶ୍ୱର ସାର୍ ରାଗିପାଚି ବସିଥାଆନ୍ତି। ଆଜ୍ଞାବହ ଛାତ୍ର ଜଣେ ଚାରି ପାଞ୍ଚଟା କଲମ ଡାଙ୍ଗ ଭାଙ୍ଗି ଆଣିଦେଲା। ଅମରୀ ଗଛଗୁଡ଼ାକୁ ଆମ ଗାଁରେ କଲମ ଡାଙ୍ଗ କହନ୍ତି। ଧନେଶ୍ୱର ସାର୍ କିଛି ପଚରାଉଚୁରା ନ କରି ଆମକୁ ଗୋଗଛ ବାଡ଼ିଆ କଷିଗଲେ। ଡାଙ୍ଗ ସବୁ ଛିଣ୍ଡିଗଲା, ସାର୍‌ଙ୍କ ରାଗ ଛିଣ୍ଡୁ ନଥାଏ। ତା'ପରେ ସେ ମୋତେ ଉଠେଇ ବଗୁଲି ଉପରେ ଓ ବଗୁଲିକୁ ଉଠେଇ ମୋ ଉପରେ କଚିଦେଲେ। ଦେହ ହାତ ନୋଳା ଫାଟିଯାଇଥାଏ। ଭୀଷଣ କଷ୍ଟ। ବଡ଼ ପାଟିରେ କାନ୍ଦିଲେ ଚୁପ୍ ରହିବାକୁ ନାଲି ଆଖି ଧମକ। ସରସ୍ୱତୀ ପୂଜା ପରଦିନ ଏମିତି ନିର୍ଯାତନା ଭୋଗ କରିବାକୁ ପଡ଼ିବ, ଏକଥା ଆମେ ସ୍ୱପ୍ନରେ ଭାବି ନ ଥିଲୁ।

ଅନେକ ସମୟ ପରେ ସାର୍‌ଙ୍କ ରାଗ କମିଲା। ଆମ ଦେହ ହାତର ଅବସ୍ଥା ଶୋଚନୀୟ। ସେସବୁ ଦେଖି ସାର୍‌ଙ୍କୁ ଡର ମାଡ଼ିଲା ବୋଧହୁଏ। ମୋ ବୋଉ ପାଠଶାଠ ବେଶି ବୁଝେନା। ପୁଅ ଦେହରେ କିଏ ହାତ ଦେଲେ ସେ ତା' ପାଟିକୁ ଯାହା ଆସେ ବକିଦିଏ। ବୋଉର ରୁଦ୍ର ମୂର୍ତ୍ତି ସହ ଧନେଶ୍ୱର ସାର୍ ଅପରିଚିତ ନୁହନ୍ତି। ବାପା ଯଦିଓ

'ଆଖି କାନ ଛାଡ଼ି ଯୋଉଠି ପିଟୁଛ ପିଟ' ବୋଲି କହନ୍ତି, ବୋଉ କିନ୍ତୁ ଭିନ୍ନ ଧାତୁର ମଣିଷ। ସାର୍ ତାଙ୍କର ଭୋକ ଭୁଲି ପରିସ୍ଥିତିର କେମିତି ସାମ୍ନା କରିବେ ଚିନ୍ତା କଲେ। ସେଇ ସ୍କୁଲ୍ ଘରେ ରୋଷେଇ ହେଲା। ଆମଘରୁ ଆଉ ହଳେ ଲେଖାଏଁ ଜାମା ପ୍ୟାଣ୍ଟ୍ ମଗାହେଲା। ସାର୍‌ଙ୍କ ନିଜ ଗାଁ ପାଖ ବିଦେଇପୁରରେ ମୁନୀ ମେଳା ହୁଏ- ଶ୍ରୀପଞ୍ଚମୀରୁ ଅଘିରାପୂନେଇଁ ଯାଏ। ସାର୍ ଆମକୁ ମୁନୀ ମେଳା ଦେଖିଯିବାର ପ୍ରସ୍ତାବ ଦେଲେ। ଆମର ହଁ କି ନା କରିବାର ସ୍ୱାଧୀନତା ନ ଥାଏ। ସେହିଦିନ ଉପରଓଳିକୁ ଆମେ ସାର୍‌ଙ୍କ ସାଙ୍ଗେ ତାଙ୍କ ଗାଁ ବାଲିଆପାଳ ଗଲୁ। ମୋର ମନେଅଛି, ସେଠି ପହଞ୍ଚିଲା କ୍ଷଣି ଆମମାନଙ୍କର ଚିକିତ୍ସା ଆରମ୍ଭ ହୋଇଗଲା। ଧନେଶ୍ୱର ସାର୍‌ଙ୍କ ଭାଉଜ ଆମ ଦେହ ହାତରେ ପଞ୍ଚଗୁଣା ମାଲିସ୍ କଲେ। ଦେହ ହାତ ପୋଡୁଥାଏ। ଆଃ ଉଃ କହି ମୁହଁ ମାଡ଼ି ପଡ଼ିଥାଉ, ମଝିରେ ମଝିରେ ମୁଁ ବଗୁଲି ଆଡ଼େ ଓ ବଗୁଲି ମୋ ଆଡ଼େ ଏମିତି ପରିସ୍ପରକୁ ଚାହାଁଚୁହିଁ ହେଉଥାଉ। ସେତେବେଳେ ମୋତେ ଦଶ ବର୍ଷ ବୟସ।

ସାର୍‌ଙ୍କ ଘରେ କେତେ ଦିନ ରହିଲୁ ମନେ ନାହିଁ, ତେବେ ଫେରିବା ବେଳକୁ ଅନେକଟା ସୁସ୍ଥ ହୋଇଯାଇଥିଲୁ। ମାଡ଼ଗାଳି ପାଇଁ ସାର୍‌ଙ୍କ ଉପରେ ଯେତିକି ରାଗିଥିଲୁ, ତାଙ୍କର ସ୍ନେହ ଆଦର ଯୋଗୁ ସେତିକି ଆଦରି ଯାଇଥିଲୁ।

ଆମେରିକାରୁ ଡକ୍ଟର ଦିଗମ୍ବର ମିଶ୍ରଙ୍କ ଫୋନ୍ ପାଇଲା ପରେ ପିଲାଦିନର ଏହି କଥାଟି ମୋର ମନେପଡ଼ିଲା। ହଠାତ୍ ଆମେରିକା ଭ୍ରମଣ ପ୍ରସଙ୍ଗ କାହିଁକି ? ସାନ ଭାଇର ଆକସ୍ମିକ ମୃତ୍ୟୁ ଭଳି ଦାରୁଣ ଆଘାତରେ ଜଖମ ମୋ ମନ ଉପରେ ମଲମ ଲଗେଇବା ଲାଗି ଇଏ ଶ୍ରୀଜଗନ୍ନାଥଙ୍କର ଉଦ୍ୟମ। ଦିଗମ୍ବର ବାବୁଙ୍କଠାରୁ ସମୟ ନେଲି, ଭାବିଚିନ୍ତି କହିବି।

ଏହାର ଦୁଇଦିନ ପରେ ଦିଗମ୍ବର ବାବୁ ଆଉ ଥରେ ଫୋନ୍ କଲେ। ମୋ ସ୍ତ୍ରୀ ଟେଲିଫୋନ୍‌ରେ କଥାବାର୍ତ୍ତା ଶୁଣି ଟିକେ ଖୁସି ହୋଇଗଲେ ଓ ସ୍ୱାମୀ ଆମେରିକା ଗଲେ ତାଙ୍କର ବି ଟିକେ ଗୁରୁତ୍ୱ ବଢ଼ିଯିବ ପରା ! ମୋର ପଛଘୁଞ୍ଚା ନୀତିକୁ ସମାଲୋଚନା କଲାପରି କହିଲେ, 'ଏତେ ଆଦରରେ ତମକୁ ଡାକୁଛନ୍ତି, ତମେ ପଛଉଛ କାହିଁକି ? ମୁଁ ହୋଇଥିଲେ ସାଙ୍ଗେ ସାଙ୍ଗେ ରାଜି ହୋଇଯାଆନ୍ତି।' ତାଙ୍କ କଥା ଶୁଣି ବିଶେଷ ପ୍ରତିକ୍ରିୟା ପ୍ରକାଶ କଲି ନାହିଁ। ଉପରକୁ ଚିଡ଼ିଲା ଭଳି କହିଲି, 'ତମର ଯଦି ମନ ଅଛି ତମେ ଯାଉନ ! କିଏ ମନା କରୁଛି।'

ମୋର ପଛଘୁଞ୍ଚା ଦେବାର ଦୁଇଟି କାରଣ ଥିଲା। ପ୍ରଥମ କାରଣ ହେଲା ଯା-ଆସ ଖର୍ଚ୍ଚ କଥା ସେମାନେ କେତେ ଅଂଶରେ ବୁଝିବେ ମୁଁ ଜାଣି ନ ଥିଲି ଓ ଦ୍ୱିତୀୟ ହେଲା ସେ ପର୍ଯ୍ୟନ୍ତ ମୁଁ ନିଜର ପାସ୍‌ପୋର୍ଟ ମଧ୍ୟ ତିଆରି କରି ନ ଥିଲି।

ଭୁବନେଶ୍ୱରର ପାସ୍‌ପୋର୍ଟ ଅଫିସ୍ ସୂର୍ଯ୍ୟନଗରରେ। ସେଇ ସୂର୍ଯ୍ୟନଗରରେ ବି ସ୍ତ୍ରୀଙ୍କର ଏଲ୍.ଆଇ.ସି ଅଫିସ୍। ସବୁଦିନେ ପାସ୍‌ପୋର୍ଟ ଅଫିସ୍ ସାମ୍ନା ଦେଇ ଯା-ଆସ। ତା' ସତ୍ତ୍ୱେ ମୁଁ ନିଜର ପାସ୍‌ପୋର୍ଟ ପାଇଁ କେବେ ଆବେଦନ କରି ନ ଥିଲି। ମଝିରେ ଥରେ ଫର୍ମ ଆଣି ରଖିଥିଲି। ତା'ର ନିୟମକାନୁନ ବିବରଣୀ ପଢ଼ିସାରି ସେଇଟିକୁ କୋଉଠି ରଖିଦେଇଥିଲି। ନିୟମରେ ଲେଖା ଥିଲା, ପାସ୍‌ପୋର୍ଟ ପାଇଁ ଦରଖାସ୍ତ କରିବାର ଦି' ମାସ ପରେ ଯାଇ ତାହା ମିଳିବ। ମୁଁ ଯୋଉ ସମୟ କଥା କହୁଛି ସେଇଟା ଜୁନ୍ ମାସର ଦ୍ୱିତୀୟ ସପ୍ତାହ। ହାତରେ ମାତ୍ର ପନ୍ଦରଟି ଦିନ। ଏତେ କମ୍ ସମୟ ଭିତରେ ପାସ୍‌ପୋର୍ଟ ଓ ଭିସା ଯୋଗାଡ଼ ସମ୍ଭବ ନୁହେଁ। ଜାପାନୀ ବାବୁ ମୋର ଜଣେ ଶୁଭେଚ୍ଛୁ। ତାଙ୍କ ପୁଅ ଆମେରିକାରେ ରହନ୍ତି। ସେ ଏକଥା ଶୁଣି କହିଲେ, ଏବର୍ଷ କଥା ନୁହେଁ; ବରଂ ତମେ ଆର ବର୍ଷକୁ ଯିବାକୁ ଆଗ୍ରହୀ ବୋଲି କୁହ। ତାଙ୍କ କଥାରେ ହଁ ଭରିଲି। ତଥାପି ମନ ଛନଛନ। ସେଇଦିନ ଯାଇ ପାସ୍‌ପୋର୍ଟ ପାଇଁ ଦରଖାସ୍ତ କରିଦେଲି।

ଦି' ଦିନ ପରେ ପୁଣି ଫୋନ୍ ଆସିଲା। ନିଜର ପାସ୍‌ପୋର୍ଟ ନାହିଁ ବୋଲି କହିପାରୁ ନାହିଁ। ଶେଷକୁ କହିଲି, 'ଆପଣ ଔପଚାରିକ ଚିଠି ପଠାନ୍ତୁ। ମୁଁ ଚେଷ୍ଟା କରୁଛି।'

ପାସ୍‌ପୋର୍ଟ ନିୟମାବଳୀର ଗୋଟେ କ୍ଲଜ୍ ଅଛି, କାହା ପାଇଁ ଯଦି ଯୁଗ୍ମ ଶାସନ ସଚିବ ପାହ୍ୟାର ଅଫିସର କେହି ସୁପାରିସ କରିବେ ତାହାହେଲେ ପାସ୍‌ପୋର୍ଟ ଅଧିକାରୀ ପୋଲିସ୍ ଇନ୍‌କ୍ୱାରି ବିନା ତାହା ଇସ୍ୟୁ କରିପାରିବେ। ସେ କ୍ଷେତ୍ରରେ ମାସକ ଭିତରେ ପାସ୍‌ପୋର୍ଟ ହୋଇପାରିବ। ମାତ୍ର ମାସେ ସମୟ ବି କାହିଁ? ୱାଶିଂଟନ୍ ଡି.ସି.ରେ 'ଓଡ଼ିଶା ସୋସାଇଟୀ ଅଫ୍ ଆମେରିକାଜ୍'ର ବାର୍ଷିକ ଅଧିବେଶନ ଜୁଲାଇ ୩ ତାରିଖରେ। ମୋତେ ତେଣୁ ଭୁବନେଶ୍ୱର ଛାଡ଼ିବାକୁ ପଡ଼ିବ ଜୁନ୍ ୨୯ କିମ୍ବା ୩୦ ତାରିଖରେ।

ଓଡ଼ିଶାର ସେତେବେଳର ଆକାଉଣ୍ଟାଣ୍ଟ୍ ଜେନେରାଲ୍ ଶ୍ରୀ ହରପ୍ରସାଦ ଦାସ ମୋର ଖୁବ୍ ଶୁଭେଚ୍ଛୁ। ତାଙ୍କୁ ଯାଇ ଏକଥା କହିଲି। ସେ ଭୁବନେଶ୍ୱରର ପାସ୍‌ପୋର୍ଟ ଅଫିସରଙ୍କୁ ଫୋନ୍ କରି ମୋ କାମଟି ଯଥାଶୀଘ୍ର ସମ୍ଭବ କରାଇଦେବାକୁ ଅନୁରୋଧ କଲେ। ମୁଁ କିଛିଟା ଆଶାବାନ୍ ହେଲି।

ସତକଥା କହିବାକୁ ଗଲେ ଏସବୁ ବାବଦରେ ମୋର ପୂର୍ବ ଅଭିଜ୍ଞତା କିଛି ନ ଥିଲା। କବି ବନ୍ଧୁ ରାଜୁ ସାମଲ କହିଲେ, 'ଚାଲନ୍ତୁ, ପାସ୍‌ପୋର୍ଟ ଅଫିସରଙ୍କୁ ଭେଟିବା।' ଅଫିସରଙ୍କୁ ମୋ ପାଇଁ ରାଜୁ ବାବୁ ବେଶ୍ ଅନୁରୋଧ କଲେ। ତାଙ୍କ ଅନୁରୋଧର କିଛିଟା ଫଳ ପଡ଼ିଲା। ମୁଁ ୨୦ ତାରିଖ ସନ୍ଧ୍ୟାରେ ପାସ୍‌ପୋର୍ଟ ପାଇଲି।

ଦିଗମ୍ବର ବାବୁଙ୍କ ସହ ମୋର ପରିଚୟ କଥା କହେ। ସେ 'ସମ୍ବାଦ'ର ଜଣେ ନିୟମିତ ପାଠକ। ସାହିତ୍ୟ ପୃଷ୍ଠାରୁ ମୋର 'ଜୀବନର ଜଳଛବି' କିଛି ପଢ଼ିଥାଆନ୍ତି। ପୂର୍ବରୁ ଦୁଇ ଥର ସେ ଭୁବନେଶ୍ୱର ଆସିଥିଲାବେଳେ ଦେଖା ହୋଇଥିଲା। ଅଳ୍ପ ସମୟର ଦେଖାଚାହାଁ, ସେଭଳି କିଛି କଥାବାର୍ତ୍ତା ହୋଇ ନ ଥିଲା। ପୂର୍ବବର୍ଷ ସେ ମୋତେ ଗୋଟେ ଚିଠି ଲେଖିଥିଲେ, ମୁଁ ଯଦି କିଛି ଟଙ୍କା ଯୋଗାଡ଼ କରିପାରିବି ସେ ମୋ ପାଇଁ ସେଠାକାର ରହଣି ସହ ଯାତାୟାତ ବ୍ୟବସ୍ଥା କରିଦେବେ। ମାତ୍ର ଏତେଗୁଡ଼ାଏ ଟଙ୍କା ଯୋଗାଡ଼ କରିବା ମୋ ପକ୍ଷେ ସମ୍ଭବ ନୁହେଁ କହି ମୁଁ ସେ ପ୍ରସ୍ତାବକୁ ଆଡ଼େଇ ଯାଇଥିଲି ଓ କଥାଟାକୁ ସମ୍ପୂର୍ଣ୍ଣ ଭୁଲିଯାଇଥିଲି।

ଏଥର କିନ୍ତୁ ଓଡ଼ିଶା ସୋସାଇଟୀ ଅଫ୍ ଆମେରିକାଜ୍ (ଓସା) ମୋର ଯାତାୟାତ ଓ ଅନ୍ୟାନ୍ୟ ଖର୍ଚ୍ଚ ବହନ କରିବ ବୋଲି ସ୍ପଷ୍ଟ ଉଲ୍ଲେଖ କରି ଚିଠି ଲେଖିଲେ। ମୁଁ ସେ ଚିଠି 'ସମ୍ବାଦ'ର ସମ୍ପାଦକଙ୍କୁ ଦେଖେଇଲି। ସେ ମୋତେ ଖୁବ୍ ଉତ୍ସାହିତ କଲେ। ସେତେବେଳକୁ ଜୁନ୍ ମାସର ଶେଷ ସପ୍ତାହ। ଭିସା ପାଇଁ କଲିକତା ଯିବାକୁ ପଡ଼ିବ। ହାତରେ ସମୟ କମ୍। କେତେଜଣଙ୍କୁ ବାଦ୍‌ଦେଲେ ଅନ୍ୟ ଯାହାଙ୍କ ସହ ଏ ବିଷୟରେ କଥା ହେଲି ସେମାନେ ମୋତେ ନିରାଶବାଣୀ ଶୁଣେଇଲେ। ବୈଦେଶିକ ବ୍ୟାପାର ମନ୍ତ୍ରାଳୟ (ଦିଲ୍ଲୀ)ରେ ଶୁଭକାନ୍ତ ବେହେରା ଉପଶାସନ ସଚିବ। ସେ ବି କହିଲେ, ''ଆମେରିକାନ୍ ଭିସା ପାଇବା ମୁସ୍କିଲ ବ୍ୟାପାର, ଅନେକ ଲୋକଙ୍କୁ ମନା କରି ଦେଉଛନ୍ତି। ଭାରତ ତ ଚୀନ୍ ପରି ଆମେରିକାର 'ମୋଷ୍ଟ୍ ଫେଭର୍ଡ୍ ନେସନ୍' (ପ୍ରିୟ ଦେଶ) ନୁହେଁ। ତେଣୁ ସେମାନେ ସହଜରେ ଭିସା ଦେଉ ନାହାନ୍ତି।''

ସେ ଯାହାହେଉ, ଅବଶେଷରେ ଭିସା ଓ ଟିକେଟ୍ ଯୋଗାଡ଼ ହେଲା ଓ ମୁଁ ଆମେରିକା ଯିବାର ଯୋଜନା କଲି। ମୋ ପରି ଜଣେ ସାଧାରଣ ଲୋକ ପାଇଁ ଆମେରିକା ଗସ୍ତ ଟିକିଏ ଉଲ୍ଲେଖନୀୟ। ତା'ର କାରଣ ହେଉଛି, ସେଠିକି ଯିବାଆସିବା ଏବଂ ରହଣି ପାଇଁ ଲକ୍ଷାଧିକ ଟଙ୍କା ପ୍ରୟୋଜନ, ଯାହା ଯୋଗାଡ଼ କରିବା କଷ୍ଟସାପେକ୍ଷ। ଏହି କାରଣରୁ ଗସ୍ତଟି ମୋ ପାଇଁ ଉଲ୍ଲେଖନୀୟ ଓ ଏହା ଶ୍ରୀଜଗନ୍ନାଥଙ୍କର ଆଶୀର୍ବାଦ ବୋଲି ମୁଁ ମନେକରେ।

୧୯୯୬ ଜୁଲାଇ ୫ ତାରିଖ। ସେଇଦିନ ୱାଶିଂଟନ୍ ଡି.ସି.ରେ ଅନୁଷ୍ଠିତ ସେମିନାର୍‌ରେ ମୋର ଭାଷଣ ଦେବାର ଥାଏ। ସକାଳୁ ସକାଳୁ ମୁଁ ନର୍ଭସ୍ ହୋଇପଡ଼ିଲି। ସେଦିନ ମୋ ସାଙ୍ଗରେ ଯୋଉମାନେ ବକ୍ତା ଥାଆନ୍ତି ସେମାନେ ହେଲେ ବିଖ୍ୟାତ ଦାର୍ଶନିକ ପ୍ରଫେସର ଜିତେନ୍ଦ୍ରନାଥ ମହାନ୍ତି, କୁଳପତି ଗୌରକିଶୋର ଦାସ, ପ୍ରଫେସର ପ୍ରବୋଧ କୁମାର ମିଶ୍ର, ଲଣ୍ଡନରେ ରହୁଥିବା ଚିତ୍ରଶିଳ୍ପୀ-ଲେଖକ ପ୍ରଫୁଲ୍ଲ କୁମାର ମହାନ୍ତି।

ଆଲୋଚନାଚକ୍ରର ସଂଯୋଜନା କରୁଥାନ୍ତି ପ୍ରଫେସର ସୁରପ୍ରସାଦ ରଥ। ଏମାନଙ୍କ ନାମ ଉଚ୍ଚାରଣ ମାତ୍ରେ ମୋର ଭୟ ବଢ଼ିଯାଉଥାଏ। ଏହାଛଡ଼ା ପଥଶ୍ରମ ଓ ଖିଆପିଆ ସମସ୍ୟା ଯୋଗୁ ମୁଁ ଭୀଷଣ କ୍ଳାନ୍ତ ହୋଇପଡ଼ିଥାଏ। ମୋର ବକ୍ତବ୍ୟର ପ୍ରସଙ୍ଗ ଥାଏ 'ଓଡ଼ିଆ ପରମ୍ପରା ପରିପ୍ରେକ୍ଷୀରେ ମୋ ଜୀବନ, ମୋ ସାହିତ୍ୟ।' କାର୍ଯ୍ୟକ୍ରମର ଶେଷ ବକ୍ତା ଥାଏ ମୁଁ। ପୋଡିୟମ୍ ପାଖକୁ ଯିବାବେଳେ ଆଖିବୁଜି ଶ୍ରୀଜଗନ୍ନାଥଙ୍କୁ ସ୍ମରଣ କଲି ଓ କହିବା ଆରମ୍ଭ କଲି।

'ବିଜ୍ଞଜନମାନେ କହିଛନ୍ତି ଯେ ଯୋଉ ସଭାରେ ପଣ୍ଡିତମାନେ ଥିବେ ସେଠି ମୁହଁ ଖୋଲିବ ନାହିଁ କି ଯୋଉ ସଭାରେ କେବଳ ମୂର୍ଖ ଥିବେ ସେଠି ମଧ୍ୟ କିଛି କହିବ ନାହିଁ। ଏହି ସମାବେଶରେ ଉପସ୍ଥିତ ଆପଣମାନେ ସମସ୍ତେ ଜଣେ ଜଣେ ପଣ୍ଡିତ। ଆପଣା ଆପଣା କ୍ଷେତ୍ରରେ ଯଶ ଅର୍ଜନ କରିଛନ୍ତି। ସୁତରାଂ ଆପଣଙ୍କ ସାମ୍ନାରେ ମୁଁ କ'ଣ କହିବି ଜାଣିପାରୁ ନାହିଁ। ସେଇ ଦୃଷ୍ଟିରୁ ଏଇ ସମୟଟି ମୋ ପାଇଁ ପ୍ରକୃତରେ ଭାରି ଅସ୍ୱସ୍ତିକର ସମୟ।'

ଇଏ ଥିଲା ମୋ ବକ୍ତୃତାର ପ୍ରଥମ ଦିଇଟି ଧାଡ଼ି। ଏତିକି କହି ସାରିବା ପରେ ମୁଁ ମୁହଁଟେକି ସାମ୍ନାକୁ ଚାହିଁଲି। ଶ୍ରୋତାମାନେ ନିରବ, ଚୁପ୍‌ଚାପ୍। ସମସ୍ତେ ମୋତେ ଚାହିଁଥାନ୍ତି। କିଛିଟା ପ୍ରଶଂସା ଓ କିଛିଟା କୌତୂହଳ। ମୋ ମନରେ ଦମ୍ଭ ହେଲା, ଠିକ୍ ଅଛି। ପରିସ୍ଥିତି ଅନ୍ତତଃ ପ୍ରତିକୂଳ ନୁହେଁ।

ତା'ପରେ ମୁଁ ମୋର ନିମ୍ନ ଭାଷଣଟି ସେଠାରେ ଉପସ୍ଥାପନ କରିଥିଲି। ଭାଷଣଟି ଲିଖିତ ଆକାରରେ ଥିଲେ ମଧ୍ୟ ମୁଁ ଯଥାସମ୍ଭବ ତାହାକୁ ମନରୁ କହୁଛି ବୋଲି ଧାରଣା ସୃଷ୍ଟି କରିବାର ପ୍ରୟାସ କରିଥିଲି। ମୁଁ କହିଥିଲି:

''ପରମ୍ପରା ଏକ ପରିଚିତ ନଈ- ଯାହାର ପ୍ରବହମାନ ଜଳଧାର ଉଭୟ ଭୌତିକ ଓ ଆଧିଭୌତିକ ସ୍ତରରେ ଆମକୁ ପୁଷ୍ଟ କରି ଚାଲିଥାଏ। ନଈର ବାଙ୍କବୁଲାଣି ପରି ପରମ୍ପରାର ଗୁରୁତ୍ୱପୂର୍ଣ୍ଣ ଉତ୍‌ଥାନପତନ ସଭ୍ୟତାର ଇତିହାସରେ ନୂଆ ନୂଆ ଅଧ୍ୟାୟ ଯୋଡ଼ି ଚାଲିଥାଏ। ପରମ୍ପରା ମଧ୍ୟ ମୋ ପାଇଁ ବେତାଳ ଓ ବିକ୍ରମ କାହାଣୀର ବେତାଳ ପରି, ଯାହାର ଶବକୁ ମୋ ଭଳି ପ୍ରତ୍ୟେକ ସୃଜନଶୀଳ କବି, ଚିତ୍ରଶିଳ୍ପୀ ବା ଲେଖକ ସଚେତନ ଭାବରେ ହେଉ ବା ଅଚେତନ ଭାବରେ ହେଉ କାନ୍ଧରେ ବୋହି ଚାଲିଥାନ୍ତି। କାହାଣୀର ବେତାଳ ପ୍ରତିଟି ସୃଜନଶୀଳ ପୁରୁଷକାରକୁ ଆହ୍ୱାନ ଜଣାଏ, ତାକୁ ନୂଆ ଗୋଟେ ସୂତ୍ର, ସମାଧାନ ଓ ବିକଳ୍ପର ଅନ୍ୱେଷା ପାଇଁ ପ୍ରରୋଚିତ କରିଥାଏ।

''ଓଡ଼ିଆ ସାହିତ୍ୟର ପରମ୍ପରା ବିଷୟରେ କିଛି କହିବାର ନାହିଁ। ତାହା ଆପଣମାନେ ଊଣା ଅଧିକେ ଜାଣନ୍ତି। ମାତ୍ର କୋଉ ପୃଷ୍ଠଭୂମି ଓ କି ଧରଣର ସାଂପ୍ରତିକ

ଘଟଣାରାଜିରୁ ଗୋଟେ ଲେଖକୀୟ ମାନସିକତା ଗଢ଼ିଉଠେ ତାହାକୁ ମୁଁ ଆପଣମାନଙ୍କ ଆଗରେ ଉପସ୍ଥାପନ କରିବି।

ମୋର ବକ୍ତବ୍ୟର ଦୁଇଟି ପର୍ଯ୍ୟାୟ। ପ୍ରଥମତଃ ମୁଁ ଯାହା କିଛି ଲେଖିଛି ତାହା କାହିଁକି ଲେଖିଲି ଓ ଦ୍ୱିତୀୟ ହେଉଛି ଯୋଉ ଧାରାରେ ଲେଖୁଛି ସେଭଳି ଧାରାକୁ କାହିଁକି ବାଛିଲି।

ପ୍ରଥମରୁ କହିରଖେ ଯେ ମୁଁ ଜଣେ ବିଶିଷ୍ଟ ଲେଖକ ନୁହେଁ। ମାତ୍ର ନୂଆପିଢ଼ିର ଜଣେ ପ୍ରତିନିଧି ଲେଖକ ଭାବେ ମୋର ଭୂମିକାକୁ ଆପଣ ଏକ ଉଦାହରଣ ଭାବେ ନେଇପାରନ୍ତି- ଯିଏ ପରମ୍ପରାକୁ ପ୍ରେରଣା ଭାବେ ଗ୍ରହଣ କରି ଲେଖୁଛି ଅଥଚ ପରମ୍ପରାକୁ ସମ୍ପୂର୍ଣ୍ଣ ଗ୍ରହଣ କରିପାରୁ ନାହିଁ।

ଭାରତର ଗାଁ-ଗଣ୍ଡା ଓ ବିଶେଷକରି ଓଡ଼ିଶାର ମଫସଲ ଅଞ୍ଚଳ ଗତ ଚାରି ଦଶନ୍ଧି ଭିତରେ ଉଲ୍ଲେଖନୀୟ ପରିବର୍ତ୍ତନର ସାମ୍ନା କରିଛି। ମାତ୍ର ଏସବୁ ସତ୍ତ୍ୱେ କିଛି କିଛି କୁସଂସ୍କାର, ଅନ୍ଧବିଶ୍ୱାସ, ପଛୁଆ ଚିନ୍ତାଧାରା ପୂର୍ବାପେକ୍ଷା ଅଧିକ ଦୃଢ଼ ଭାବେ ଆସ୍ଥାନ ବିଛେଇ ବସିରହିଛନ୍ତି ଓ ଅନେକ ମୂଲ୍ୟବୋଧ, ସୂକ୍ଷ୍ମ-କୋମଳ ଅନୁଭବ ଅନାବଶ୍ୟକ ଭାବେ ନଷ୍ଟଭ୍ରଷ୍ଟ ହୋଇଯାଇଛନ୍ତି। ଏସବୁ ଘଟଣ-ଅଘଟଣ ସତ୍ତ୍ୱେ ଓଡ଼ିଆ ପରମ୍ପରାର ମୂଳପିଣ୍ଡ ଶ୍ରୀଜଗନ୍ନାଥଙ୍କ ନାଭିବ୍ରହ୍ମ ପରି ତଥାପି ଅପରିବର୍ତ୍ତନୀୟ ରହିଛି, ଯାହା ମୋ ପାଇଁ କମ୍ ବଡ଼ ଗୌରବର କଥା ନୁହେଁ!

ମୋର ପ୍ରଥମ ବକ୍ତବ୍ୟ ହେଉଛି, ମୋଟାମୋଟି ଭାବେ ମୁଁ କ'ଣ ଲେଖିଛି। ଆପଣମାନଙ୍କ ମଧ୍ୟରୁ ଅଧିକାଂଶ ମୋ ସାହିତ୍ୟ ବିଷୟରେ ପରିଚିତ ନ ଥିବାରୁ ମୁଁ ମୋର ଗପଗୁଡ଼ିକ ମଧ୍ୟରୁ ଅଳ୍ପ କେଇଟିର କାହାଣୀ ଅତି ସଂକ୍ଷେପରେ କହିବି ଓ କାହାଣୀ ଉପାଦାନ ସର୍ବସ୍ୱ କିଛି କିଛି ନାଟକୀୟତା ସତ୍ତ୍ୱେ ପରମ୍ପରା ସହ ସେଗୁଡ଼ିକର ସୂକ୍ଷ୍ମ ସମ୍ପର୍କକୁ ସୂଚେଇଦେବି। ଉଲ୍ଲେଖ କରିବାରେ ଦ୍ୱିଧା ନାହିଁ ଯେ ଏସବୁ କାହାଣୀ ପଛରେ ମୋର ପ୍ରତ୍ୟକ୍ଷ ଅଭିଜ୍ଞତା ଓ ଅନୁଭୂତି ହିଁ ମୁଖ୍ୟ, କଳ୍ପନା ଏଠି ଅତ୍ୟନ୍ତ ଗୌଣ।

ଓଡ଼ିଶାର ଦାରିଦ୍ର୍ୟ ସମ୍ବନ୍ଧରେ ବିଶେଷ ଭୂମିକାର ପ୍ରୟୋଜନ ନାହିଁ। ଏହିଭଳି ଗୋଟେ ଦରିଦ୍ର ପରିବାରରୁ ଆସିଛି ରାଇଚରଣ। ଭଦ୍ରକର କଚେରି ବଜାରରେ ସେ ଗାମୁଛା ଖଣ୍ଡେ ବିଛେଇ ଦାର୍ଢ୍ୟତାଭକ୍ତି, ଶନିମେଳା, ତ୍ରିନାଥମେଳା ଓ ଖୁଲଣାସୁନ୍ଦରୀ ପରି ଚଟି ବହିସବୁ ବିକେ। ବୈଷ୍ଣବ ଲୋକ, ବୟସ ହୋଇଗଲାଣି, ମାତ୍ର ପଇସା ଅଭାବରୁ ବାହା ହୋଇପାରି ନାହିଁ। ଦୂର ଗାଁରେ ମା' ରହେ। ସବୁଦିନେ ରାଇଚରଣ ମା' ପାଖକୁ ଯାଇପାରେ ନାହିଁ। ଏଥିପାଇଁ ମନ ଭିତରେ ଗ୍ଲାନି ଆସୁଥିଲେ ସୁଦ୍ଧା ସେ ନିରୁପାୟ। ଏମିତି ଦିନେ ଖବର ଆସି ପହଞ୍ଚେ- ମା' ବେମାର। ରାଇଚରଣର ହଠାତ୍

ମନେପଡ଼େ, ମା' କୋଉଦିନୁ କହିଥିଲା ରସଗୋଲା ଟିକେ ପାଟିରେ ରଖିବ। ବନ୍ଧୁଗଣ, ୱାଶିଂଟନ୍ ଡି.ସି.ଠାରୁ ପନ୍ଦର ହଜାର ମାଇଲ୍ ଦୂରରେ ଥିବା ଓଡ଼ିଶାର ସେଇ ଗାଁମାନଙ୍କ କଥା ଚିନ୍ତା କରନ୍ତୁ, ଯୋଉ ଗାଁର କେତେ ନା କେତେ ବୁଢ଼ାବୁଢ଼ୀ ଜୀବନରେ ହୁଏତ ଥରେ କି ଦି'ଥର ରସଗୋଲା ଖାଇ ନ ଥିବେ। ସେମାନଙ୍କ ପାଇଁ ଇଏ ଯେମିତି ଗୋଟେ ମହାର୍ଘ ବିଳାସ। ପୁଅ ରାଇଚରଣ ଗୋଟେ ଟିଣ ଗଲାସରେ ଚାରିଟି ରସଗୋଲା ଧରି ଧାଇଁଛି, ମାତ୍ର ଗାଁରେ ପହଞ୍ଚିଲାବେଳକୁ ମା' ଜିଇଥିବ କି ମରିଥିବ ସେ ଜାଣେ ନାହିଁ। ଏଥିରେ ମା' ପ୍ରତି ପୁଅର ଅବହେଳା କଥା ଯେତେ ନାହିଁ, ତା'ର ଅସହାୟତା ଏବଂ ଛୋଟ ଛୋଟ ଇଚ୍ଛାଟିମାନ କିପରି ମୃତ୍ୟୁ ପର୍ଯ୍ୟନ୍ତ ମଣିଷ ସାଙ୍ଗରେ ରହିଥାଏ ସେକଥା ମୁଁ କହିବା ପାଇଁ ଚେଷ୍ଟା କରିଛି।

ଆଉ ଗୋଟେ ଗପ- 'ଅର୍ଜୁନ ବାବାଜି'। ଗାଁ ମୁଣ୍ଡରେ ତାଙ୍କର ପୋଖରୀ ଓ ଆଶ୍ରମ। ଅର୍ଜୁନ ବାବାଜି ପ୍ରକୃତ ଅର୍ଥରେ ସନ୍ଥ ନୁହେଁ, ମାତ୍ର ଆଧ୍ୟାତ୍ମିକତାର ପୋଷାକ ସୁବିଧାଜନକ ବୋଲି ସେ ଏଇ ରାସ୍ତା ବାଛି ନେଇଛନ୍ତି। ବାବାଜି ଟଙ୍କା ପଇସା ସୁଧ କାରବାର କରଛନ୍ତି। ଯୋଉମାନେ ତାଙ୍କ ପାଖକୁ କରଜ ନେବା ପାଇଁ ଆସନ୍ତି ବାବାଜି ତାଙ୍କୁ ଭାଗବତ ବହିଟି ଖୋଲିବାକୁ ବଢ଼େଇ ଦିଅନ୍ତି। ତାଙ୍କର ସବୁ ଟଙ୍କା ସେ ବହିର ପୃଷ୍ଠାମାନଙ୍କ ମଝିରେ ଖଞ୍ଜାହୋଇ ରହିଥାଏ। ଲୋକଟି ଖୋଲିଥିବା ପୃଷ୍ଠାରୁ ଯାହା ବାହାରେ ତାକୁ ସେତିକି ହିଁ କରଜ ମିଳେ। ବାବାଜି ତତ୍‌କ୍ଷଣାତ୍ ତାକୁ କହନ୍ତି, କୋଉଦିନ ଫେରେଇବ ସେହି ଭାଗବତ ଧରି କହିଯାଅ। ଯୋଉ ପୃଷ୍ଠାରୁ ଟଙ୍କାନେଲୁ ସେଇଠି ଆଣି ସେଇଦିନ ରଖୁଦେଇଯିବୁ। ବିଶ୍ୱାସ କରନ୍ତୁ, ସେ ବାବାଜିଙ୍କର ଟଙ୍କାଟିଏ ମଧ୍ୟ ବୁଡ଼େ ନାହିଁ। ବୈରାଗ୍ୟ ଭିତରେ ମୋହ ଓ ମୋହ ଭିତରେ ଆଧାତ୍ମିକତାର ଅନୁଭବ ଆମ ସମାଜର କିଛି କିଛି ବ୍ୟବସ୍ଥାକୁ ବୋଧହୁଏ ଏଭଳି ବଞ୍ଚେଇ ରଖିଛି।

'ମୁଠିଶାଗ ଓ ଆମ୍ବ ବଉଳର ଶୈଶବ' ସେମିତି ଗୋଟେ ଗପ, ଯାହାର ଅନ୍ତଃସ୍ରୋତ ହେଉଛି କୈଶୋରର ଗୋଟେ ମଧୁର ସ୍ମୃତି। ପିଲାଦିନେ ଗାଁ ବିଲମାଳରୁ ମୁଠିଶାଗ ତୋଳୁଥିବା ପିଲାଟିଏ ଏବେ ସହରରେ ଜଣେ ବଡ଼ ଅଫିସର୍। ଘରେ ଫ୍ରିଜ୍ ଅଛି- ପରିବାପତ୍ର ରଖିବା ପାଇଁ। ଗାଁରୁ ଦିନେ ବାପା କିଛି ମୁଠିଶାଗ ନେଇ ଆସିଛନ୍ତି। ସଞ୍ଜ ଗଡ଼ିଗଲାଣି। ଅଫିସରଙ୍କ ଉଚ୍ଚଶିକ୍ଷିତା ପତ୍ନୀ ମୁଠିଶାଗ ବିଡ଼ାଟିକୁ ରେଫ୍ରିଜରେଟର ଭିତରେ ରଖିଦେବା ପାଇଁ ବାହାରୁଛନ୍ତି। ହଠାତ୍ ପିଲାଦିନର ସ୍ମୃତିସବୁ ମନେପଡୁଛି ଅଫିସରଟିର। ସେ କହୁଛି- ନା, ମୁଠିଶାଗକୁ ଫ୍ରିଜ୍‌ରେ ରଖ ନାହିଁ। ମୋତେ ଦିଅ, ମୁଁ ଗୋଟେ କୁଲାରେ ବିଛେଇ ଛାତ ଉପରେ ରଖିଦେଇ ଆସିବି। ଫ୍ରିଜ୍ ଭିତରେ ମୁଠିଶାଗ ରହିଲେ ତା'ର ଅପମାନ ହେବ, ଅପମାନ ହେବ ମୋ କୈଶୋରର। କୈଶୋରର

ସ୍ମୃତିଟିକୁ କାକର ବା ପ୍ରକୃତି କୋଳରେ ସମର୍ପି ହେବାର ମଧୁର ଇଚ୍ଛାଟିଏ ଏଥିରେ ଜୀବନ୍ୟାସ ନେଉଛି।

ଆଉ ଗୋଟେ ଗପ 'ସନାତନ ମାଷ୍ଟ୍ରେ।' ସନାତନ ମାଷ୍ଟ୍ରେ ଭଲ ଢୋଲକି ବଜାନ୍ତି, ମାତ୍ର ତାଙ୍କୁ ଭାଗବତ ଗାଦି ପାଖେ ଢୋଲ ମୃଦଙ୍ଗ ବଜେଇବାକୁ ଅନୁମତି ମିଳେ ନାହିଁ। ଗାଁ ଝିଅମାନଙ୍କର ଅଳିଅର୍ଦ୍ଦଳି ମାନି ପଙ୍କ ଓ ସାପଭର୍ତ୍ତି ପୋଖରୀରେ ପଶି କଇଁଫୁଲ ତୋଳି ଆଣି ଦିଅନ୍ତି। ମାତ୍ର ଠାକୁରାଣୀଙ୍କ ପାଖେ ଭୋଗରାଗ ହେଲା ବେଳକୁ ତାଙ୍କୁ ଡକାଯାଏ ନାହିଁ। ଏପ୍ରକାର ଉପେକ୍ଷା ଓ ଅନାଦରର କାରଣ- ସେ ହରିଜନ। ଜାତିପ୍ରଥାର କୁତ୍ସିତ ଚେହେରା ପଛରେ ମାନବିକ ସମ୍ପର୍କକୁ ନ୍ୟୁନ ଦୃଷ୍ଟିରେ ଦେଖିବାର ଏଇ ବ୍ୟବସ୍ଥା ଯେ ଓଡ଼ିଆ ପରମ୍ପରାରେ ଏବେ ବି ରହିଛି, ଏକଥା କହିଲେ ସତ୍ୟର ଅପଳାପ ହେବ ନାହିଁ।

ବାଟ ଓଷା, ଗଣେଶ ପୂଜା ବା ସରସ୍ୱତୀ ପୂଜା ପରି ଦିନମାନଙ୍କର ବ୍ରାହ୍ମଣମାନଙ୍କର ଚାହିଦା ଢେର୍ ବଢ଼ିଯାଏ। ନିର୍ଦ୍ଦିଷ୍ଟ ସମୟ ଭିତରେ ସେମାନଙ୍କୁ ଅନେକ ଘର ବୁଲିବାକୁ ପଡ଼େ। ଫଳରେ କ'ଣ ହୁଏ ନା ସେମାନେ ଗୋଟେ ଗୋଟେ ଜାଗାରେ, ବହି ପଢୁ ପଢୁ 'ହରିବୋଲ ଦିଅ', 'ହୁଳହୁଳି ଦିଅ' ବୋଲି କହନ୍ତି ଓ ଶଙ୍ଖ, ହୁଳହୁଳି ଶବ୍ଦ ଭିତରେ ଏକାଥରେ ଚାରି ଛଅ ପୃଷ୍ଠା ଓଲେଟଇଦେଇ ର ଠ ଭାବେ ପୁରାଣବୋଲା କାମ ସମ୍ପୂର୍ଣ୍ଣ କରିଦିଅନ୍ତି। ଏଭଳି କାମ ବେଶି ହୁଏ ବାଟଓଷା ପରି ଅବକାଶରେ। ସେମିତି ଆମ ଦେଶର ସାକ୍ଷରତା କାର୍ଯ୍ୟକ୍ରମ। ଉଦ୍‌ଘାଟନ, ଅଭିଯାନ, ଉଦ୍‌ଯାପନ ଏବଂ ପରିସଂଖ୍ୟାନ ରେକର୍ଡ ପୂରଣ ପରି ଦାପ୍ତରିକ ଶବ୍ଦ ଭିତରେ ଆମର ଯୋଜନା ସବୁ ଏଭଳି ବିଡ଼ମ୍ବିତ ଯେ ସମ୍ପୂର୍ଣ୍ଣ ସାକ୍ଷର ଘୋଷିତ ଗାଁର ଅର୍ଦ୍ଧାଧିକ ଲୋକ ନିଜ ନିଜର ସ୍ୱାକ୍ଷରଟିମାନ କରିପାରୁ ନ ଥିବା ଦେଖିଲେ ଆପଣ ଆଶ୍ଚର୍ଯ୍ୟ ହେବେ ନାହିଁ। ଏକଥା ଲେଖିଛି 'ଯୋଜନା ଓ କାଶିନନା' ଗପରେ।

ଠାକୁରାଣୀ, କାଳିଶି, ଦେବାଦେବୀ ଇତ୍ୟାଦି ଉପରେ ଓଡ଼ିଶାର ଲୋକମାନଙ୍କର ଗଭୀର ବିଶ୍ୱାସ। ପାର୍ବତୀପୁରର ସବିତା ସ୍ୱାଇଁ ବାର ବର୍ଷର କିଶୋରୀ। ସ୍କୁଲ୍ ଯାଉଥିଲା, ସାଙ୍ଗଙ୍କ ମେଳରେ ଖେଳୁଥିଲା, ପାଠ ପଢୁଥିଲା। ହଠାତ୍ ଦିନେ ଦେଖାଗଲା ତାକୁ ଠାକୁରାଣୀ ବେଶ କରି ପୂଜା ଚାଲିଛି। ତା'ପରେ ପାର୍ବତୀପୁରକୁ ଗାଡ଼ି ମଟରର ଧାଡ଼ି ଛୁଟିଲା। ହୁକୁମ୍, ବର ଓ ଆଜ୍ଞା ପରି ଶବ୍ଦ ସବୁ ସେଠି ଶୁଭିଲା। ଗାଁରେ ଦୋକାନ ବଜାର ଖୋଲିଗଲା। ସବୁକିଛି ବଦଳିଗଲା। ମାତ୍ର ଏସବୁ ଭିତରେ ସବିତା ବୋଲି ସେଇ ସାନ ଝିଅଟିର ପିଲାଦିନ, ତା'ର ସ୍ୱାଧୀନତା, ତା'ର ସ୍ୱାଚ୍ଛନ୍ଦ୍ୟ, ତା'ର ପିଲାପଣିଆ ଯେ ନଷ୍ଟଭ୍ରଷ୍ଟ ହୋଇଗଲା ଏକଥାକୁ କେହି ଧ୍ୟାନ ଦେଲେ ନାହିଁ। ଏକଥା କହିବାକୁ ଚାହିଁଛି 'ଅସହାୟ ଦେବଶିଶୁ' ଗପଟିରେ।

ଏବେ ମୁଁ ଆସୁଛି ମୋ ବକ୍ତବ୍ୟର ଦ୍ୱିତୀୟ ଭାଗକୁ । ଏସବୁ ମୁଁ କାହିଁକି ଲେଖିଲି ବା ଏସବୁ ଲେଖିବା ପାଇଁ ଆମ ସମାଜ ବା ଆମ ପରମ୍ପରା ଦ୍ୱାରା ମୁଁ କିଭଳି ବାଧ୍ୟ ହୋଇପଡ଼ିଲି । ମଣିଷ ଜୀବନରେ ଘଟୁଥିବା ଅସଂଖ୍ୟ ଘଟଣା ଭିତରୁ କିଛି କିଛି ଘଟଣା ତା' ଭିତରେ ନିର୍ଦ୍ଦିଷ୍ଟ ଚିହ୍ନସବୁ ଛାଡ଼ିଯାଆନ୍ତି । ସେଇ ଚିହ୍ନଗୁଡ଼ିକ ମିଶିମାଶି ତା' ଆତ୍ମିକ ସତ୍ତାର ଗୋଟାଏ ଆକୃତି ଗଢ଼ି ଦିଅନ୍ତି । ମୋର ପିଲାଦିନ ଗୋଟାଏ ନିରାପତ୍ତାଶୂନ୍ୟ ପରିବେଶ ଭିତରେ କଟିଥିଲା । ଗୋଟାଏ ବୁନିଆଦି ଯୌଥ ପରିବାର ଋହୁଁ ଋହୁଁ ଭାଙ୍ଗିରୁଜି ଗଲା ଓ ଗୋଟିଏ ଘରର ଅଗଣାରେ ପାଞ୍ଚ ପାଞ୍ଚଟି ପାଚେରି ଛିଡ଼ା ହୋଇଗଲା । ଓଡ଼ିଆ ସମାଜର ଏଇ ଯୌଥ ପରିବାର ଭାଙ୍ଗିବା ଓ ଋକିରି ସନ୍ଧାନରେ ଯୁବକ ଯୁବତୀ ଚିର ପ୍ରବାସୀ ହେବା ପରି ଦୁଇଟି ଘଟଣା ଖୁବ୍ ଗୁରୁତ୍ୱପୂର୍ଣ୍ଣ । ସେଇ ସାତ ଆଠ ବର୍ଷ ବୟସରେ ମୋତେ ମୋର ବାପା, ମା' ଓ ସାନ ଭାଇ ରହୁଥିବା ଘର ଏବଂ ଏମାନେ ସମସ୍ତେ ରହୁଥିବା ଗାଁ ଛାଡ଼ିବାକୁ ପଡ଼ିଲା । ଦୂର ଗାଁରେ ଯାଇ ଅଚିହ୍ନା ଲୋକଙ୍କ ସାଙ୍ଗେ ଚିହ୍ନା ହେବାର ଚେଷ୍ଟା କରୁ କରୁ ମୋର ସମୁଦାୟ କୈଶୋର ବିତିଗଲା । ମୋର ଏ ପିଲାଦିନର ଜୀବନ ମୋର ଲେଖକୀୟ ସତ୍ତା ସାମ୍ନାରେ ଗୋଟାଏ ସମସ୍ୟା ଆଣି ଛିଡ଼ା କରେଇ ଦେଇଥିଲା ଓ ତାହା ହେଲା ଶୈଶବର ନିରାପତ୍ତା ।

ମୋର ଅଧିକାଂଶ ଗଳ୍ପରେ ଓ 'ଜୀବନର ଜଳଛବି'ରେ ମୁଁ ସାନ ସାନ ପିଲାଙ୍କ ପକ୍ଷରୁ ଟିକିଏ ସ୍ୱାଧୀନତା, ଚିରୁଡ଼ାଏ ଅବସର, ଜଣେ ଦି'ଜଣ ଖେଳସାଥୀ ଓ ଏତେ ଟିକିଏ ଉଷ୍ମ ଆତ୍ମୀୟତା ଭିକ୍ଷା କରିବି । ମୋ ଜୀବନରେ ଆମ ଗାଁ, ମାମୁଘର ଓ ଖେଳସାଥୀମାନଙ୍କ ସୁଖ ଯାହା ଯେମିତି ପାଇବାର କଥା ସେମିତି ପାଇ ନାହିଁ ବୋଲି ମୋ ଗପର ଚରିତ୍ରମାନେ ସେସବୁ ପାଇବା ପାଇଁ ଆଉଟି ପାଉଟି ହୋଇଛନ୍ତି । ଏମିତି ସମ୍ପର୍କହୀନ ଓ ନିରାପତ୍ତାଶୂନ୍ୟ ଢଙ୍ଗରେ ଆଉ କାହାର ଜୀବନ ନ ବିତୁ ବୋଲି ସେମାନେ କାୟମନୋବାକ୍ୟରେ କାମନା କରିଛନ୍ତି ।

ପ୍ରାଇମେରୀ ପାଠ ସାରି ହାଇସ୍କୁଲ୍‌ରେ ପଢୁଥିବା ଦିନମାନଙ୍କରେ ପାଠ ଅପେକ୍ଷା ନାଚ ଓ ଗୀତ ପ୍ରତି ମୁଁ ବେଶି ଆଗ୍ରହ ରଖୁଥିଲି । ଅନୁଶାସନ ଓ ଧରାବନ୍ଧା ନିୟମର ପ୍ରତିବାଦ କରିବା ପାଇଁ ସ୍ୱାଭାବିକ ଭାବେ ହୁଏତ ଏସବୁ ନିମନ୍ତେ ମନରେ ଆଗ୍ରହ ସୃଷ୍ଟି ହେଉଥିଲା । ସତୁରି ଦଶକରେ ନାଟକରେ ମିଶିବା ପାଇଁ ଆମ ଅଞ୍ଚଳର ଝିଅମାନେ ସାହସ କରୁ ନ ଥିଲେ । ମନେଅଛି, ସେ ବର୍ଷ ଆମ ଗାଁ ନାଟକରେ ଝିଅଟିଏ ସୁଲତାନା ରିଜିଆ ଅଭିନୟ କରିଥିଲା । ତା'ର ଅଭିନୟ ଏତେ ସୁନ୍ଦର ହୋଇଥିଲା ଯେ ଦର୍ଶକମାନେ କରତାଳି ଦେଇ ଦେଇ କ୍ଳାନ୍ତ ହୋଇ ପଡ଼ିଥିଲେ । ମାତ୍ର ରାତିର ଅଭିନୟ ଯାହାକୁ ଅଜସ୍ର ସ୍ୱୀକୃତି ଓ ପ୍ରଶଂସା ଉପହାର ଦେଇଥିଲା ପରଦିନର ପ୍ରଭାତ ତାକୁ

ସେତିକି ନିନ୍ଦା ଓ ଅପବାଦ ଆଣିଦେଲା। ବିନା ଦୋଷରେ ବିରରୀକୁ ଚରିତ୍ରହୀନାର ଅପବାଦ ମୁଣ୍ଡେଇବାକୁ ପଡ଼ିଥିଲା।

ହାଇସ୍କୁଲ୍ ପରେ ରେଭେନ୍‌ସା କଲେଜକୁ ଆସିଲି। ଇଂରାଜୀ ଟିଉଟରିଆଲ୍ କ୍ଲାସ୍। ନିରୀହ କୌତୂହଳରେ ଇଂରାଜୀ ଅଧ୍ୟାପିକାଙ୍କୁ ପଚାରିଲି- 'ଆପଣ ବାହାହେଇନାହାନ୍ତି କାହିଁକି ?' ଅଧ୍ୟାପିକାଙ୍କ ମୁହଁ ଶେତା ପଡ଼ିଗଲା। ମୋତେ ଲାଗିଲା, ଭୟଙ୍କର ଅପରାଧଟିଏ ମୁଁ କରି ପକେଇଚି। ହୁଏତ ଏମିତି ଗୋଟାଏ ବ୍ୟକ୍ତିଗତ ପ୍ରଶ୍ନ ମୋର ପଚାରିବାର ନ ଥିଲା। କିନ୍ତୁ ଉତ୍ତରରେ ମାଡାମ୍ ଯାହା କହିଲେ ତାହା ମୋର ବିସ୍ମୟକୁ ଅସହାୟତାରେ ପରିଣତ କରିଦେଲା। ଅମାବାସ୍ୟାରେ ଜନ୍ମ ହୋଇଥିବାରୁ ସମସ୍ତେ ତାଙ୍କୁ ଉଆଁସୀ କନ୍ୟା କହୁଛନ୍ତି; ଆଉ ଉଆଁସୀ କନ୍ୟା ଯାହାକୁ ବାହାହେବ ସେ ବରଟିର ମୃତ୍ୟୁ ଅବଧାରିତ ହୋଇଥିବାରୁ ସେ ବାହାହୋଇ ପାରିନାହାନ୍ତି।

ରେଭେନ୍‌ସା ଛାଡ଼ିବାର ଅନେକ ଦିନ ପରେ ପୁରୀ ଶ୍ରୀମନ୍ଦିରର ଆନନ୍ଦ ବଜାରରେ ମୁଁ ମୋର ସେଇ ଅଧ୍ୟାପିକାଙ୍କୁ ସେମିତି ନିଃସଙ୍ଗ ଭାବେ ଠିଆହୋଇ ଗୋଟେ କୁଡୁଆରୁ ଡାଲି ଚାଟିଚାଟି ଖାଇବାର ଦେଖିଚି। ଉଷୁମ ଲୁହ ଦି'ଟୋପା ଭିନ୍ନ ଆଉ କିଛି ଭେଟି ଦେଇପାରିନି ତାଙ୍କୁ। ମୁହଁ ଲୁଚେଇ ଫେରିଆସିଛି।

ରିଜିଆ ସୁଲତାନା ଅଭିନୟ କରିଥିବା ସେଇ ଗ୍ରାମ୍ୟ କିଶୋରୀ ଓ ଅମାବାସ୍ୟାରେ ଜନ୍ମ ହୋଇଥିବା ଇଂରାଜୀ ଅଧ୍ୟାପିକାଙ୍କ ପରି ଶହ ଶହ ନାରୀଙ୍କୁ ଭେଟିବାକୁ ଦୁର୍ଭାଗ୍ୟ ମୋର ହୋଇଛି। ବିନା ଦୋଷରେ ସେମାନେ ଲାଞ୍ଛନା ଓ ନିର୍ଯାତନାର ବୋଝକୁ ମୁଣ୍ଡରେ ମୁଣ୍ଡେଇ ଚାଲିଥାଆନ୍ତି। ଅନ୍ଧାରି କୋଣରେ ପଡ଼ିଥିବା ଆଇନାର ଭାଗ୍ୟ ପରି ସେମାନଙ୍କର ସକଳ ସ୍ୱପ୍ନ ଓ ସମ୍ଭାବନା ବିଡ଼ମ୍ବିତ ହେଉଥାଏ। ମୋ ସାମ୍ନାରେ ଦ୍ରୌପଦୀଙ୍କର ସେଇ ପ୍ରଶ୍ନ- ନାରୀ ଗୋଟାଏ ବ୍ୟକ୍ତି ନା ବସ୍ତୁ ତଥାପି ଅନୁତ୍ତରିତ ଝୁଲି ରହିଥାଏ। ମୁଁ ଉତ୍ତର ଦେଇପାରେ ନାହିଁ। ମୋର ଗାଳ୍ପିକ ସତ୍ତା ଆଗରେ ପୁଣି ଗୋଟାଏ ପ୍ରତ୍ୟାଶା ରୂପ ନିଏ ଯେଉଁଠି ନାରୀ କେବଳ ଉପଭୋଗର କି ଉପଯୋଗର ବସ୍ତୁ ହୋଇ ରହନ୍ତା ନାହିଁ, ଗାଈ କି ବାଛୁରୀ ପରି ବାହା ବଜାରରେ ତା'ର ଦର ମୂଲାମୂଲି ଚାଲନ୍ତା ନାହିଁ, ହୋମ ନିଆଁର ବାସ୍ନା ତା'ର ସ୍ମୃତିକୋଷରୁ ହଜିବା ଆଗରୁ ପେଟ୍ରୋଲ କି କିରୋସିନି ନିଆଁରେ ସେ ଜଳି ପୋଡ଼ନ୍ତା ନାହିଁ, ଫେରୁ ନ ଥିବା ଫେରାର ସ୍ୱାମୀର ବାଟ ଓ ଭଲ ହେଉ ନ ଥିବା ରୋଗିଣା ଛୁଆର ମୁହଁକୁ ଚାହିଁ ଆଖିଲୁହରେ ରାତିର ଆକାଶ ଏବଂ ଦିନର ପୃଥିବୀକୁ ବତୁରେଇ ଦିଅନ୍ତା ନାହିଁ।

ଶୃଙ୍ଖଳର ଶୈଶବ, ନିର୍ଯାତନାର ନାରୀତ୍ୱ ପରେ ଆଉ ଯୋଉ ବିଡ଼ମ୍ବନାଟି ମୋର କଥାଦର୍ଶକୁ ଗଢ଼ିଛି ସିଏ ମଣିଷର ଦାରିଦ୍ର୍ୟ। ଦାରିଦ୍ର୍ୟକୁ ଯୋଉମାନେ ଈଶ୍ୱରଙ୍କ

ଆଶୀର୍ବାଦ ବୋଲି କହିବସନ୍ତି, କ୍ଷମା କରିବେ, ମୁଁ ସେମାନଙ୍କ ପକ୍ଷରେ ନାହିଁ। ଯୋଉ ଦାରିଦ୍ର୍ୟ କବି କାଳିଦାସଙ୍କୁ ପ୍ରତିଦିନ ଗୋଟାଏ ଶ୍ଳୋକ ଲେଖିବା ପାଇଁ ବାଧ୍ୟବାଧକତାର ରାଜଦରବାରରେ ନେଇ ପହଞ୍ଚେଇଦିଏ, ଯୋଉ ଦାରିଦ୍ର୍ୟ ଦୀନକୃଷ୍ଣଙ୍କ ଜୀବନରୁ ରସ ଓ ଯଦୁମଣିଙ୍କ ଓଠରୁ ହସ ପୋଛିନିଏ ସେ ଦାରିଦ୍ର୍ୟ ସମଗ୍ର ମଣିଷ ଜାତିର ଅଭିଶାପ। ଓଡ଼ିଶାର ଯୋଉ କୋଣକୁ ଗଲେ କିନ୍ତୁ ମୋତେ ଦାରିଦ୍ର୍ୟର ଭୂତ ଏବେ ବି ଗୋଡ଼ାଏ। ପ୍ରାଚୁର୍ଯ୍ୟର ଚନ୍ଦ୍ରମାକୁ ଦାରିଦ୍ର୍ୟର କଳାମେଘ ଢାଙ୍କି ବସିବା ପରି ମୋତେ ଦିଶିଯାଏ। ମାନସିକ, ମନସ୍ତାତ୍ତ୍ୱିକ, ଦାର୍ଶନିକ ଓ ବୌଦ୍ଧିକ ଦାରିଦ୍ର୍ୟ ତ ପଛକଥା, ଯୋଉଠି ମଥା ଉପରର ଛପର, ପିଠି ପାଇଁ ଲୁଗା, ପେଟ ପାଇଁ ପୋଷେ ଖୁଦ କି ମୁଠାଏ ଅଟା ସାତସ୍ୱପ୍ନ ହୋଇପଡ଼େ ସେଠି ମଣିଷ କି ସ୍ୱପ୍ନ ଦେଖିବ? ମୁଁ ନଗଣ୍ୟ ଲେଖକଟିଏ, ଅସହାୟ ମଣିଷ ଆଖିରୁ ଲୁହଟୋପା ପୋଛିଦେବାର ସାମର୍ଥ୍ୟ ମୋର ନାହିଁ। କିନ୍ତୁ ମୁଁ ଆଶା କରେ- ଏମିତି ଗପଟିଏ ଲେଖନ୍ତି ଯାହାକୁ ପଢ଼ିଲେ କି ଶୁଣିଲେ ସାଧାରଣ ଲୋକଟି ଭିତରେ ଆତ୍ମବିଶ୍ୱାସ ସୃଷ୍ଟି ହୁଅନ୍ତା। ଭାଗ୍ୟକୁ ନିନ୍ଦି ସେ ଜୀବନ ପ୍ରତି ପରାଙ୍‌ମୁଖ ହୁଅନ୍ତା ନାହିଁ, ରାଜନୀତିର ପଶାପାଲିରେ ଗୋଟି ହେବାକୁ ସେ ରାଜି ହୁଅନ୍ତା ନାହିଁ କି ପୃଥିବୀର ସବୁଠୁ ଅଲୋଡ଼ା, ସବୁଠୁ ହତଭାଗ୍ୟ ବିଚରି ହୀନମନ୍ୟତାର ଗ୍ଳାନିରେ ଶଢ଼ନ୍ତା ନାହିଁ।

ମୁଁ ଏଇଆ ସବୁ ଲେଖିବାକୁ ଚାହେଁ। ଦିନେ ଆସିଥିଲି, ଆଉ ଦିନେ ଚାଲିଯିବି। କିନ୍ତୁ ମୋ ଯିବା ଆଉ ଆସିବା ସମୟ ଭିତରେ ଏଇସବୁ ଘଟଣା ଘଟିଥିଲା, ସେସବୁ ସମ୍ପର୍କରେ ଏଇ ଥିଲା ମୋର ପ୍ରତିକ୍ରିୟା, ଏଇସବୁ ଥିଲା ସେହି ସମୟରେ ଘଟିଥିବା ଘଟଣା ଓ ଦୁର୍ଘଟଣା, ତା'ର କ୍ରିୟା- ପ୍ରତିକ୍ରିୟା, ପ୍ରତିକୂଳ ପରିସ୍ଥିତି ସାଙ୍ଗେ ସେଇ ସମୟର ମଣିଷଙ୍କ ସଂଗ୍ରାମ, ତାଙ୍କର ସୌଭାଗ୍ୟ-ଦୁର୍ଭାଗ୍ୟ, ଏସବୁ କିଛି ମୋ ଗପରେ ମୁଁ ଲିପିବଦ୍ଧ କରିଯିବାକୁ ଚାହେଁ। ମୋ ଗପରେ ମୁଁ ଭୂଗୋଳ, ରାଜନୀତି, ମଠ-ମନ୍ଦିର, ଧର୍ମ ଓ ଅର୍ଥନୀତି ନିରପେକ୍ଷ ସାଧାରଣ ମଣିଷର ଅସାଧାରଣ ମଣିଷପଣିଆର କଥା କହିବାକୁ ଚାହେଁ। ମୁଁ ଚାହେଁ ମୋ ସାହିତ୍ୟ ହୁଅନ୍ତା ମୋ ସମୟର ସମାନ୍ତରାଳ ଇତିହାସ। ସେ ଇତିହାସରେ ରାଜା, ମହାରାଜା, ମନ୍ତ୍ରୀ ଓ ମହାମନ୍ତ୍ରୀମାନଙ୍କର ସିଂହାସନ ଆରୋହଣ, ଯୁଦ୍ଧ କି ଜୟ-ପରାଜୟର କାହାଣୀ ରହୁ କି ନ ରହୁ, ସାରିଆ, ଭଗିଆ, ମାଗୁଣି ଏବଂ ନୀଳ ମାଷ୍ଟ୍ରଣୀ ପରି ମାମୁଲି ମଣିଷଙ୍କ କଥା ନିଶ୍ଚୟ ରହନ୍ତା।

କରୁଣ, ବିଷାଦ, କୋହ, ଗ୍ଳାନି, ପରାଜୟ, କ୍ଷୋଭ, ଶୋକ, ସନ୍ତାପ ଓ ମଣିଷର ଅସରନ୍ତି ଅସହାୟତା ମୋ ପାଇଁ ସବୁଠୁ ବଡ଼ ପ୍ରଶ୍ନ ହୋଇ ଉଭା ହୁଅନ୍ତି। ଯୁଆଡ଼କୁ ଚାହିଁଲେ ମୋତେ ମଣିଷର ସୀମାବଦ୍ଧତା ଜଳଜଳ ହୋଇ ଦିଶିଯାଏ।

ସେଥିପାଇଁ ମୁଁ ଚାହେଁ, ମୋ ସାହିତ୍ୟ ଏଭଳି ଯୋଗ୍ୟତା ରଖନ୍ତା- ଯାହା କେବଳ ସମ୍ଭୋଗର କପିଳବାସ୍ତୁରୁ ସିଦ୍ଧାର୍ଥମାନଙ୍କୁ ନେଇ ନିରଞ୍ଜନା ନଦୀ ତଟରେ ପହଞ୍ଚେଇ ଦିଅନ୍ତା ନାହିଁ, ଅବହେଳାର ଅରଣ୍ୟ ଭିତରେ ଶଢୁଥିବା ପାଷାଣୀ ଅହଲ୍ୟାମାନଙ୍କୁ ମଧ୍ୟ ଫେରେଇ ଦିଅନ୍ତା ସେମାନଙ୍କର ଜୀବନ ଓ ଯୌବନ।

୧୯୭୬ରେ ପ୍ରଥମ ଗପଟି ମୋର 'କଲ୍ୟାଣୀ' ପତ୍ରିକାରେ ବାହାରିଥିଲା। ଏବେ ଚାଲିଛି ୧୯୯୬। ଏହା ଭିତରେ କୋଡ଼ିଏ ବର୍ଷ ବିତିଗଲାଣି, ଜଣାପଡୁ ନାହିଁ। ଏଇ କୋଡ଼ିଏ ବର୍ଷ ଭିତରେ ଆହାର, ନିଦ୍ରା ଓ ମୈଥୁନ ପରି ଜାନ୍ତବ ଚିନ୍ତା ଭିନ୍ନ ଆଉ ଯଦି କୌଣସି ବିଷୟରେ ସବୁଠୁ ମୁଁ ବେଶି ଭାବିଥିବି ସେ ହେଉଛି ମୋର ସାହିତ୍ୟ, ମୋ ସମୟର ସାହିତ୍ୟ, ସ୍ଥାନ, କାଳ ଓ ସମୟ ନିରପେକ୍ଷ ସାହିତ୍ୟ। ତଥାପି ଲାଗେ ଗୃହୀ ଜୀବନ ଓ ଜୀବିକା ମୋତେ ମୋ ପଛରୁ ଭିଡ଼ି ଧରୁଛି। ମୋ ପାଇଁ ସାହିତ୍ୟ ଏକ ସାମୟିକ ବିଳାସ ନୁହେଁ, ଏକ ତପସ୍ୟା। ଚତୁର୍ବର୍ଗ ଫଳ ପ୍ରାପ୍ତିର ଅଭିଳାଷଠୁ ସହିତ୍ୟ-ମନସ୍କ ହୋଇ ଜୀବନ ବିତେଇ ଦେବାରେ ମୋର ଆନନ୍ଦ। ସାହିତ୍ୟ ପାଖରୁ ମୁଁ ଫେରିଆସିଲେ ତା'ର କିଛି କ୍ଷତି ହେବ ନାହିଁ, କିନ୍ତୁ ସାହିତ୍ୟ ମୋ ପାଖରୁ ଦୂରେଇଗଲେ ହୁଏତ ମୋ ବଞ୍ଚିବାର ଅର୍ଥ ବା ଅବଲମ୍ବନ କିଛି ରହିବ ନାହିଁ।

ଯାଉ ଯାଉ ମୋର କଥାଦର୍ଶ ସମ୍ପର୍କରେ ଆଉ ପଦେ କହି ଦେଇଯାଏ। ଅନେକ ଦିନ ତଳେ ଗପଟିଏ ଶୁଣିଥିଲି। ସେ ଗପଟି ଏହିପରି -

ଗୋଟେ ଗାଁରେ ମା'ଟିଏ ତା'ର ଦିଇଟି ସାନ ସାନ ପୁଅଙ୍କୁ ନେଇ ରହୁଥାଏ। ଗରିବ ସ୍ତ୍ରୀଲୋକ, ପରଘରେ ପାଇଟି କରି ଚଳେ। ବଡ଼ ପୁଅ ତା'ର ଜନ୍ମ ହେଲାବେଳକୁ ଅବସ୍ଥା ଏତେ ଶୋଚନୀୟ ହୋଇ ନ ଥିଲା। ସ୍ୱାମୀ ବଞ୍ଚିଥିଲା। ଦିହେଁ କାମକରି ଚଳୁଥିଲେ। କିନ୍ତୁ ସ୍ୱାମୀ ମରିଗଲା, ପିଲା ଗୋଟିଏରୁ ଦୁଇଟି ହେଇ ସାରିଥିଲେ। ଘରର ଗାଈଟି ହିଁ ଏକମାତ୍ର ଅବଲମ୍ବନ। ମା' କାମ କରି ଯାଏ, ବଡ଼ ପୁଅଟି ଗାଈର କ୍ଷୀରତକ ଗାଁ ମୁଣ୍ଡର ମହାଜନ ଘରେ ନେଇ ଦେଇଆସେ। ଗଲାବେଳେ ସାନା ଭାଇ- ଯାହାର ବୟସ ଚାରି ବର୍ଷ, ତାକୁ ବି ସାଙ୍ଗରେ ନେଇଯାଏ।

କ୍ଷୀର ନେଇ ମହାଜନ ଘରକୁ ଯିବା ବାଟରେ ଆଦୌ ଗାଈକ୍ଷୀର ଚାଖି ନ ଥିବା ସାନ ଭାଇ ପଚାରେ, 'ଭାଇ, ଗାଈ କ୍ଷୀର କେମିତି ଲାଗେ ?'

ବଡ଼ ଭାଇ କହେ, 'ଭାରି ମିଠା। ବାପା ବଞ୍ଚିଥିଲାବେଳେ ମୁଁ କେତେଥର ପିଇଛି। ତୁ କିନ୍ତୁ କେବେ ପିଇନୁ।'

ସାନ ଭାଇ କହେ, 'ମୁଁ ଟିକେ ଚାଖନ୍ତି।'

ବଡ଼ ଭାଇ କଥା ଟାଳିଦିଏ, 'ହଉ, ହଉ, ତୋତେ ଥରେ ଚାଖିବାକୁ ଦେବି।'

ଏମିତି ଦିନ ବିତେ। ଦିନେ କିନ୍ତୁ ସାନ ଭାଇ ଜିଦ୍ କରେ- ଆଜି ସେ ଗାଈକ୍ଷୀର ଖାଇବ। ବଡ଼ ଭାଇ ଏଣେତେଣେ ଚାହେଁ। ରାସ୍ତା ନିର୍ଜନ। ଚୁପ୍ କରି ସେ ସାନ ଭାଇର ଆଞ୍ଜୁଳାରେ ଚଳାଏ କ୍ଷୀର ଢାଳିଦିଏ। ସାନ ଭାଇ ଢକଢକ କରି ସେତକ ପିଇଦିଏ। ଆନନ୍ଦରେ ତା'ର ମୁହଁଟି ଉଜ୍ଜ୍ୱଳି ଉଠେ।

ସେମିତି ଲାଗଲାଗ ତିନି ଚାରି ଦିନ ସେଇକଥା ଘଟେ। ଉପାସିଆ ସାନ ଭାଇର ମୁହଁକୁ ଚାହିଁ ବଡ଼ ଭାଇଟି ମୁନ୍ଦେ ମୁନ୍ଦେ କ୍ଷୀର ଦିଏ ଓ ପୋଖରୀ ପାଣି ମିଶେଇ ମହାଜନ ଘରେ ଦେଇଆସେ। ଦିନେ କିନ୍ତୁ ମହାଜନ କ୍ଷୀରରେ ପାଣି ମିଶୁଥିବା ଜାଣିପାରେ। ଗରିବ ସ୍ତ୍ରୀ ଲୋକଟିକୁ ଆସି ଧମକ ଦିଏ, 'ଆଉ ଥରେ ପାଣି ମିଶେଇଲେ କ୍ଷୀର ନେବା ବନ୍ଦ କରିଦେବି।'

ପିଲାଏ କ୍ଷୀର ନେଇ ଯାଇଥିଲେ, ଫେରିଆସିଲେ। ମାଆ ପଚାରିଲା, 'କ୍ଷୀରରେ କେମିତି ପାଣି ମିଶିଲା ?' ବଡ଼ ଭାଇ କିଛି କହିବା ଆଗରୁ ମା'ର ଆଖି ସାନ ପୁଅର ଓଠ ଉପରେ ପଡ଼ିଲା। ତା' ଓଠର ଦୁଇ ଧାରରେ ଦି' ଟୋପା କ୍ଷୀର ତଥାପି ଲାଗିଛି। ମା' ଥ କରି ଛିଡ଼ା ହୋଇଗଲା। ତା' ପାଟିରୁ ଆଉ ଶବ୍ଦଟେ ବି ବାହାରିଲା ନାହିଁ।

ଗପଟି ଏଇଠି ସରେ। କିନ୍ତୁ ପାଠକର ଆତୁରତା ସରେ ନାହିଁ। ମାଆର ଅସହାୟତା, ବଡ଼ ଭାଇର ଉଦାର ଦୁଃସାହସିକତା, ସାନ ପିଲାଟିର କ୍ଷୀର ଟୋପେ ପିଇବାର ବ୍ୟାକୁଳତା ଓ ସର୍ବୋପରି ଭୋକିଲା ଛୁଆଠୁ ଆହାର ଛଡ଼େଇ ନେଇ ତାଆରି ହାତରେ ମହାଜନର ମଣୋହି ପାଇଁ ସେସବୁ ପଠେଇଦେବାର ବାଧ୍ୟବାଧକତା ମିଶିମାଶି ପାଠକକୁ ବିବଶ କରିଦିଏ।

ପାଠକକୁ ବିବଶ କରିଦେବା ପରି ଅଭିମାନ ପୋଷଣ କରିବା ଓ ଏପ୍ରକାର ପ୍ରୟାସରେ ବାରମ୍ବାର ବିଫଳ ହେବାର ଭାଗ୍ୟକୁ ଆଦରି ନେବା ମଧ୍ୟ ମୋର କଥାଦର୍ଶ। ସେଥିପାଇଁ ମୁଁ ଗପ ଲେଖେ ଓ ଲେଖି ଚାଲିଥାଏ।''

ଭାଷଣ ସରିଲା। ଅନେକ ଲୋକ ମୋତେ ଅଭିନନ୍ଦନ ଜଣାଇଲେ। ସେସବୁ ଅନୁଭବ ମୁଁ ମୋର 'ପ୍ରଥମ ପ୍ରବାସ' ବହିରେ ଲେଖିଛି। ଏହାପରେ ଆମେରିକା ବୁଲାବୁଲି ସାରି ମୁଁ ଭାରତ ଫେରିଲି।

ସେଦିନ ଥାଏ ଜୁଲାଇ ୧୭ ତାରିଖ। ମୁଁ ନ୍ୟୁୟର୍କରୁ ଦିଲ୍ଲୀ ଆସି ଓଡ଼ିଶା ନିବାସରେ ପହଞ୍ଚି ଆମ ଘରକୁ ଫୋନ୍ କଲି। ଟେଲିଫୋନ୍‌ରେ ମୋ ସ୍ୱର ଶୁଣିବାକ୍ଷଣ ମୋ ସ୍ତ୍ରୀ ଆନନ୍ଦରେ ଗଦ୍ ଗଦ୍ ହୋଇପଡ଼ିଲେ। ସେଇ ଆନନ୍ଦ ଭିତରେ କିଛିଟା ବିବ୍ରତ ଭାବ ଅନୁଭବ କରି ମୁଁ ପଚାରିଲି, 'କ'ଣ ହେଲା ? ତମେ ଏତେ ବ୍ୟସ୍ତ ଜଣାପଡୁଛ ଯେ !'

ସେ କିଛି କହିବା ପୂର୍ବରୁ ମୋ ସାମ୍ନାରେ ପଡ଼ିଥିବା ଇଂରାଜୀ ଖବରକାଗଜର ପ୍ରଥମ ପୃଷ୍ଠା ଉପରେ ନଜର ପଡ଼ିଲା । ଆଟ୍‌ଲାଣ୍ଟିକ୍ ମହାସାଗରରେ କେନେଡ଼ି ଏୟାରପୋର୍ଟରୁ ଫ୍ରାନ୍‌ସ ଅଭିମୁଖେ ଆସିଥିବା ଟି.ଡବ୍ଲ୍ୟୁ.ଏ-୮୦୦ ବିମାନଟି ଜଳିପୋଡ଼ି ଖସିପଡ଼ିଥିଲା, ତହିଁରେ ଥିବା ୨୮୦ ଜଣ ଯାତ୍ରୀ ଏବଂ ବିମାନର କର୍ମଚାରୀମାନେ ଆଟ୍‌ଲାଣ୍ଟିକ୍ ମହାସାଗରରେ ସଲିଳ ସମାଧି ଘେନିଥିଲେ ।

ଗୋଟେ ଶୀତଳ ଲହରି ମୋ ଭିତରେ ଚରିଗଲା । ମୋ ସ୍ତ୍ରୀ ସଂଯୁକ୍ତା ସେପଟୁ କହୁଥିଲେ, 'କାଲି ତୁମେ ନ୍ୟୁୟର୍କ ଛାଡ଼ିବା ପରେ ଦିଗମ୍ବର ବାବୁ ଫୋନ୍ କରିଥିଲେ । ଗୋଟାଏ ଉଡ଼ାଜାହାଜ ଖସିପଡ଼ିଥିବା ଖବର ମଧ୍ୟ ଆମେ ଟେଲିଭିଜନ୍ ସମ୍ବାଦରୁ ଶୁଣିଥିଲୁ । ଆମେ ତ ସମ୍ପୂର୍ଣ୍ଣ.... ।' ସେ ତାଙ୍କ କଥା ସାରି ପାରି ନ ଥିଲେ ।

ମୁଁ ତାଙ୍କର ମନୋଭାବ ବୁଝିପାରୁଥିଲି । କେନେଡ଼ି ଏୟାରପୋର୍ଟରେ ଯେତେବେଳେ କମ୍ପ୍ୟୁଟର ଅଚଳ ହୋଇଥିବା ଯୋଗୁ ଆମର ଫ୍ଲାଇଟ୍ ବିଳମ୍ବିତ ହେଉଥିଲା ଠିକ୍ ସେତିକିବେଳେ ଫ୍ରାନ୍‌ସ ଅଭିମୁଖେ ଏଇ ଟି.ଡବ୍ଲ୍ୟୁ.ଏ-୮୦୦ ବିମାନଟି ବାହାରିଥିଲା । ଅଥଚ ସେଇଟି ଫ୍ରାନ୍‌ସରେ ପହଞ୍ଚିଲା ନାହିଁ । ସେଇ ଆଟ୍‌ଲାଣ୍ଟିକ୍ ମହାସାଗର ବକ୍ଷରେ ହିଁ ଷଡ୍‌ଯନ୍ତ୍ରର ଶିକାର ହୋଇ ବିମାନଟି ଖସି ପଡ଼ିଥିଲା ।

ମୁଁ ସେ ଦିନସାରା ଖାଇପାରିଲି ନାହିଁ କି ଶୋଇ ପାରିଲି ନାହିଁ । ଯିବାବେଳକୁ ମୋ ସାନ ଭାଇର ମୃତ୍ୟୁ ଘଟଣା ଯେମିତି ମୋତେ ବିଷାଦଗ୍ରସ୍ତ କରି ରଖିଥିଲା, ଫେରିବାବେଳକୁ ଏଇ ବିମାନ ଦୁର୍ଘଟଣାର ଦୁଃସମ୍ବାଦ ମୋତେ ସେମିତି ସ୍ତବ୍ଧ ଓ ବିବ୍ରତ କରିଦେଲା । ମୁଁ ଖବରକାଗଜଗୁଡ଼ିକର ପୃଷ୍ଠାରୁ ଏଇ ଦୁର୍ଘଟଣା ସମ୍ପର୍କରେ ଯେତିକି ଯେତିକି ପଢୁଥିଲି ସେତିକି ସେତିକି କଷ୍ଟ ପାଉଥିଲି । ଭୁବନେଶ୍ୱରରେ ପହଞ୍ଚିବା ପରେ ମୋର 'ଜୀବନର ଜଳଛବି' ସ୍ତମ୍ଭରେ ମଧ୍ୟ ମୁଁ ଏ କଥା ଲେଖିଥିଲି । କାହିଁକି କେଜାଣି ମୋତେ ଲାଗୁଥିଲା ସତେ କି ମୁଁ ଗୋଟେ ନିଶ୍ଚିତ ଦୁର୍ଘଟଣାକୁ ଏଡ଼ାଇ ଆସିଛି । ମାଟିଠୁ ଚାଳିଶ ହଜାର ଫୁଟ୍ ଉଚ୍ଚ ଓ ମହାସାଗରର ବିସ୍ତୀର୍ଣ୍ଣ ବୁକୁ ଉପରେ ଉଡୁଥିବାବେଳେ ମଣିଷ ଏବଂ ମଣିଷ ତିଆରି ଉଡ଼ାଜାହାଜଗୁଡ଼ିକ କେତେ କ୍ଷୁଦ୍ର, କେତେ ଅସହାୟ !

୧୯୯୬ ଜୁଲାଇ ୨୦ ତାରିଖରେ ମୁଁ ଦିଲ୍ଲୀରୁ ଭୁବନେଶ୍ୱର ଫେରିଆସିଲି । ଆନ୍ତର୍ଜାତିକ ବିମାନଯାତ୍ରୀ ସାଙ୍ଗରେ ତିରିଶ କିଲୋଗ୍ରାମ୍ ଓଜନର ଲଗେଜ୍ ନେବା ଆଣିବା କରିପାରିବେ । ମାତ୍ର ଘରୋଇ ଏୟାରଲାଇନ୍‌ସରେ ଏହି ପରିମାଣ କୋଡ଼ିଏ କିଲୋଗ୍ରାମ୍ । ସୌଭାଗ୍ୟକୁ ଦିଲ୍ଲୀ ବିମାନ ବନ୍ଦରରେ ହିଁ 'ପ୍ରଜାତନ୍ତ୍ର'ର ସଂପାଦକ ଭର୍ତ୍ତୃହରି ବାବୁ ଦେଖାହେଲେ । ସେ ମୋ ସମସ୍ୟାର ସମାଧାନ କରିଦେଲେ, ନ ହେଲେ ମୋତେ ଅଯଥା ଆହୁରି କିଛି ଅର୍ଥ ଖର୍ଚ୍ଚ କରିବାକୁ ପଡ଼ିଥାଆନ୍ତା ।

ବାରାଣସୀ ଦେଇ ଇଣ୍ଡିଆନ୍ ଏୟାରଲାଇନ୍‌ସର ଉଡ଼ାଜାହାଜ ଆସିବାବେଳେ ବାଟରେ କିଛି ସମୟ ବର୍ଷା ଯୋଗୁ ଥରି ଉଠିଥିଲା। ବର୍ଷା ଯଦି ସେହିପରି ଲାଗି ରହିଥାଆନ୍ତା, ତାହାହେଲେ ଆମ ପ୍ଲେନ୍ ଭୁବନେଶ୍ୱରରେ ଓହ୍ଲାଇ ପାରି ନ ଥାନ୍ତା। ତେବେ ଭୁବନେଶ୍ୱରରେ ପହଞ୍ଚିବାବେଳକୁ ବର୍ଷା ଛାଡ଼ିଯାଇଥିଲା। ଉଡ଼ାଜାହାଜରୁ ଓହ୍ଲାଇବାବେଳେ ମୋ ଆଖି ଯୋଡ଼ିକ ଯାହାକୁ ବେଶି ଖୋଜୁଥିଲା ସେ ଥିଲା ମୋ ଝିଅ ଲୁନା। ପ୍ରଥମ ଥର ପାଇଁ ପ୍ରାୟ ମାସେ କାଳ ତାକୁ ଛାଡ଼ି ମୁଁ ଦୂରକୁ ଯାଇଥିଲି।

ମୁଁ ଧାଇଁଯାଇ ଲୁନାକୁ କୋଳେଇ ଆଣିଲି। ଲୁନା ଦେହର ଉଷୁମ ସ୍ପର୍ଶ ଭିତରେ ସତେ କି ସମୁଦାୟ ଓଡ଼ିଶାର ସ୍ପର୍ଶ ଭରି ରହିଥିଲା। ତା' ପଛେ ପଛେ ତା'ର ମାଆ।

ବାହାରେ ସଞ୍ଜ ନଇଁ ନଇଁ ଆସୁଥିଲା। ପ୍ରଥମ ପ୍ରବାସର ଏଇ ଅଭିଜ୍ଞତାଗୁଡ଼ିକ ଲାଗି ମୁଁ ଆଉ ଥରେ ଆଖିବୁଜି ଶ୍ରୀଜଗନ୍ନାଥଙ୍କୁ ସ୍ମରଣ କଲି। କମ୍ ସମୟ ମଧ୍ୟରେ 'ପାସ୍‌ପୋର୍ଟ' ଓ 'ଭିସା' ହେବାଠାରୁ ଆରମ୍ଭ କରି ଆମେରିକାରେ ମୋର ଭାଷଣ ସଫଳ ହେବା ଇତ୍ୟାଦି ପଛରେ ଯେ କେବଳ ତାଙ୍କର ଆଶୀର୍ବାଦ ଥିଲା ଏକଥା ମୁଁ ବୁଝିପାରୁଥିଲି। (୧୯୯୬)

■

ସେ ମୋ ମହାଜନ, ମୁଁ ତାଙ୍କର ଖାତକ

ଜନ୍ମ ଆଗରୁ ଜଗନ୍ନାଥଙ୍କ ସହ ପରିଚୟ ହୋଇସାରିଥିଲା।

ବାପା କହିଲେ, ତୋତେ ଜଗନ୍ନାଥଙ୍କ ପାଖରେ ବିକ୍ରି କରିଦେଇଛୁ। ତୁ ଆମର ନୁହେଁ।

ମୋତେ ବୟସ ସେତେବେଳେ ଆଠବର୍ଷ। ଗାଁ ସ୍କୁଲ୍‌ରେ ପାଠପଢ଼ା। କଙ୍କି, ଗୁଣ୍ଡୁଚି, ପ୍ରଜାପତି ଏବଂ କଅଁଳା ବାଛୁରୀଙ୍କ ସାଙ୍ଗେ ଖେଳକୁଦ। କଥା ପଦକ ଶୁଣି ମନ କଷ୍ଟ ହୋଇଥିଲା। ଲାଗିଥିଲା, ଏଇ ମୁହୂର୍ତ୍ତରେ ଯେମିତି ମୋତେ ଘରୁ ତଡ଼ି ଦିଆଯିବ। ଜଗନ୍ନାଥ ଆସି ଦରଜା ସେପାଖେ ଅପେକ୍ଷା କରିଛନ୍ତି। ବାପା କବାଟ ଖୋଲି ମୋ ବାହା ଧରି ଟାଣି ନେବେ ଓ ତାଙ୍କ ହାତରେ ଧରେଇ ଦେଇ କହିବେ-ନିଅ। ଯେମିତି ଗୋରୁ ବେପାରୀ ହାତରେ ଆମ ନେତ ଗାଈକୁ ଦିନେ ସେ ବଢ଼େଇ ଦେଇଥିଲେ।

ସତକୁ ସତ ଆଠବର୍ଷ ବୟସରେ ମୋତେ ବାପା ନେଇ ଗୋଟେ ମଠରେ ଛାଡ଼ିଦେଇ ଆସିଲେ। ଗାଁଠୁ ଦୂର ଘଟପୁର ମଠ। ମୋତେ ଘରେ ରଖି ବାପା ଜଗନ୍ନାଥଙ୍କ ପାଖେ ଦ୍ରୋହୀ ହେବାକୁ ଚାହୁଁ ନଥିଲେ। ସେଇଠି ମୁଁ ରହିଲି, ଲଣ୍ଡା ହେଲି, ମାଳି ପିନ୍ଧିଲି ଏବଂ କଛାମାରି ନାଲି ଗାମୁଛା ପିନ୍ଧିଲି।

ଅନେକ ଦିନ ପର୍ଯ୍ୟନ୍ତ ବାପାଙ୍କର ପିଲାପିଲି ହେଉ ନଥିଲେ। ପ୍ରଥମ ବୋଉ ମରିଯାଇଥିଲେ ଓ ପରେ ପରେ ତାଙ୍କ ଝିଅ। ତା'ପରେ ବାପା ଦ୍ୱିତୀୟ ବିବାହ କରିଥିଲେ। ଏହା ଭିତରେ ଦାଦାଙ୍କ (ବାପାଙ୍କ ସାନଭାଇ)ଙ୍କର ଝିଅଟେ ଜନ୍ମ ହୋଇ ସାରିଥିଲା। କିନ୍ତୁ ବାପା ଥିଲେ ନିଃସନ୍ତାନ। ବୁଝିପାରୁଛି, ଷଣ୍ଢଗଡ଼ା ପରି ଗୋଟେ ମଫସଲୀ ଗାଁରେ ଏଥିପାଇଁ କେତେ ଟୀକା, ଟିପ୍ପଣୀ ଶୁଣିବାକୁ ପଡ଼ିଥିବ ମୋ ବାପା-

ବୋଉଙ୍କୁ । ସେମାନେ ଘର ଛାଡ଼ି ବାର ଆଡ଼େ ବୁଲି ବୁଲି ଦିଅଁ ଦେବତାଙ୍କ ପାଖରେ ଗୁହାରି କରୁଥିଲେ । ଏମିତି ଘୂରି ଘୂରି ଶେଷକୁ ଯାଇଥିଲେ ପୁରୀ । ପୁରୀରୁ ଫେରିବା ପରେ ମୁଁ ଜନ୍ମ ହୋଇଥିଲି । ସେତେବେଳକୁ ବାପାଙ୍କୁ ଚାଳିଶ ପୂରିଲାଣି ।

ସେଦିନ ସିନା ଜଗନ୍ନାଥଙ୍କୁ ଖାତକ ପରି ନିର୍ଦ୍ଦୟ ଭାବୁଥିଲି, ଆଜି କିନ୍ତୁ ଭାବେ ସିଏ ହିଁ ମୋର ଅଭିଭାବକ । ଆଠବର୍ଷ ବୟସରୁ ଘର ଛାଡ଼ି ନଥିଲେ କିମ୍ବା ଯେତିକି ଯେତିକି ଦୁଃଖ ଭୋଗିବାକୁ ପଡ଼ିଛି ସେସବୁ ଭୋଗି ନଥିଲେ, ଆଜି ମୁଁ ବଞ୍ଚି ରହି ନଥାନ୍ତି । ହୁଏତ ଯେଉଁଠି ଛିଡ଼ା ହୋଇଛି ସେଇଠି ଛିଡ଼ା ହୋଇ ପାରି ନଥାନ୍ତି ମୁଁ । ଭଦ୍ରକ ଜିଲ୍ଲାର ଷଣ୍ଢଗଡ଼ା ଗାଁରୁ ପୁରୀ ଅନେକ ଦୂର । ଆମ ଗାଁରେ ମହାଦେବ ମନ୍ଦିର ଅଛି, କିନ୍ତୁ ଜଗନ୍ନାଥ ମନ୍ଦିର ନାହିଁ । ମାଇନର ସ୍କୁଲ୍ ପଢ଼ିବାବେଳେ ଘଣ୍ଟେଶ୍ୱରକୁ ଆସି ପ୍ରଥମେ ଜଗନ୍ନାଥଙ୍କୁ ଦେଖିଲି ରଥଯାତ୍ରାରେ । ବଡ଼ ବଡ଼ ଆଖି ଓ ତ୍ରିପଣ୍ଡ କଳା ଚେହେରା ଭିତରେ ଅଦ୍ଭୁତ ସୁନ୍ଦର ହସ । ତା'ପରେ ଜଗନ୍ନାଥଙ୍କ ଆଡ଼କୁ ଟାଣି ହୋଇଗଲି ବା ସିଏ ମୋତେ ଟାଣି ନେଇଗଲେ । ସେଇଦିନୁ ସବୁ ଭଲରେ ମନ୍ଦରେ ଜଗନ୍ନାଥ, ଚେତନ ଓ ଅବଚେତନରେ ଜଗନ୍ନାଥ ।

ପିଲାଦିନୁ ମନ ଥିଲା ସନ୍ନ୍ୟାସୀ ହେବି । ଆଜି କିନ୍ତୁ ମୁଁ ଏତେ ସଂସାରୀ ହୋଇଯାଇଛି ଯେ ଏକଥା ଉଚ୍ଚାରଣ କଲେ ପରିହାସ ପରି ଲାଗେ । ବାହାଘର ଆଗରୁ ବାପା ଯେତେବେଳେ ମୋତେ ପୁରୀ ନେଇ ଜଗନ୍ନାଥଙ୍କ ପାଖରୁ ପୁଣି ମୁକୁଳେଇ ଆଣିବାକୁ ଚାହିଁଲେ ସେତେବେଳେ କିନ୍ତୁ ମୁଁ ତା'ର ପ୍ରତିବାଦ କରିଥିଲି । ଭାବିଥିଲି, ଏଇ ବଡ଼ଦାଣ୍ଡରୁ ପାଦେ ପାଦେ ଆଗକୁ ଯାଇ ଜନଗହଳି ଭିତରେ ଅଦୃଶ୍ୟ ହୋଇଯିବି । ଆଉ ଘରକୁ ଫେରିବି ନାହିଁ ।

କିନ୍ତୁ ତାହା ହେଲା ନାହିଁ । ଆଠବର୍ଷ ବୟସରେ ଘଟପୁର ମଠରେ ରହଣି ମୋତେ ମଠ ବିଦ୍ରୋହୀ କରିଦେଇଥିଲା । ସେଦିନର ଅନୁଭୂତିକୁ ନେଇ ପରେ ମୁଁ ଲେଖିଛି ଗପ 'ଛୁଆ ବାଆଜି' । ତା' ସାଙ୍ଗକୁ ମୋତେ ପ୍ରଚୁର ସ୍ନେହ କରୁଥିବା ମୋ ବାପାଙ୍କ ଆଦର । ମୁଁ ଆଗକୁ ଯାଇପାରିଲି ନାହିଁ, ପଛକୁ ଫେରିଆସିଲି । ସଂସାରୀ ହେଲି, ଘୋର ସଂସାରୀ । କିନ୍ତୁ ଜୀବନରେ ଯେତେବେଳେ ବଡ଼ ବିପଦ ଆସିଛି, ଅସହାୟ ହୋଇ ପଡ଼ିଛି ଭିତରେ ଭିତରେ ଅଥବା ଥଳକୂଳ ଦିଶିନାହିଁ ସେତେବେଳେ ମୁଁ ଦଉଡ଼ିଛି ପୁରୀ । ଜଗନ୍ନାଥଙ୍କୁ ଡାକିଛି । ତା'ପରେ ଦେଖିଛି, ଥଳକୂଳ ମିଳିଛି, ସାହସ ମିଳିଛି ଏବଂ ମୁଁ ଠିଆ ହୋଇଛି ମାଟି ଉପରେ । ସବୁଯାକ ବ୍ୟକ୍ତିଗତ କଥା କହିଦେଇ ମୁଁ ବିଭୁ ଆଶୀର୍ବାଦକୁ ସୀମାବଦ୍ଧ କରିଦେବାଲାଗି ଚାହୁଁନାହିଁ; ମାତ୍ର ପ୍ରତିଟି ଘଟଣା ମୋତେ ଠାକୁରଙ୍କ ଆଡ଼କୁ ଆହୁରି ଜୋର୍‌ରେ ଭିଡ଼ି ନେଇଛି । ସେ ବାହାଘର ହେଉ,

ଝିଅର ପାଠପଢ଼ା ହେଉ କି ପରିବାର ସଦସ୍ୟଙ୍କ ସ୍ୱାସ୍ଥ୍ୟ ସମସ୍ୟା। ସବୁବେଳେ ଜଗନ୍ନାଥେ ଭରସା ଦେଇଛନ୍ତି।

୧୯୯୬ରେ ପ୍ରଥମେ ଆମେରିକା ଗଲି। ଭାଷଣ ଦେବାଲାଗି ଡାକରା ପାଇଥାଏ। ମୁଁ ତ ସାଧାରଣ ମଣିଷ। ମଫସଲ ଗାଁର ଅଭାବୀ ପରିବାରରୁ ଆସିଛି। ରୂପ, ଗୁଣ କେଉଁଥିରେ କିଛି ଭଲ ନାହିଁ। ଭାରି ଚିନ୍ତାରେ ଥାଏ। ମାସେ ଆଗରୁ ମଝିଆଁ ଭାଇ ମରିଯାଇଥାଏ ଆକ୍ସିଡେଣ୍ଟ୍‌ରେ। ବ୍ୟକ୍ତିଗତ ଦୁଃଖକୁ ଭୁଲିଯିବା ଲାଗି ଏଠୁ କିଛିଦିନ ପଳେଇବାକୁ ଚାହୁଁଥାଏ। ଏପ୍ରକାର ପ୍ରୟୋଜନବୋଧ, ନୂଆ ଜାଗା ଦେଖିବାର ଉତ୍ସାହ ଗୋଟେପେଟ, ଆରପଟେ ଭୟ ଏବଂ ଆଶଙ୍କା। କ'ଣ କହିବି, କିପରି କହିବି ? ମନେପଡୁଛି, ୱାଶିଂଟନ ଡିସିରେ ସଭା ହେଉଥାଏ। କିଛି ବଡ଼ ବଡ଼ ଅତିଥି ଥାଆନ୍ତି। ଅନେକ ଲୋକ। ଭାଷଣ ଦେବା ପାଇଁ ଉଠିବା ଆଗରୁ ଆଖିବୁଜି ଗୋଟିଏ ମୁହୂର୍ତ୍ତ ଶ୍ରୀଜଗନ୍ନାଥଙ୍କୁ ସ୍ମରଣ କରିଥିଲି। ମନେ ମନେ କହିଥିଲି, ମୋ ସମ୍ମାନ ରକ୍ଷାକର ପ୍ରଭୋ। ତା'ପରେ କ'ଣ ହେଲା ଜାଣିନାହିଁ। ପାଖାପାଖି ଚାଳିଶ ମିନିଟ୍ ଭାଷଣ ଦେଇଥିଲି। ମନ ଭିତରେ ଭୟ ନଥିଲା। ଭାଷଣ ସରିବା ପରେ ଏତେ ପ୍ରଶଂସା ଏବଂ ଶୁଭେଚ୍ଛା ପାଇଲି ଯେ ତା' ପରଠାରୁ ମୋ ମନରୁ ଭାଷଣ ଭୟ କଟିଗଲା। ସେକଥା ସବୁ ମୋ 'ପ୍ରଥମ ପ୍ରବାସ' ବହିରେ ଲେଖିଛି।

ମୋର ଜନ୍ମ, ମୋର ସଂଘର୍ଷ, ମୋର ସମଗ୍ର ଜୀବନ ଜଗନ୍ନାଥଙ୍କଠାରେ ବନ୍ଧା। ମୁଁ ଜନ୍ମରୁ ତାଙ୍କର ଋଣୀ। ନହେଲେ ମୁଁ ଯେଉଁ ପରିବେଶରୁ ଆସିଥିଲି, ପରିଚିତମାନେ ଯେମିତି ନଜର ହଟେଇ ନେଇଥିଲେ ମୋ ଉପରୁ, ଯେମିତିକା ଆର୍ଥିକ ଦୁର୍ଦ୍ଦଶା ମୁଁ ଭୋଗ କରିଛି ଯୌବନତମାମ- ଜଗନ୍ନାଥଙ୍କ ଆଶୀର୍ବାଦ ବିନା ମୁଁ କିଛି କରିପାରି ନଥାନ୍ତି। ଭାସି ଯାଇଥାଆନ୍ତି। ଜଗନ୍ନାଥଙ୍କ ସବୁକଥା ଭଲ ଲାଗେ। ତିନିଟି କଥା ବେଶି। ଯେତେ ଯାହା ହେଲେ ବି ଭାଇଭଉଣୀଙ୍କ ସାଙ୍ଗରେ ମିଶିକି ରହିବ। ଅନ୍ୟ ଯେଉଁଥିରେ ହେଉ ପଛେ ଖାଦ୍ୟପେୟରେ ସାଲିସ କରିବ ନାହିଁ ଏବଂ ବର୍ଷରେ ଥରେ, ଯେତେ ଜଞ୍ଜାଳ ଥାଉ ପଛକେ, ଥରୁଟିଏ ବାହାରକୁ ବୁଲିଯିବ। ସାଙ୍ଗସାଥୀଙ୍କ ମେଳରେ ଏକଥା ମୁଁ ବରାବର କୁହେ। ଜଗତରେ ଆଉ କେଉଁ ଠାକୁର ଅଛନ୍ତି, ଯିଏ ସାନପିଲାର ଡ୍ରଇଂ ଖାତାଠୁଁ ନେଇ ବିଖ୍ୟାତ ଶିଳ୍ପୀଙ୍କ କ୍ୟାନଭାସ ପର୍ଯ୍ୟନ୍ତ ସବୁଠିକୁ ସହଜରେ ଓହ୍ଲେଇ ଆସନ୍ତି। କେତେ ସହଜ, କେତେ ସରଳ, କେତେ ଅନ୍ତରଙ୍ଗ ମୋର ଶ୍ରୀଜଗନ୍ନାଥ !

ସବୁବେଳେ ତାଙ୍କର ସେ ମୂର୍ତ୍ତି ମୋ ଆଖି ଆଗରେ ଭାସି ବୁଲୁଥାଉ। (୨୦୦୬)

■

ବିପଦଶଙ୍କୁଳ ଯାତ୍ରା ଓ ଅପରିଚିତ ଦୁଇ କିଶୋର

୨୦୦୮ ଜୁନ୍ ୧୭ ତାରିଖରେ, ସାହିତ୍ୟ ଅକାଦେମୀର ନବଗଠିତ ଓଡ଼ିଆ ଉପଦେଷ୍ଟା ମଣ୍ଡଳରୀ ପ୍ରଥମ ସଭା ଡକାଯାଇଥିଲା କୋଲ୍‌କାତାସ୍ଥିତ ଅକାଦେମୀର ଆଞ୍ଚଳିକ କାର୍ଯ୍ୟାଳୟରେ। ପୂର୍ବ ସପ୍ତାହ କାଳ ମୋ ପାଇଁ ଖୁବ୍ ଜଞ୍ଜାଳପୂର୍ଣ୍ଣ ଥିଲା ଏବଂ ସତର ଓ ଅଠର ତାରିଖ ଦି'ଦିନରେ ଆମ 'ସମ୍ବାଦ' ଅନୁଷ୍ଠାନର ତିନିଟି ବଡ଼ ବଡ଼ କାର୍ଯ୍ୟକ୍ରମ ଥିଲା। ତେଣୁ ସାହିତ୍ୟ ଅକାଦେମୀର ସଭାରେ ଯୋଗଦେଇ ପାରିବି ବୋଲି ଭାବୁ ନ ଥିଲି। କିନ୍ତୁ ଅକାଦେମୀର କାର୍ଯ୍ୟନିର୍ବାହ କମିଟି ସଦସ୍ୟ ତଥା ଓଡ଼ିଆ ଭାଷାର ଆବାହକ ଡକ୍ଟର ବିଭୂତି ପଟ୍ଟନାୟକ କହିଲେ, 'ଏହା ପ୍ରଥମ ବୈଠକ, ତେଣୁ ଏଥିରେ ତୁମେ ଯୋଗଦେଲେ ଭଲ।' ପ୍ରଥମେ ସ୍ଥିର କରିଥିଲି, କଲିକତା ଯାଉଛି ଯେତେବେଳେ ଅଧିକ ଦିନଟିଏ ରହି, 'ସମ୍ବାଦ ସ୍କୁଲ୍ ଅଫ୍ ମିଡିଆ ଆଣ୍ଡ୍ କଲଚର' (ସୋମାକ୍)ର ପାଠାଗାର ଲାଗି କିଛି ବହି ଦେଖିବି ଓ କଲିକତାର କୌଣସି ଗୋଟିଏ ବିଶ୍ୱବିଦ୍ୟାଳୟର ସାମ୍ବାଦିକତା ବିଭାଗ ବୁଲି ସେମାନଙ୍କ କାର୍ଯ୍ୟଧାରାରୁ କିଛି ଶିକ୍ଷା କରିବି। ସତର ତାରିଖରେ କୋଲ୍‌କାତାରେ ସାହିତ୍ୟ ଅକାଦେମୀ ସଭା, ମାତ୍ର ସେଇଦିନ ଏଠି ଭୁବନେଶ୍ୱରରେ 'ସମ୍ବାଦ'ର ନିଯୁକ୍ତି-ଶିକ୍ଷା କୋଡ଼ପତ୍ର 'ଇ-୨' ଲୋକାର୍ପଣ ଉତ୍ସବ। ମୁଖ୍ୟ ଅତିଥି ଓଡ଼ିଶାର ମାନ୍ୟବର ରାଜ୍ୟପାଳ। ଏ ଉତ୍ସବର ଉଦ୍ୟୋକ୍ତା, ଅନୁଜ ପ୍ରତିମ ତଥା 'ସମ୍ବାଦ'ର ବିଜ୍ଞାପନ ବିଭାଗ ମୁଖ୍ୟ ଶ୍ରୀମାନ ଲିଙ୍ଗରାଜ ଲେଙ୍କା ମନଦୁଣା କଲେ- ଆପଣ ନ ରହିଲେ ମୋତେ ଖରାପ ଲାଗିବ। ତାଙ୍କ କଥାରେ ଅତିରଞ୍ଜନ ତ ଥିଲା। ୧୯୮୫ରେ 'ସମ୍ବାଦ'ରେ ଯୋଗଦେବା ଦିନଠାରୁ ଏହାର ସବୁପ୍ରକାର ସାଙ୍ଗଠନିକ କାମରେ ମୁଁ ଜଡ଼ିତ ହୋଇ ଆସିଛି। ତେଣୁ ତା'ର ଗୋଟିଏ ଗୁରୁତ୍ୱପୂର୍ଣ୍ଣ ଉତ୍ସବ ଦିନ ଅନୁପସ୍ଥିତ ରହିବା ମୋତେ ଠିକ୍ ଲାଗୁ ନ ଥିଲା। ତଥାପି 'ସମ୍ବାଦ' ସମ୍ପାଦକ ମୋତେ କୋଲ୍‌କାତା ବୈଠକରେ ଯୋଗଦେବା ପାଇଁ ଅନୁମତି ଦେଲେ। ଜୁନ୍ ଅଠର ତାରିଖଟି

ମୋ ପାଇଁ ଥାଏ ଅତି ଗୁରୁତ୍ୱପୂର୍ଣ୍ଣ । କାରଣ ସେଦିନ 'ସୋମାକ୍'ର ନୂଆଘର ଉଦ୍‌ଘାଟନ । ମୁଁ ତା'ର ଅଧ୍ୟକ୍ଷ । ନିଜେ ଉତ୍କଳ ସଂସ୍କୃତି ବିଶ୍ୱବିଦ୍ୟାଳୟର କୁଳପତି ପ୍ରଫେସର ସାଧୁଚରଣ ପଣ୍ଡାଙ୍କୁ ଚିଠି ଲେଖି ଆମନ୍ତ୍ରଣ କରିଥାଏ । ଅନ୍ୟ ଅଧ୍ୟାପକ, ପରିଦର୍ଶକ ଅଧ୍ୟାପକ ଓ ଅତିଥିମାନଙ୍କୁ ମଧ୍ୟ ନିମନ୍ତ୍ରଣ କରିଥାଏ । ସକାଳ ସାଢ଼େ ନଅରୁ ସାଢ଼େ ଏଗାର ଭିତରେ ପୂଜା - ହୋମ, ତା'ପରେ ସଭା ଓ ଦିନ ସାଢ଼େବାରଟା ବେଳେ ମହାପ୍ରସାଦ ସେବନ । ଏସବୁ ସରିବା ପରେ ଅପରାହ୍ଣ ଚାରିଟାରେ ଥାଏ 'ସମ୍ବାଦ' ରୌପ୍ୟ ଜୟନ୍ତୀ କମିଟିର ଗୁରୁତ୍ୱପୂର୍ଣ୍ଣ ବୈଠକ । ୧୯୮୪ରେ ଏ ସମ୍ବାଦପତ୍ର ଭୁବନେଶ୍ୱରରୁ ଆତ୍ମପ୍ରକାଶ କରିଥିଲା । ତେଣୁ ୨୦୦୮-୦୯ ହେଉଛି ଏହାର ରଜତ ଜୟନ୍ତୀ । ଏ ଜୟନ୍ତୀ ଉତ୍ସବକୁ କିପରି ଅର୍ଥପୂର୍ଣ୍ଣ ଢଙ୍ଗରେ ପାଳନ କରାଯିବ ସେଥିପାଇଁ ଓଡ଼ିଶାର ବିଶିଷ୍ଟ ବ୍ୟକ୍ତିମାନଙ୍କୁ ନେଇ କିଛିମାସ ତଳେ ଗୋଟିଏ ବୈଠକ ଡକାଯାଇଥିଲା । ତା'ର ଦ୍ୱିତୀୟ ଓ ଗୁରୁତ୍ୱପୂର୍ଣ୍ଣ ବୈଠକ ଡକାଯାଇଥାଏ ଅଠର ତାରିଖ ଅପରାହ୍ଣରେ । ମୋତେ ଏହି କମିଟିର ଆବାହକ ଦାୟିତ୍ୱ ଦିଆଯାଇଥିବାରୁ ମୁଁ ସମସ୍ତଙ୍କୁ ଚିଠି ଲେଖି ବୈଠକରେ ଯୋଗଦେବାଲାଗି ଆମନ୍ତ୍ରଣ କରିଥାଏ । ସମ୍ବଲପୁର-ରାଉରକେଲା ସଂସ୍କରଣ ମୁଖ୍ୟ ଶ୍ରୀ ବାମାପଦ ତ୍ରିପାଠୀ ସିରିଡ଼ି ସାଇବାବାଙ୍କ ଭକ୍ତ । ସେ ଏବର୍ଷ ଜୁନ୍ ଦ୍ୱିତୀୟ ସପ୍ତାହରେ ସିରିଡ଼ି ଯାଉଥିବାରୁ ୧୮ ତାରିଖରେ 'ରୌପ୍ୟ ଜୟନ୍ତୀ' ବୈଠକକୁ ତିନିଚାରି ଦିନ ଘୁଞ୍ଚେଇ ଦେବାଲାଗି ପୂର୍ବରୁ ମୋତେ ଅନୁରୋଧ କରିଥିଲେ । ମାତ୍ର ଅନ୍ୟ ସମସ୍ତେ ସେହିଦିନକୁ ରାଜି ହୋଇଥିବାରୁ 'ସମ୍ବାଦ' ସମ୍ପାଦକ ତାଙ୍କ କଥା ରଖି ପାରିଲେ ନାହିଁ । ଶେଷକୁ ଶ୍ରୀ ତ୍ରିପାଠୀ ଟିକେଟ୍ ବାତିଲ୍ କରି ବମ୍ବେରୁ ବିମାନରେ ଭୁବନେଶ୍ୱର ଆସି ୧୭ ତାରିଖରେ ପହଞ୍ଚିଥିଲେ । ଏ ଖବର ପାଇଥିବାରୁ ମୁଁ ଆହୁରି ଆତ୍ମସଚେତନ ହୋଇପଡ଼ିଥାଏ ।

୧୬ ତାରିଖ ରାତିରେ ମୁଁ ଓ ସାହିତ୍ୟ ଅକାଦେମୀର ଉପଦେଷ୍ଟା ବୋର୍ଡର ଅନ୍ୟ ସଦସ୍ୟ ଡକ୍ଟର ଶୁଭେନ୍ଦୁ ମୁଣ୍ଡ ସାଙ୍ଗହୋଇ ହାଓ୍ୱଡ଼ା ମେଲରେ କୋଲ୍‌କାତା ବାହାରିଲୁ । ସେତେବେଳେ ବରମୁଣ୍ଡାରେ ତ୍ରିଶକ୍ତି ମହିଳା ସମିତିର ସଭାଟିଏ ଥିଲା । ମୁଖ୍ୟ ଅତିଥି 'ସମ୍ବାଦ' ସମ୍ପାଦକ ସୌମ୍ୟରଞ୍ଜନ ପଟ୍ଟନାୟକ, ସମ୍ମାନିତ ଅତିଥି ମୋର ପତ୍ନୀ ସଂଯୁକ୍ତା ଓ 'ରେଡିଓ ଚେକାଲେଟ୍'ର ପ୍ରୋଗ୍ରାମ୍ ହେଡ୍ ତଥା ସୁଗାୟିକା ସୁଶ୍ରୀ ଇରା ମହାନ୍ତି । ସେବର୍ଷ, ଏହି ମହିଳା ସମିତିର ସଭ୍ୟାମାନଙ୍କୁ ତାଙ୍କ ଉତ୍ସବ ପାଳନରେ ମୁଁ ଟିକିଏ ସାହାଯ୍ୟ କରିଥାଏ । ଶେଷ ସନ୍ଧ୍ୟାରେ ଅତିଥିମାନଙ୍କୁ ମଧ୍ୟ ମୁଁ ନିମନ୍ତ୍ରଣ କରିଥାଏ । ୧୪ ତାରିଖରୁ ଲଗାଣ ବର୍ଷା ହୋଇଯାଇଥିବାରୁ ତାଙ୍କ ଉତ୍ସବ ଟିକେ ମଳିନ ହୋଇପଡ଼ିଥାଏ । ମାତ୍ର ମୁଁ ଉତ୍ସାହ ଦେଉଥାଏ । ସେଇ ବର୍ଷା ପବନ ଭିତରେ

ସେମାନଙ୍କ ଉଦ୍‌ଯାପନୀ ସଭା ହେଲା। ପୁରସ୍କାର ବିତରଣ ଚାଲିଥାଏ, ମୁଁ ରେଳ ଷ୍ଟେସନ୍ ଚାଲିଆସିଲି। ମୋବାଇଲ୍‌ରେ ସଂଯୁକ୍ତାଙ୍କୁ କହିଦେଲି ଯେ ମୁଁ କୋଲ୍‌କାତା ଯାଉଛି।

ଘରୁ ବାହାରିବାବେଳେ ଯୋଜନା ଥିଲା, ୧୬ ତାରିଖ ରାତିରେ ଭୁବନେଶ୍ୱରରୁ ଯାଇ କୋଲ୍‌କାତାରେ ପରଦିନ ଅର୍ଥାତ୍ ୧୭ ତାରିଖରେ ପହଞ୍ଚିବି। ୧୭ ତାରିଖ ଅକାଦେମୀର ବୈଠକ ସାରି ସେହିଦିନ ରାତିରେ ପୁରୀ ଏକ୍ସପ୍ରେସ୍‌ରେ ଫେରି ଭୁବନେଶ୍ୱରରେ ୧୮ ତାରିଖ ସକାଳେ ପହିଞ୍ଚିବି। କାଳେ ଟ୍ରେନ୍ ପହଞ୍ଚିବାରେ ବିଳମ୍ବ ହେବ, ସେଥିପାଇଁ 'ସୋମାକ୍'ର ଗୃହପ୍ରବେଶ ପୂଜାପାଠରେ କର୍ତ୍ତା ଭାବେ ବସିବା ଲାଗି ମୁଁ ଜଣେ ସହଯୋଗୀ ଅଧ୍ୟାପକଙ୍କୁ କହିଯାଇଥାଏ। ଯେମିତି ହେଲେ ମୁଁ ଏଗାରଟା ବେଳର ସଭା ସମୟକୁ ନିଶ୍ଚୟ ପହଞ୍ଚିଯିବି, ଏଇ ଥାଏ ମୋର ଯୋଜନା। ରିଟର୍ଣ୍ଣ ଟିକେଟ୍ କଟା ସରିଛି, ଚିନ୍ତା କ'ଣ ?

ହାଓ୍ୱଡ଼ା ମେଲ୍ ଅଧଘଣ୍ଟାଏ ବିଳମ୍ବ ଥିଲା। ଶୁଭେନ୍ଦୁ ବାବୁ ଆଗରୁ ଆସି ପ୍ଲାଟ୍‌ଫର୍ମରେ ପହଞ୍ଚି ସାରିଥାଆନ୍ତି। ଟ୍ରେନ୍ ଛାଡ଼ିଲା। ହଠାତ୍ ଚକଗୁଡ଼ାକର ଅସ୍ୱାଭାବିକ କଡ଼ କଡ଼ ଶବ୍ଦରେ ମୁଁ ଚମକିପଡ଼ିଲି। କେତେଥର ଟ୍ରେନ୍‌ରେ ଯାତ୍ରା କରିଛି। ଏମିତି ଶବ୍ଦ ହୁଏ ନାହିଁ। ଶୁଭେନ୍ଦୁ ବାବୁ କହିଲେ, ରେଳ ଲାଇନ୍ ଉପରେ ପାଣି କମିଯାଇଛି, ସେଥିପାଇଁ ଏ ଶବ୍ଦ। ଅନ୍ୟ ସହଯାତ୍ରୀ କହିଲେ, ଏସି ବଗିଟା ଇଞ୍ଜିନ୍ ପାଖରେ, ତେଣୁ ଆପଣଙ୍କୁ ଇଞ୍ଜିନ୍‌ର କଡ଼ କଡ଼ ଶବ୍ଦ ଏତେ ସ୍ପଷ୍ଟ ଶୁଭୁଛି। ଶୁଭେନ୍ଦୁ ମୁଣ୍ଡ କବି। ସେ ପରିବେଶକୁ ହାଲୁକା କରିବାଲାଗି ଗୋପବନ୍ଧୁଙ୍କ କବିତା ଆବୃତ୍ତି କରି କହିଲେ, 'ଏହା ତ ବାଷ୍ପୀୟ ଶକଟ, ତେଣୁ କଟକଟ ନ କରିବ କାହିଁକି ?'

ହାଓ୍ୱଡ଼ାରେ ଏହି ଟ୍ରେନ୍ ପହଞ୍ଚିବା ସମୟ ସକାଳ ଚାରିଟା। କିନ୍ତୁ ୧୭ ତାରିଖରେ ଘଣ୍ଟାଏ ବିଳମ୍ବରେ ପହଞ୍ଚିଲା। ଆମେ ଖୁସିହେଲୁ। କାରଣ ରାତି ଚାରିଟା ସମୟଟା ଅଡୁଆ ସମୟ। ଟ୍ୟାକ୍ସିଟାଏ କରି, ଚୌରଙ୍ଗୀ ଗଲୁ। ସେଇଠି ସାହିତ୍ୟ ଅକାଦେମୀ ଆମ ରହଣିର ବ୍ୟବସ୍ଥା, ଚୌଧୁରୀ ଗେଷ୍ଟ୍ ହାଉସ୍‌ରେ କରିଥାଆନ୍ତି। ସକାଳ ଦଶଟା ବେଳକୁ ଅକାଦେମୀର ଗାଡ଼ି ଆସିଲା। ଆମେମାନେ ବାହାରିଲୁ। ସେଇ ଅତିଥି ଭବନରେ ଓଡ଼ିଆ ପରାମର୍ଶଦାତା କମିଟିର ଅନ୍ୟ ସଭ୍ୟ ମଧ୍ୟ ରହୁଥିଲେ। ସମସ୍ତେ ମିଶି ଦୁଇଟି ଗାଡ଼ିରେ ଅକାଦେମୀର ଆଞ୍ଚଳିକ କାର୍ଯ୍ୟାଳୟକୁ ଆସିଲୁ। ବାଟରେ ଦେଖିଲୁ କଲିକତା ରାସ୍ତା ଉପରେ ଆଣ୍ଠୁଏ ପାଣି। ଗୋଟେ ବଙ୍ଗଳା ଖବରକାଗଜରେ ପଢ଼ିଥିବା ଶିରୋନାମା ସ୍ମରଣକୁ ଆସିଲା- 'କୋଲ୍‌କାତା ଏକ ନଦୀର ନାମ'। ମୌସୁମୀ ଆସୁ ଆସୁ ଏ ଦୁର୍ଦ୍ଦଶା ହେବ ବୋଲି କୋଲ୍‌କାତା ଅନୁମାନ କରି ନ ଥିଲା। ମୁଁ କାରର

କାଚ ଝରକା ଏପଟରୁ ଦୁର୍ଦ୍ଦଶାଗ୍ରସ୍ତ ଲୋକମାନଙ୍କୁ ଦେଖି ମନେ ମନେ ଆଶ୍ୱସ୍ତ ହେଲି, 'ଆମ ଭୁବନେଶ୍ୱର ଠିକ୍ ଅଛି। ଚିନ୍ତା କ'ଣ ?'

ସଭା ସରିଗଲା ଅପରାହ୍ଣ ତିନିଟା ପାଖାପାଖି। ଆମେମାନେ ଗସ୍ତଖର୍ଚ୍ଚ ଓ ଉପହାର ବହି ଧରି ଅତିଥି ଭବନ ଫେରିଲୁ। ଶୁଭେନ୍ଦୁ ବାବୁଙ୍କ ପୁଅ କୋଲ୍‌କାତାରେ ରହନ୍ତି। ସେ ତାଙ୍କ ପୁଅବୋହୂ ଓ ନାତିକୁ ଭେଟିବା ପାଇଁ ପୁଅ ବସାକୁ ଗଲେ। କଥାହେଲା ଟ୍ରେନ୍ ଛାଡ଼ିବା ସମୟକୁ ଆସି ସେ ହାଓ୍ୱଡ଼ା ଷ୍ଟେସନ୍‌ରେ ପହଞ୍ଚିବେ। ଦୁହିଙ୍କ ରିଟର୍ଣ୍ଣ ଟିକେଟ୍ ମୋ ପାଖରେ ଥାଏ।

ପୂର୍ବ ରାତିରେ ମୋତେ ଭଲ ନିଦ ହୋଇ ନ ଥିଲା। ଚାଲୁଥିବା ଟ୍ରେନ୍‌ରେ ମୋତେ ନିଦ ହୁଏ ନାହିଁ, ତା' ସାଙ୍ଗକୁ କଟକଟ ଶବ୍ଦ। ଏପଟେ ଭୁବନେଶ୍ୱରରେ ଦିଇ ଦିଇଟି ସଭାର ପ୍ରସ୍ତୁତି ଚିନ୍ତା। ଖୁବ୍ କ୍ଳାନ୍ତ ଲାଗୁଥାଏ। ଅତିଥି ଭବନରେ ପହଞ୍ଚି, ଏ.ସି. ଚଳେଇ ଦେଇ ଦି'ଘଣ୍ଟା ଆରାମରେ ଶୋଇଯିବି ବୋଲି ଯୋଜନା କରିଥିଲି। ଟ୍ରେନ୍ ରାତି ସାଢ଼େ ଦଶଟାରେ। ଅତିଥି ଭବନର ସହାୟକ ଆଲୋକ କହିଲେ, ବର୍ଷା ଯୋଗୁଁ ରାସ୍ତା ଜାମ୍। ଆପଣ ଜଲ୍‌ଦି ବାହାରିଗଲେ ଭଲ। ମୁଁ କହିଲି, ରାତି ନଅଟାରୁ ବାହାରିଗଲେ ସମସ୍ୟା ହେବ ନାହିଁ।

ବିଛଣାରେ ଲୋଟି ପଡ଼ିଛି କି ନାହିଁ, ବନ୍ଧୁ ସୁନୀଲ ପୃଷ୍ଟି ଫୋନ୍ କଲେ, 'ଭୁବନେଶ୍ୱରରୁ ପତ୍ନୀ ଫୋନ୍ କରିଥିଲେ। କିଛି ଟ୍ରେନ୍ ବାତିଲ ହୋଇଯାଇଛି। ଆପଣ ବୁଝନ୍ତୁ।' ମୋ ଦେହରେ କିଏ ବିଜୁଳି ଆଘାତ ଅବା ଦେଲା। କବି ସୁନୀଲ ପୃଷ୍ଟି ସେଇ ଅତିଥି ଭବନରେ ଥାଆନ୍ତି। ସିଏ ବି ଉପଦେଷ୍ଟା କମିଟି ସଦସ୍ୟ। ସେ ୧୯ ତାରିଖରେ ଫେରିବା ଲାଗି ଟିକେଟ୍ କାଟିଥାଆନ୍ତି। ଏକଥା ଶୁଣି ଆଉ ଶୋଇବି କ'ଣ ? ଉଠିପଡ଼ି ଭୁବନେଶ୍ୱରକୁ ଫୋନ୍ କଲି। ପୂର୍ବତଟ ରେଳବାଇ ଲୋକସମ୍ପର୍କ ଅଫିସର ନିରାକାର ଦାସ ଓ ନିହାର ମହାନ୍ତି ମୋର ଉତ୍ତମ ବନ୍ଧୁ। ବିଭିନ୍ନ ସମୟରେ ସେମାନେ ମୋତେ ଖୁବ୍ ସାହାଯ୍ୟ କରିଥାନ୍ତି। ନିହାର ବାବୁଙ୍କୁ କହିଲି, 'ଟିକେ ବୁଝନ୍ତୁ, ପୁରୀ ଏକ୍ସପ୍ରେସ୍ ବାତିଲ୍ ହୋଇଛି କି ନାହିଁ?' ସେ କିଛି ସମୟ ପରେ ଫୋନ୍ କରି ଜଣାଇଲେ, 'ଯଦିଓ ଜଗନ୍ନାଥ ଏକ୍ସପ୍ରେସ୍ ସହ ଆଉ କେତୋଟି ଟ୍ରେନ୍ ବାତିଲ୍ ହୋଇଛି, ମାତ୍ର ପୁରୀ ଏକ୍ସପ୍ରେସ୍ ବାତିଲ୍ ହୋଇନାହିଁ।' ମୁଁ ଆଶ୍ୱସ୍ତ ହେଲି। ମାତ୍ର ଆଉ ନିଶ୍ଚିନ୍ତ ରହିପାରିଲି ନାହିଁ। କାରଣ ସେ କହିଲେ, 'ତେବେ ଯେଉଁ ସମୟରେ ଟ୍ରେନ୍ ଛାଡ଼ିବା କଥା ସେ ସମୟରେ ତାହା ଛାଡ଼ି ନ ପାରେ।' ଇଏ ଆହୁରି ସମସ୍ୟା। ମୋର ତ ଭୁବନେଶ୍ୱରରେ ଯାଇ ଦିନ ଦଶଟା ସୁଦ୍ଧା ପହଞ୍ଚିବା ଦରକାର। କ'ଣ କରିବି ? 'ସମ୍ବାଦ'ର ନବନିଯୁକ୍ତ କୋଲ୍‌କାତା ପ୍ରତିନିଧି ଦିଲୀପ ଦାସଙ୍କୁ ଡକେଇଲି।

ସେ ବିଚରା ବର୍ଷାରେ ତିନ୍ତିବୁଡ଼ି ଆସି ପହଞ୍ଚିଲେ। ତା’ ଭିତରେ ସନ୍ଧ୍ୟାରେ କିଛି ଫ୍ଲାଇଟ୍ ଅଛି କି ନାହିଁ ବୋଲି ବୁଝୁଥାଏ। ଶୁଣିଲି, ଝଡ଼ତୋଫାନ ଯୋଗୁଁ ଭୁବନେଶ୍ୱର ଫ୍ଲାଇଟ୍ ବାତିଲ୍। ପରଦିନ ସକାଳ ‘କିଙ୍ଗ୍‌ଫିସର’ ବିମାନରେ ମଧ୍ୟ ସିଟ୍ ନାହିଁ। ନିହାର ବାବୁ ସେତିକିବେଳେ ଜଣାଇଲେ, ପୁରୀ ଏକ୍ସପ୍ରେସ୍ ଚାରିଘଣ୍ଟା ବିଳମ୍ବରେ ଛାଡ଼ିବ। ତା’ ଅର୍ଥ ରାତି ତିନିଟା ଯାଏ ପ୍ଲାଟ୍‌ଫର୍ମରେ ଅପେକ୍ଷା। କିଛି ସମୟ ପରେ ନୂଆ ଖବର ଆସିଲା, ସେ ଟ୍ରେନ୍ ମଧ୍ୟ ବାତିଲ୍! ମୁଁ ମୁଣ୍ଡରେ ହାତ ଦେଇ ବସିପଡ଼ିଲି।

ସେଇଠି ମୋର ଅନୁଭବ ହେଲା, ମଣିଷର ଗର୍ବ କେଡ଼େ ତୁଚ୍ଛ! ମୁଁ କାହିଁକି ଗଭର୍ଣ୍ଣରଙ୍କ ପ୍ରୋଗ୍ରାମ୍ ପରି ଏତେ ବ୍ୟସ୍ତ ପ୍ରୋଗ୍ରାମ୍ ତିଆରି କରିଥିଲି! ଚାହିଁଥିଲେ ସମ୍ପାଦକଙ୍କୁ କହି ୧୮ ତାରିଖର ଭୁବନେଶ୍ୱର ସଭାଗୁଡ଼ିକ ଅନ୍ୟ ଦିନକୁ ଘୁଞ୍ଚାଇ ପାରିଥାନ୍ତି। ମାତ୍ର ଏବେ ସେ ଚିନ୍ତା କରି ଲାଭ କ’ଣ ? ମୋର ସମସ୍ୟା କଥା ଫୋନ୍‌କରି ‘ସମ୍ବାଦ’ ସମ୍ପାଦକଙ୍କୁ ଜଣାଇଲି। ସେ କେବଳ ମୋର ନିଯୁକ୍ତିଦାତା ନୁହନ୍ତି, ମୋର ଅତ୍ୟନ୍ତ ଶୁଭେଚ୍ଛୁ। ପ୍ରସ୍ତାବ ଦେଲେ, “ଉଡ଼ାଜାହାଜ ହେଉ କି ଟ୍ୟାକ୍ସି ହେଉ, ଯେକୌଣସି ଉପାୟରେ ଆସି ତୁମେ ପହଞ୍ଚିବାକୁ ଚେଷ୍ଟା କର।”

ଉଡ଼ାଜାହାଜରେ ଟିକେଟ୍ ନାହିଁ। ଟ୍ରେନ୍ ସବୁ ବାତିଲ। ବସ୍ ମଧ୍ୟ ନାହିଁ। ବାହାରେ ଝଡ଼ ବର୍ଷା। ଅନ୍ଧାର ଆସିଗଲାଣି। କରିବି କ’ଣ ? ଦିଲୀପଙ୍କୁ କହିଲି, ଗୋଟାଏ ଟ୍ୟାକ୍ସି ଠିକ୍ କର। ଯାହା ଖର୍ଚ୍ଚ ପଡୁ ପଛକେ ମୋତେ ଯାଇ କାଲି ସକାଳ ୧୦ଟା କି ୧୧ଟା ସୁଦ୍ଧା ଭୁବନେଶ୍ୱରରେ ପହଞ୍ଚିବାକୁ ହେବ। ବାଲେଶ୍ୱର ‘ସମ୍ବାଦ’ର ମୁଖ୍ୟ ବନ୍ଧୁ ଅରବିନ୍ଦ ଦାସ। ତାଙ୍କୁ ଫୋନ୍‌ରେ ପଚାରିଲି, ‘ଏ ଅବସ୍ଥାରେ କ’ଣ କରିବା ?’ ସେ କହିଲେ, ଆପଣ କହିଲେ ମୁଁ ବାଲେଶ୍ୱରରୁ ଗାଡ଼ିଟିଏ ପଠେଇ ଦେବି। ଆପଣ ଖଡ଼ଗପୁର ଯାଏ ଗୋଟାଏ ଟ୍ୟାକ୍ସିରେ ଆସିଯାଆନ୍ତୁ, ଏ ଗାଡ଼ି ଯାଇ ସେଠୁ ଆପଣଙ୍କୁ ନେଇ ଆସିବ।’ ତା’ ଭିତରେ ଶୁଭେନ୍ଦୁ ବାବୁ ବୋହୂପରଷା ଓ ନାତି ସୁଖ ଛାଡ଼ି ଅତିଥି ଭବନକୁ ଫେରିଆସିଲେଣି। ସୁନୀଲ ପୃଷ୍ଟି ତାଙ୍କ କୋଲ୍‌କାତା କାର୍ଯ୍ୟକ୍ରମ ଛାଡ଼ି ମୋ ସାଙ୍ଗେ ଫେରିବାକୁ ପ୍ରସ୍ତୁତ ହେଲେଣି। ସେ ବୁଝି ସାରିଲେଣି, ଓଡ଼ିଶା ସହ କୋଲ୍‌କାତାର ସବୁ ଯୋଗାଯୋଗ ଏବେ ଛିନ୍ନ। ଏ ପରିସ୍ଥିତି ତିନିଚାରି ଦିନ ପର୍ଯ୍ୟନ୍ତ ସୁଧୁରିବାର ଆଶା ନାହିଁ।

ଦିଲୀପ ଟ୍ୟାକ୍ସି ଯୋଗାଡ଼ କରିପାରିଲେ ନାହିଁ। ଯିଏ ରାଜିହେଲେ ସେ ମନଇଚ୍ଛା ଦର ହାଙ୍କିଲେ। ଜଣକର ବିପଦରୁ ଆଉ ଜଣେ ଲାଭ ଆଦାୟ କରିବା ତ ମଣିଷର ପୁରୁଣା ଅଭ୍ୟାସ। ‘ସଲଟ ଲେକ୍’ରେ ବରିଷ୍ଠ ଲେଖକ ଶ୍ରୀ ରବୀନ୍ଦ୍ର ପ୍ରସାଦ ପଣ୍ଡା ରହନ୍ତି। ତାଙ୍କୁ ଫୋନ୍ କରିବାରୁ ସେ ଟ୍ୟାକ୍ସିଟାଏ ଯୋଗାଡ଼ କରି ପଠେଇଲେ। ଡ୍ରାଇଭର

ଫୁଲ୍‌ଚାନ୍ଦ ଇଣ୍ଡିକାଟିଏ ଧରି ଆସି ପହଞ୍ଚିବାକ୍ଷଣି ମୁଁ, ଶୁଭେନ୍ଦୁ ବାବୁ ଓ ସୁନୀଲ ବାବୁ ତିନିହେଁ ବାହାରିପଡ଼ିଲୁ। ଝଡ଼ବର୍ଷା ଲାଗିଥାଏ, ଚାରିଆଡ଼ ଜଳାର୍ଣ୍ଣବ। ମାତ୍ର ମନ ଭିତରେ ଗୋଟିଏ ଜିଦ୍, କାଲି ସକାଳ ଏଗାରଟା ବେଳକୁ ନିଶ୍ଚୟ ଭୁବନେଶ୍ୱରରେ ପହଞ୍ଚିବି। ସ୍ଥିର ହେଲା ଏ ଟ୍ୟାକ୍ସି ନେଇ ଆମକୁ ରାତି ତିନିଟା ସୁଦ୍ଧା ବାଲେଶ୍ୱର ସର୍କିଟ୍ ହାଉସ୍‌ରେ ପହଞ୍ଚାଇବ ଓ ସେଠୁ ଆଉ ଗୋଟିଏ ଗାଡ଼ିରେ ଅରବିନ୍ଦଙ୍କୁ ସାଙ୍ଗରେ ନେଇ ଆମେ ଭୁବନେଶ୍ୱର ଯିବୁ। 'ସୋମାକ୍' କଲେଜ ଉଦ୍‌ଘାଟନ ଓ ରୌପ୍ୟ ଜୟନ୍ତୀ ସଭାରେ ଅରବିନ୍ଦଙ୍କର ମଧ୍ୟ ଯୋଗ ଦେବାର ଥାଏ।

କିଛି ବାଟ ଆସିବା ପରେ ମନେହେଲା, ଟ୍ୟାକ୍ସିର ଗୋଟିଏ ହେଡ୍‌ଲାଇଟ୍ ଜଳୁନାହିଁ। ଫୁଲ୍‌ଚାନ୍ଦଙ୍କୁ ଅନୁରୋଧ କଲୁ, ଧୀରେ ଧୀରେ ଚଳାଅ। କୋଲ୍‌କାତାରୁ ଜଳେଶ୍ୱର ପାଖାପାଖି ତିନିଶହ କିଲୋମିଟର। ୫୦ କି.ମି. ବେଗରେ ଗଲେ ବି ଛଅଘଣ୍ଟା ଲାଗିବ, ବ୍ୟସ୍ତ ହୁଅନାହିଁ। ଖଡ଼ଗପୁର ଅତିକ୍ରମ କଲୁ। ତା'ପରେ ପ୍ରାୟ ୩୦-୩୫ କିଲୋମିଟର ଆସିଛୁ, ଖବର ପାଇଲୁ ବେଲ୍‌ଦା ଆଗରୁ ରାଜପଥ ଉପରେ ପାଣି ଚାଲୁଛି। ଶୁଭେନ୍ଦୁ ବାବୁଙ୍କ ପୁଅ 'ଟାଇମ୍‌ସ ଅଫ୍ ଇଣ୍ଡିଆ', କୋଲ୍‌କାତାର ବରିଷ୍ଠ ସହ ସମ୍ପାଦକ। ସେ ବରାବର ଫୋନ୍ କରି ତାଙ୍କର ବାପାଙ୍କୁ ରାସ୍ତା ପରିସ୍ଥିତି ଜଣାଉଥାନ୍ତି। ରାତି ଅଢ଼େଇଟା, ଆମେ ବେଲ୍‌ଦା ପୂର୍ବରୁ ବୋଧହୁଏ ନାରାୟଣପାଟଣା କି କ'ଣ ହେବ ରାସ୍ତାରେ ଯାଉଛୁ, ଘୁ ଘୁ ପାଣିଶବ୍ଦ ଶୁଣିଲୁ। ଆଗରେ, ପଛରେ, ବାଁ ଓ ଡାହାଣପଟେ କେବଳ ପାଣି। ତା' ସାଙ୍ଗକୁ ବର୍ଷା ଓ ପବନ। ଆଉ କେତୋଟି ମିନିଟ୍ ପରେ ହୁଏତ ଆମେ ଗାଡ଼ି ସହ ଜଳଭଉଁରି ଭିତରେ ପଡ଼ିଯାଇଥାଆନ୍ତୁ। ଡ୍ରାଇଭର ଫୁଲ୍‌ଚାନ୍ଦ ଗାଡ଼ି ପଛକୁ ଫେରେଇ ଆଣି ଉଚ୍ଚା ରାସ୍ତାରେ ରଖିଦେଲେ ଓ ଦୀର୍ଘଶ୍ୱାସ ନେଲେ। ସେତେବେଳେ ସୁନୀଲ ପୃଷ୍ଟିଙ୍କ ଆତଙ୍କ ଓ ଆକୁଳତାକୁ ଦେଖିବା କଥା।

ରାତି ଅଢ଼େଇଟାରୁ ସକାଳ ସାଢ଼େ ପାଞ୍ଚଟା ପର୍ଯ୍ୟନ୍ତ ଅଢ଼େଇ ଘଣ୍ଟା କାଳ ସେଇ ଅନ୍ଧାରରେ ଆମେମାନେ ପଡ଼ିରହିଲୁ। ଇଣ୍ଡିକା କାରଟିର ଅପ୍ରଶସ୍ତ ପେଟ ଭିତରେ ଆମେ ଚାରିଜଣ। ସକାଳୁ ସକାଳୁ ଛତାଟି ଧରି ମୁଁ ଜଳାର୍ଣ୍ଣବ ରାସ୍ତା ଦେଖିବାକୁ ଗଲି। ସୁବର୍ଣ୍ଣରେଖା କି ରୂପନାରାୟଣ ନଈର ପାଣି ଜାଣେନି, କିନ୍ତୁ ପାଣି ଟିକିଏ କମିଲା ପରି ମନେହେଲା। ଗୋଟିଏ ଯୋଡ଼ିଏ ଟ୍ରକ୍ ସାହସ କରି ଆଗକୁ ଗଲେ। ମାତ୍ର ଫୁଲ୍‌ଚାନ୍ଦ ସାହସ କରିପାରୁ ନ ଥାଏ। ସେ ଉତ୍ତର ପ୍ରଦେଶର ଲୋକ, ଏଭଳି ପାଣି ଦେଖିନାହିଁ ବୋଲି କହୁଥାଏ। ମୁଁ ଓ ଶୁଭେନ୍ଦୁ ବାବୁ କିଛି କହିଥାଆନ୍ତୁ, ମାତ୍ର କବି ସୁନୀଲ ପୃଷ୍ଟିଙ୍କ ଚିତ୍କାର ଆମ ସାହସ ଉପରେ ଆଘାତ କଲା। ତାଙ୍କ ଆତଙ୍କ ଥାଏ ସମ୍ପୂର୍ଣ୍ଣ ଯଥାର୍ଥ। ସ୍ଥିର କଲୁ, ଏ ଗାଡ଼ିକୁ ଏଇଠି ବିଦାୟ ଦେବୁ ଓ ଚାଲି ଚାଲି ପାଣିବୁଡ଼ା

ରାସ୍ତା ପାର ହେବୁ। ଜଳେଶ୍ୱର 'ସମ୍ବାଦ' ପ୍ରତିନିଧିଙ୍କୁ ଫୋନ୍ କରି ମୁଁ କହିଲି, 'ଟ୍ୟାକ୍ସିଟାଏ ବେଲ୍‌ଦା ପାଖକୁ ପଠାଅ। ଆମେ ଚାଲି ଚାଲି ଯାଉଛୁ। ସେଇଠାରୁ ଗାଡ଼ି ଧରିବୁ।' ମାତ୍ର ଏ ପାଣି ଭିତରେ ଯିବୁ କିପରି ? ସୁଅ ମୁହଁକୁ ଦେଖିଲେ ଭୟ ଲାଗୁଥାଏ। ସାଙ୍ଗରେ ବ୍ୟାଗ୍ ଓ ସାହିତ୍ୟ ଅକାଦେମୀ ଦେଇଥିବା ଉପହାର ପୁସ୍ତକ ପୁଡ଼ିଆ। ବହିଗୁଡ଼ିକ ଅନ୍ୟ କୌଣସି ଦିନ ଏତେ ଓଜନିଆ ଲାଗି ନ ଥିଲା। ଆମେ ତିନିଜଣ, ସାଙ୍ଗରେ ଶୁଭେନ୍ଦୁ ବାବୁଙ୍କ ସୌଖୀନ ଛତା ଗୋଟିଏ। ତିନ୍ତିବୁଡ଼ି ରାସ୍ତାରେ ଠିଆହେଲୁ। ଟ୍ରକ୍, ଭ୍ୟାନ୍ କିଛି ଗୋଟାଏ ମିଳିଲେ ଆମକୁ ପାଣିରେ ବୁଡ଼ିଥିବା ରାସ୍ତାତକ ପାର କରିଦିଅନ୍ତା ପରା ! ମାତ୍ର କେହି ଅଟକୁ ନ ଥାନ୍ତି। ଏଣେ ଖବର ଖେଳୁଥାଏ, ଏଇ ରାସ୍ତାରେ ତୃଣମୂଳ ନେତ୍ରୀ ମମତା ବାନାର୍ଜୀଙ୍କ ବ୍ୟକ୍ତିଗତ ସଚିବ ତାଙ୍କ ଇନୋଭା ଗାଡ଼ି ସହ ଭାସିଯାଇଛନ୍ତି। ପୁଣି ଆତଙ୍କ।

ଅନେକ ସମୟ ପରେ ଗୋଟେ ଆମ୍ବୁଲାନ୍‌ସ ଭ୍ୟାନ୍ ଆସିଲା। ମଝିରାସ୍ତାରେ ତାକୁ ଅଟକିବାକୁ ସମୟ ନାହିଁ। କାରଣ ପଛରୁ ଟ୍ରକ୍‌ଗୁଡ଼ାକ ମାଡ଼ି ଆସୁଥାଆନ୍ତି। ତା' ଭିତରୁ ଭ୍ୟାନ୍‌ର ଆରୋହୀ ଜଣକ ଓହ୍ଲେଇ ଆସି ଆମ ପାଇଁ କବାଟ ଖୋଲି କହିଲେ, 'ଶୀଘ୍ର ଆସନ୍ତୁ।' ଫୁଲ୍‌ଚାନ୍ଦ ହାତରେ ତା' ଭଡ଼ାତକ ଗୁଞ୍ଜିଦେଇ ଆମ୍ବୁଲାନ୍‌ସ ଭ୍ୟାନ୍ ଭିତରକୁ ଡେଇଁପଡ଼ିଲି। ମୋ ପଛେ ପଛେ ବନ୍ଧୁ ଦି'ଜଣ। ଆଗରେ ଜଳଭଉଁରି। ରାସ୍ତା ମଝିରେ ଗୋଟାଏ ବିରାଟକାୟ ଟ୍ରଲର ଅଟକି ଯାଇଥିବାରୁ ରାସ୍ତା ଆହୁରି ସଙ୍କୁଚିତ। ଛୁରୀ ଦାଢ଼ରେ ଯିବା ପରି କଥା। ସାମାନ୍ୟ ଓଲମବିଲମ ହେଲେ ଗାଡ଼ି ସିଧା ପଡ଼ିବ ଗହୀର ପାଣି ପେଟରେ।

ଆଖି ବୁଜି ଜଗନ୍ନାଥଙ୍କୁ ସ୍ମରଣ କଲି- ଇଏ ବିପଦରୁ ଉଦ୍ଧାର କର। ଗାଡ଼ି ପାଣିକାଟି ଆଗକୁ ଚାଲିଆସିଲା। ସେତିକିବେଳେ ଚାହିଁ ଦେଖିଲି, ଭ୍ୟାନ୍‌ର ଡ୍ରାଇଭର ବାଇଶ ବର୍ଷର ପଲ୍‌ଟୁ ଓ ତା'ର ସହଯୋଗୀ ସେଇ ବୟସର ବିଶ୍ୱଜିତ୍। ବିଶ୍ୱଜିତ୍ ଡେଙ୍ଗ ଗୋରା, ପଲ୍‌ଟୁ କମ୍ ଉଚ୍ଚ ଓ ଶ୍ୟାମଳ। ମୁହୂର୍ତ୍ତକ ପାଇଁ ମୋତେ ଲାଗିଲା ଏ ଦିହେଁ ଆମପାଇଁ ଜଗନ୍ନାଥ ଓ ବଳଭଦ୍ରଙ୍କ ଅବତାର। ନ ହେଲେ ଆମେ ହାତଦେଖାଇ, ଚିତ୍କାର କରି, ଟଙ୍କା ଯାଚି ଅଟକେଇବାକୁ ଚେଷ୍ଟା କରୁଥିବା କୌଣସି ଗାଡ଼ି ଆମକୁ ଆଣିବାଲାଗି ସାହସ କରୁ ନ ଥିବାବେଳେ ଏ ଦି'ଜଣ ତାଙ୍କ ଆଡୁ ଗାଡ଼ି ଅଟକେଇ ଆମକୁ ଟେକି ଆଣିଥାନ୍ତେ କାହିଁକି ?

କଣ୍ଟେଇରୋଡ୍ ଷ୍ଟେସନ୍‌ରେ ଆମକୁ ଛାଡ଼ିଦେଇ ବିଶ୍ୱଜିତ୍ ଓ ପଲ୍‌ଟୁ ଚାଲିଗଲେ। ଏତେ ବଡ଼ ସାହାଯ୍ୟ କରିଥିବା ସତ୍ତ୍ୱେ ମନରେ ଅଭିମାନ ନ ଥାଏ। କେବଳ ମୁରୁକି ମୁରୁକି ହସ। କୃତଜ୍ଞତା ଜଣାଇବାକୁ ଆମର ଭାଷା ନ ଥାଏ।

କଣ୍ଟେଇରୋଡ୍ ଅବସ୍ଥା ଶୋଚନୀୟ। କରମଣ୍ଡଳ ଏକ୍ସପ୍ରେସ୍ ସେଠାରେ ଅଟକିଥାଏ। ଯାତ୍ରୀମାନଙ୍କ ଦୁର୍ଦ୍ଦଶା କହିଲେ ନ ସରେ। ଆମକୁ ନେବାଲାଗି ଯୋଉ ଟ୍ୟାକ୍ସିଟି ଜଳେଶ୍ୱରରୁ ଆସୁଥାଏ, ତାକୁ କୋଉଠି ଦେଖିଲି ନାହିଁ। ଡ୍ରାଇଭରଙ୍କ ମୋବାଇଲ୍‌କୁ ଫୋନ୍‌କରି ବୁଝିବାରୁ ଯାହା ଶୁଣିଲି ସେଥିରେ ଆଉରି ଭାଙ୍ଗି ପଡ଼ିଲି। ତାକୁ ୬୦ ନମ୍ବର ଜାତୀୟ ରାଜପଥ ମଝି ରାସ୍ତାରେ ଅଟକେଇଛନ୍ତି ସାୟାଁପଡ଼ାର ଲୋକେ। ସେମାନେ ରାସ୍ତା ଅବରୋଧ କରିଛନ୍ତି। ପଶ୍ଚିମବଙ୍ଗ ସରକାରର କେହି ଆସି ତାଙ୍କୁ ଘରଭଙ୍ଗା ସାହାଯ୍ୟ ନ ଦେବାଯାଏ ସେମାନେ ରାସ୍ତାରୁ ଉଠିବେ ନାହିଁ। ସୁବର୍ଣ୍ଣରେଖା ପାଣିରେ ସେମାନଙ୍କର ଘର ବୁଡ଼ିଯାଇଛି। ଏବେ ଆମେ କ'ଣ କରିବୁ? ପୁଣି ସେଇ ବର୍ଷାରେ ତିନ୍ତି ଟ୍ୟାକ୍ସି କି ଅଟୋରିକ୍ସାଟାଏ ଖୋଜିଲି। ଶୁଭେନ୍ଦୁ ବାବୁ ଓ ସୁନୀଲ ପୃଷ୍ଟି ଜିନିଷପତ୍ର ଜଗିରହିଲେ। ସେ ଦିହିଙ୍କର ମୋ ଉପରେ ଭରସା, ମୁଁ କିଛି ନା କିଛି ବାଟ ବାହାର କରିବି। ଅଥଚ ମୁଁ ଅସହାୟ। ଶେଷକୁ ଗୋଟେ ମାରୁତି ଭ୍ୟାନ୍ ପାଇଲି। ସାୟାଁପଡ଼ା ପର୍ଯ୍ୟନ୍ତ ଛଅ କିଲୋମିଟର ରାସ୍ତା ନେଇଯିବାକୁ ସେ ନେବ ତିନିଶହ ଟଙ୍କା! ମୁଁ କହିଲି, "ଆମେ ଅସୁବିଧାରେ ପଡ଼ିଛୁ ବୋଲି ଏତେ ଟଙ୍କା ହାଙ୍କୁଛି?" ବଙ୍ଗୀୟ ଡ୍ରାଇଭରଟି ସାଇଲକ୍‌ର ହସ ହସି କହିଲା, 'ଏମିତି ସୁଯୋଗ କ'ଣ ବାବୁ ସବୁବେଳେ ଆସେ?" ତିନିଶହ ଟଙ୍କା ଦେଇ ସାୟାଁପଡ଼ା ଯାଏ ଆସିଲୁ। ଆମ ଗାଡ଼ିଟି ରାସ୍ତା ଅବରୋଧ ଭିତରେ ବନ୍ଦୀ ଥାଏ। ମୁଁ ଯାଇ ଲୋକମାନଙ୍କୁ ବୁଝେଇଲି- 'ମୁଁ ଖବରକାଗଜ ଲୋକ, ଏଠୁ ଯାଇ ତୁମ ସମସ୍ୟା ବିଷୟରେ ଲେଖିବି। ଆମକୁ ଛାଡ଼।' କିଛି ଲୋକ ବୁଝି ରାସ୍ତାରୁ ହଟିବାଲାଗି ପ୍ରସ୍ତୁତ ହେଲାବେଳକୁ ଆଉ କିଛି ଲୋକ ମନା କଲେ। ସେମାନଙ୍କ ଭିତରୁ ଅଧିକାଂଶ ଦେଶୀ ମଦ ନିଶାରେ ଟଳଟଳ ହେଉଥାଆନ୍ତି। ଦାରିଦ୍ର୍ୟ, ଅଶିକ୍ଷା ଓ ପ୍ରକୃତିର ଅତ୍ୟାଚର ସାଙ୍ଗକୁ ସରକାରୀ ଉଦାସୀନତା। ପଶ୍ଚିମବଙ୍ଗ ଓଡ଼ିଶା ସୀମାନ୍ତର ଏହି ଗାଁଗୁଡ଼ିକୁ ଈଶ୍ୱର କେବଳ ସହାୟ। ଅଗତ୍ୟା ଅପେକ୍ଷା କରିବା ଭିନ୍ନ ଅନ୍ୟ ଉପାୟ ନଥାଏ। ଭୁବନେଶ୍ୱରରେ ଦିନ ଏଗାରଟା ଉଦ୍‌ଘାଟନ ଉତ୍ସବରେ ଯୋଗଦେବା କଥା ମୁଁ ଭୁଲି ସାରିଥାଏ। କୌଣସିମତେ ଯଦି ଅପରାହ୍‌ଣ ଚାରିଟା ସୁଦ୍ଧା ପହଞ୍ଚିଯାଏ, ତାହାହେଲେ ଦ୍ୱିତୀୟ ସଭାଟିରେ ଅନ୍ତତଃ ଯୋଗଦେଇ ପାରନ୍ତି। ସାୟାଁପଡ଼ା ରାସ୍ତରେ ଠିଆ ହେଲାବେଳକୁ ଦିନ ସାଢ଼େ ଦଶଟା ପାଖାପାଖି ହେବ। ରାସ୍ତା ଅବରୋଧ ଯୋଗୁଁ ଏପଟୁ ଯାଉଥିବା ଗାଡ଼ି ସେଇଠି ଅଟକି ପୁଣି ଜଳେଶ୍ୱର ଆଡ଼କୁ ଫେରିଯାଉଥାଆନ୍ତି। ଆମେ ରାସ୍ତା ଅବରୋଧ ହଟିବାକୁ ଅପେକ୍ଷା କରିଥାଉ ଓ ସେପଟେ ବିକଳ୍ପ ଗାଡ଼ିର ସନ୍ଧାନ କରୁଥାଉ। ଘଣ୍ଟାଏ କାଳ ଅପେକ୍ଷା ପରେ ଅବରୋଧ ଆଂଶିକ ହଟିଲା। ସେଇ ସୁଯୋଗରେ ଆମ ଗାଡ଼ି

ଖସିଆସିଲା। ଜଳେଶ୍ୱର ଡାକବଙ୍ଗଳାରେ ଧୁଆପୋଛା ହେବାଲାଗି ଅରବିନ୍ଦ ଦାସ ଆମ ଜଳେଶ୍ୱର ପ୍ରତିନିଧି ଅଶୋକ ଦାସଙ୍କ ଜରିଆରେ ବ୍ୟବସ୍ଥା କରେଇଥିଲେ। ଡାକବଙ୍ଗଳା ଭିତରେ କିନ୍ତୁ ଆଣ୍ଠୁଏ ପାଣି। ମୋଟର ସାଇକେଲ୍‌ରେ ବସି ସେଠାକୁ ଗଲୁ। ଲେଖକ ଓ ଓକିଲ ବନ୍ଧୁ ଚିନ୍ମୟ ବାବୁ, ଅବଧୂତ ବାବୁ ଓ ସୁଶାନ୍ତ ବାବୁଙ୍କ ଆଦରର ସୀମା ନାହିଁ। ଡାକବଙ୍ଗଳାର ତତ୍ତ୍ୱାବଧାରକ କିନ୍ତୁ ବ୍ୟସ୍ତ, କଲେକ୍ଟର ଆସିବେ। ଆମ ଲାଗି ରୁମ୍ ଖୋଲିବେ କିପରି ? ବାଲେଶ୍ୱର କଲେକ୍ଟର ଶ୍ରୀ ଅଲେଖ ପଢ଼ିଆରୀଙ୍କୁ ମୁଁ ଫୋନ୍ କରି ବୁଝିଲି, ସେ ଏବେ ଜଳେଶ୍ୱର ଆସୁନାହାନ୍ତି। ଅନ୍ୟ ଆଡ଼େ ବନ୍ୟା ପରିସ୍ଥିତି ଭୟଙ୍କର ହେଲାଣି। ଆମକୁ ରୁମ୍ ମିଳିଲା। ନାମକୁମାତ୍ର ଧୂଆପୋଛା ହୋଇ ବାହାରି ପଡ଼ିଲୁ। ଗତ ରାତିରୁ ପେଟରେ ଦାନାଟିଏ ପଡ଼ି ନ ଥାଏ। ଦାନ୍ତଘଷା କି ମୁହଁଧୁଆ ହୋଇନାହିଁ। ଜଳେଶ୍ୱରର ଗୋଟେ ଝୁମ୍ପୁଡ଼ି ହୋଟେଲ୍‌କୁ ବନ୍ଧୁ ତିନିହେଁ ଆମକୁ ଡାକିନେଲେ। ଗରମ ବଗଡ଼ା ଚାଉଳ ଭାତ, ଡାଲି ଗିନାଏ ଓ ମାଛଭଜା ଖଣ୍ଡେ। ସେଦିନ ଦେବସ୍ନାନ ପୂର୍ଣ୍ଣିମା, ବାଟସାରା ଜଗନ୍ନାଥଙ୍କୁ ଡାକୁଥାଉ, ଅଥଚ ଭୋକ ଆଗରେ ସବୁ ତୁଚ୍ଛ ! ଶୁଭେନ୍ଦୁ ବାବୁଙ୍କର ପିତୃଶ୍ରାଦ୍ଧ ଥିବା ଯୋଗୁଁ ସେ ଫଳାହାର କଲେ। ଆମେ ଖିଆସାରି ଅଧଘଣ୍ଟାଏ ଭିତରେ ବାହାରିପଡ଼ିଲୁ। କଥାହେଲା, ବାଲେଶ୍ୱର ପର୍ଯ୍ୟନ୍ତ ଯିବୁ କିପରି ? ଷାଠିଏ ନମ୍ବର ରାଜପଥର ରୁପ୍ସା ପାଖରେ ପୋଲ ଭାଙ୍ଗି ଯୋଗାଯୋଗ ବିଚ୍ଛିନ୍ନ। ବନ୍ଧୁମାନେ କହିଲେ, ''ଆପଣ ଅମର୍ଦା, ଚିତ୍ରଡ଼ା ଦେଇ ଚାଲିଗଲେ ଭଲ ହେବ।' ମାତ୍ର ଖବର ମିଳୁଥାଏ, ସେ ରାସ୍ତାରେ ସୁଦ୍ଧା ଘାଇ ହେଲାଣି। ଏଥରର ଡ୍ରାଇଭର ଜଣକ ଅତ୍ୟନ୍ତ ଧୂର୍ତ୍ତ। ଆମକୁ ଷାଠିଏ ନମ୍ବର ଜାତୀୟ ରାଜପଥର ରୁପ୍ସା ଘାଇ ପର୍ଯ୍ୟନ୍ତ ଆଣି ସେଇଠୁ ବାରିପଦା ମୁହାଁ ଜଳାର୍ଣ୍ଣବ ରାସ୍ତା ଦେଖେଇଦେଲା। ରାସ୍ତା ଉପରେ ପ୍ରବଳ ପାଣିସୁଅ। ମୁଁ ଡରିଲି। ସ୍ଥିର କଲି ଏହି ୬୦ ନମ୍ବର ରାଜପଥରେ ଯିବି। ଘାଇ ନିକଟରେ ଗୋଟିଏ ଡଙ୍ଗା। ଶହ ଶହ ଯାତ୍ରୀଙ୍କ ପାଇଁ ସେଇଟି ଏକମାତ୍ର ଭରସା। ଜିନିଷପତ୍ର ଧରି ଡଙ୍ଗାକୁ ଚଢ଼ିବାଲାଗି ଚେଷ୍ଟା କରି ବିଫଳ ହେଲି। ଲୋକମାନଙ୍କ ଠେଲାପେଲା ଭିତରେ ଡଙ୍ଗା କୂଳ ଛାଡ଼ିଦେଲା। ଯେଉଁ ମୋବାଇଲ୍‌ଟି ଏତେ ସମୟ ପର୍ଯ୍ୟନ୍ତ ମୋତେ ସାହାଯ୍ୟ କରିଆସୁଥିଲା ସେଇଟି ପାଣିରେ ପଡ଼ି ଅଚଳ ହୋଇଗଲା। ବାଧହୋଇ ଗୋଟେ କିଲୋମିଟର ଚାଲିଚାଲି ପଛକୁ ଫେରିଲୁ। ଓଡ଼ିଶା ସରକାରଙ୍କ ରିଲିଫ୍ ବାଣ୍ଟିବା ଲାଗି ଚାରିପାଞ୍ଚଟି ରବର ବୋଟ୍ ବୁଡ଼ି ଅଞ୍ଚଳକୁ ଯାଇଥାଏ। ସେଠି ଉପସ୍ଥିତ ପୁଲିସ ବାବୁଙ୍କୁ ମୋର ପରିଚୟ ଦେଇ ଅନୁରୋଧ କଲି, ଆମକୁ ତାଙ୍କର ବୋଟ୍ ନେଇ ସେପଟେ ଛାଡ଼ିଦେଉ। ସେତିକିବେଳେ ଗୋଟିଏ ବୋଟ୍ ଫେରିଆସିଥାଏ। ସେ ଭଦ୍ରଲୋକ ରବର ବୋଟ୍‌ର ଚାଳକ ରବି ଓ ଯୁଧିଷ୍ଠିରଙ୍କୁ

ଆମ ତରଫରୁ କହିଲେ। ମାତ୍ର ସେମାନେ କହିଲେ ଯେ ସେ ଦିହେଁ ଗତ ରାତିରୁ କାମରେ ଲାଗିଛନ୍ତି, କେହି ସେମାନଙ୍କ ଖାଇବା କଥା ବୁଝୁ ନାହାନ୍ତି। ତେଣୁ ସେମାନେ ସାହାଯ୍ୟ କରିପାରିବେ ନାହିଁ। ଆମେ କହିଲୁ, ଆମକୁ ସେପଟକୁ ନେଇଚାଲ। ବାଲେଶ୍ୱରରୁ ଆସି ଆମ ଗାଡ଼ି ଅପେକ୍ଷା କରିଥିବ। ସେଥିରେ ନେଇ ଆମେ ତୁମକୁ ପାଖ ବଜାରରୁ ଖୁଆଇ ଆଣିବୁ। ସେମାନେ ରାଜିହେଲେ। ଆମେ ଘାଇ ପାରି ହେଲୁ। ରୁପ୍ସା ପାଖ ଗୋଟିଏ ଢାବାରେ ସମସ୍ତେ ଖାଇଲୁ। ତା'ପରେ ସେମାନଙ୍କଠାରୁ ବିଦାୟ ନେଇ ଆମେ ଭୁବନେଶ୍ୱର ମୁହାଁ ବାହାରିଲୁ। ସେତେବେଳକୁ ସମୟ ଘରିଟା ହେବଣି। ମୋ ଫୋନ୍ ଅଚଳ ହୋଇପଡ଼ିଥିବା କଥା ମୋ ସମ୍ପାଦକ, ପତ୍ନୀ ଓ କନ୍ୟାଙ୍କୁ ଜଣେଇଦେଲି। ମଝିରେ ସମ୍ପାଦକ ସୌମ୍ୟରଂଜନ ବାବୁ ଶୁଭେନ୍ଦୁ ବାବୁଙ୍କ ଫୋନ୍‌ରେ ମୋତେ ପଚାରିଲେ "କେଉଁଠି ପହଞ୍ଚିଲ?" ସକାଳ ଓଳି ଗଲା, ଉପରଓଳି ସଭା ଗଲା, ରାତି ଆଠଟାରେ ତାଙ୍କର ଫିଲ୍ମ 'ନେଇଯାରେ ମେଘ ମୋତେ'ର ମହୁରତ ଥାଏ ହୋଟେଲ୍ ମେ- ଫେୟାରରେ। 'ସେତେବେଳକୁ ପହଞ୍ଚିପାରିବ ତ?' ଭଲ ରାସ୍ତା ଦେଖି ପୁଣି ମନରେ ଅଭିମାନ ଆସିଲା। 'ହଁ, ମାର୍କୋଣା ପାଖେ ପହଞ୍ଚିଗଲିଣି। ଆଠଟା ସୁଦ୍ଧା ନିଶ୍ଚୟ ଭୁବନେଶ୍ୱରରେ ପହଞ୍ଚିବି।' ଏତକ କହି ଫୋନ୍ ରଖିଛି କି ନାହିଁ, ଗାଡ଼ି ବନ୍ଦ। ଘଟଣା କ'ଣ? ମାର୍କୋଣା ଭଦ୍ରକ ମଝିରେ ଟ୍ରକ୍ ଓଲଟି ଦି'ଘଣ୍ଟା ହେଲା ରାସ୍ତା ଜାମ୍। ମୋ ବାପା କହନ୍ତି, ଯିବା ଆୟତ୍ତ, ଆସିବା ଅଣଆୟତ୍ତ- ସେକଥା ମନେପଡ଼ିଲା। ମୁଁ ଭାଙ୍ଗିପଡ଼ିଲି। ଡ୍ରାଇଭର ରମେଶ ଓ ଶୁଭେନ୍ଦୁ ବାବୁ ଗାଡ଼ିରୁ ବାହାରି ଘଟଣା ବୁଝିବାଲାଗି ଆଗକୁ ଗଲେ। ସୁନୀଲ ବାବୁ ହାଲିଆ ହୋଇ ପଛ ସିଟ୍‌ରେ ଶୋଇପଡ଼ିଥାନ୍ତି। ମୁଁ ଆକାଶକୁ ଚାହିଁ କେବଳ ଭାବୁଥାଏ, କେତେବେଳେ ଏ ଦୀର୍ଘଯାତ୍ରା ସରିବ?

ଆଠଟା ନୁହେଁ, ରାତି ନଅଟା ପନ୍ଦର ବେଳକୁ ଆମ ଗାଡ଼ି ଭୁବନେଶ୍ୱର ଛୁଇଁଲା। ଘରକୁ ଆସି ଚଟାପଟ ଗାଧୋଇପଡ଼ି ମୁଁ ନୂଆ ସିନେମାର ମହୁରତକୁ ଗଲି। ସେତେବେଳକୁ ମୋର ଏ ଯାତ୍ରା ଖବର ସଂପାଦକଙ୍କ ମାଧ୍ୟମ ଦେଇ ମୋ ବନ୍ଧୁମାନଙ୍କ ମେଳରେ ଗୋଟେ ବଡ଼ ଖବରରେ ପରିଣତ ହୋଇସାରିଥାଏ। କୌଣସି ଦିନ ମୋର ଏମିତି ଅବହେଳା ହୋଇନାହିଁ। ବାହାଘର ବେଳେ ସୁଦ୍ଧା ଅଷ୍ଟମଙ୍ଗଳା ସରିବା ପର୍ଯ୍ୟନ୍ତ ଛୁଟି ନେଇ ନ ଥିଲି। ତେଣୁ ନିଜେ ସଭା ଡାକି ମୁଁ ଅନୁପସ୍ଥିତ ରହିବା ଘଟଣା ସମସ୍ତଙ୍କୁ ଚିନ୍ତିତ କରିଥାଏ। ଏଡ଼େ ଲମ୍ବା କାହାଣୀକୁ ସଂକ୍ଷେପରେ କିପରି ବା ସେମାନଙ୍କୁ କହିବି? ଆତ୍ମକରୁଣାରେ ହସ ହସି କେବଳ କହିଲି, 'ମୁଁ ବଞ୍ଚିଛି।'

ଏବେ ବି ସେହି ବେଲଦା ପୂର୍ବର ସେ ରାସ୍ତାର ସେଇ ଆମ୍ବୁଲାନ୍ସ ଏବଂ

ଅପରିଚିତ କଳା-ଗୋରା କିଶୋର ଯୋଡ଼ିକଙ୍କର କଥା ମନେପଡୁଛି । କିଏ ସେମାନେ ? କାହିଁକି ସେଇଠି ପହଞ୍ଚି ଆମକୁ ସାଙ୍ଗରେ ଡାକିଆଣିଲେ ? ସେମାନେ ନ ଆଣିଥିଲେ ଆମେ ଆଉ କେତେ ସମୟ ଯେ ସେମିତି ଅଖିଆଅପିଆ ପଡ଼ିରହିଥାଆନ୍ତୁ, କିଏ ଜାଣେ ! ଯେତେ ଯେତେ ଥର ସେକଥା ଭାବୁଛି ସେତେ ସେତେ ଥର ଜଗନ୍ନାଥେ ମନେ ପଡୁଛନ୍ତି । (୨୦୦୮)

■

ମୋର ଗବେଷଣା ଓ ତାଙ୍କ ଆଶୀର୍ବାଦ

୧୯୮୫ ମସିହା। ପ୍ରଖ୍ୟାତ ଲେଖକ ଶ୍ରୀ ସୁରେନ୍ଦ୍ର ମହାନ୍ତି ଥାଆନ୍ତି ଓଡ଼ିଶା ସାହିତ୍ୟ ଏକାଡେମିର ସଭାପତି। ତା'ଛଡ଼ା ନୂଆକରି ପ୍ରକାଶ ପାଉଥିବା ଓଡ଼ିଆ ଦୈନିକ ଖବରକାଗଜ 'ସମ୍ବାଦ'ର ସମ୍ପାଦକ। ପିଲାଦିନୁ ମୁଁ ସୁରେନ୍ଦ୍ର ମହାନ୍ତିଙ୍କ ଗଳ୍ପ-ଉପନ୍ୟାସର ଜଣେ ବିଦଗ୍ଧ ପାଠକ। ମୋତେ ତାଙ୍କର ବାକ୍ୟ ବିନ୍ୟାସ ଏବଂ ଶବ୍ଦ ଚୟନ ଭଲ ଲାଗେ। ଭୁବନେଶ୍ୱର ଆସି ଦିନେ 'ସମ୍ବାଦ'ରେ ଚାକିରି କରିବି ଏବଂ ମୋ କୈଶୋରର ପ୍ରିୟ ଲେଖକ ସୁରେନ୍ଦ୍ର ମହାନ୍ତିଙ୍କୁ ପ୍ରତିଦିନ ଭେଟି କଥାବାର୍ତ୍ତା ହେବାର ସୁଯୋଗ ପାଇବି ଏକଥା ମୋର ସୁଦୂର କଳ୍ପନାରେ ନଥିଲା। ମାତ୍ର ପ୍ରଥମ ଦେଖାରୁ ହିଁ ମୋର ପ୍ରିୟ ଲେଖକ ମୋତେ ସ୍ନେହର ଡୋରିରେ ବାନ୍ଧିନେଲେ। ତାଙ୍କର ମୃତ୍ୟୁ ପର୍ଯ୍ୟନ୍ତ ସେ ସଂପର୍କର ଡୋର ସେହିଭଳି ଥିଲା। ସଂପାଦକ-ସହସଂପାଦକର ଦାପ୍ତରିକ ସଂପର୍କର ବହୁ ଊର୍ଦ୍ଧ୍ୱରେ ସେ ସଂପର୍କ।

ପ୍ରତିଦିନ ସନ୍ଧ୍ୟାରେ ତାଙ୍କ ସହ ଦେଖାହୁଏ। ରାଜଧାନୀର ଛଅନମ୍ବର ୟୁନିଟ୍‌ରେ, କ୍ୟାପିଟାଲ୍ ହାସ୍‌ପାତାଳ ପାଖାପାଖି ଗୋଟେ କ୍ୱାର୍ଟରରେ ସେ ରହୁଥାଆନ୍ତି। ଅପରାହ୍ଣ ପାଞ୍ଚଟାବେଳକୁ ସେ ସେଇ ଘର ସାମ୍ନା ଲନ୍‌ରେ ଆରାମ ଚଉକିଟା ଉପରେ ଦେହ ଅଜାଡ଼ି ବସନ୍ତି। ଶ୍ରୀ ମହାନ୍ତି ମୋତେ ଅନେକ କଥା ପଚାରନ୍ତି। କିଛି କିଛି ପ୍ରଶ୍ନ ବି କରନ୍ତି। ସେ ପ୍ରଶ୍ନ ପଚାରିବା ପଛରେ ଆମର ପରୀକ୍ଷା ଅପେକ୍ଷା ବୌଦ୍ଧିକ ଦିଗନ୍ତକୁ ସଂପ୍ରସାରିତ କରିବାର ଆଗ୍ରହଟି ଥାଏ। ସେ ପଚାରନ୍ତି 'ତିଳତଣ୍ଡୁଳିତ ଜ୍ୟୋତ୍ସ୍ନା', 'ରଣକୁହୁଡ଼ି' ଏବଂ 'ମଲାଜହ୍ନ'ର କଥା। ମୁଁ କହେ, ଆପଣ ପଚିଶ ଛବିଶ ବର୍ଷ ବୟସରେ ଯେଉଁସବୁ ଶବ୍ଦ ନିଜ ଗପ-ଉପନ୍ୟାସରେ ବ୍ୟବହାର କରିଥିଲେ, ସେସବୁର ଅର୍ଥ ବୁଝିବା ଲାଗି ମୋତେ ସେଇ ବୟସରେ ଅଭିଧାନ ଖୋଜିବାକୁ ପଡୁଛି। ସେ କହନ୍ତି, ଓଡ଼ିଆ ଶବ୍ଦ ଭଣ୍ଡାର ଖୁବ୍ ବ୍ୟାପକ। ମାତ୍ର ସେସବୁର ବ୍ୟବହାର ହେଉ

ନଥିବାରୁ ଲେଖକମାନେ ଭାବୁଛନ୍ତି, ମଣିଷ ମନର ସବୁ ରକମ ଭାବ ପ୍ରକାଶ ପାଇଁ ଓଡ଼ିଆ ଭାଷାରେ ଶବ୍ଦ ନାହିଁ।

ଏପରି ସାଧାରଣ କଥାବାର୍ତ୍ତା ଭିତରେ ଦିନେ ଦିନେ ଉଦାସ ସ୍ୱରରେ ସେ ପଚାରନ୍ତି, 'ଆଜିକାଲି କ'ଣ କେହି ସୁରେନ୍ଦ୍ର ମହାନ୍ତିଙ୍କୁ ପଢୁଛନ୍ତି ?"

ଏ ପ୍ରଶ୍ନଟି ଖୁବ୍ ଓଜନିଆ ଜଣାପଡ଼େ। ମୁଁ କହେ, ଆପଣ ଆଉକିଛି ନଲେଖି କେବଳ 'ନୀଳଶୈଳ' ଲେଖିଯାଇଥିଲେ ସୁଦ୍ଧା ଓଡ଼ିଆ ସାହିତ୍ୟରେ ଅମର ହୋଇ ରହିଥାଆନ୍ତେ। ଅଥଚ ଆପଣ ତ ସାହିତ୍ୟର କୋଣାର୍କ ସୃଷ୍ଟି କରିଯାଇଛନ୍ତି। ମୋର ଉତ୍ତର ଶୁଣି ସେ ହସନ୍ତି। ଅକପଟ ଭାବରେ କହନ୍ତି, ମୋତେ ତୁମେ ଜାଣିଶୁଣି ପ୍ରଶଂସା କରୁଛ। ହେଉ, ମୋତେ ଖୁସି ଲାଗୁଛି। ତା'ପରେ ସେ ଯୋଡ଼ନ୍ତି, ''ସାହିତ୍ୟିକ କେବେ ତା'ର ପୁତ୍ର-କନ୍ୟା କିମ୍ବା ଉତ୍ତରାଧିକାରୀଙ୍କ ଜରିଆରେ ବଞ୍ଚିରହେ ନାହିଁ; ସେ ବଞ୍ଚିରହେ ତା'ର ଆଗ୍ରହୀ ପାଠକ ଏବଂ ଗବେଷକ- ସମାଲୋଚକଙ୍କ ଜରିଆରେ। ସେଇମାନେ ତାକୁ ପଢ଼ନ୍ତି ଓ ପଢ଼ାନ୍ତି। ସେଇମାନେ ହିଁ ଲେଖକର ସ୍ମୃତିରକ୍ଷା କରନ୍ତି। ନହେଲେ ତ ତା'ର ପିଲା ପରିବାର ଜମିବାଡ଼ି ମାମଲାକୁ ନେଇ କଚେରି ପର୍ଯ୍ୟନ୍ତ ଧାଇଁବେ କିମ୍ବା କେତେ କ'ଣ ଟଙ୍କା ପଇସା ରଖିଯାଇଛି ସେଇକଥା ଚିନ୍ତା କରିବେ। ସେମାନେ କ'ଣ ଲେଖକର ବହିପତ୍ର ଛପା କି ତା'ର ସାହିତ୍ୟ ଚର୍ଚ୍ଚାକୁ ଗୁରୁତ୍ୱ ଦେବେ ?'' ଶ୍ରୀ ମହାନ୍ତିଙ୍କର ଏଇ କଥାଗୁଡ଼ିକ ପଛରେ କେତେ ସତ୍ୟ ଥିଲା ତାହା ଆଜି ମୁଁ ଜାଣିପାରୁଛି।

ସେଇ ସମୟରେ ଗୋଟିଏ ସନ୍ଧ୍ୟାରେ ଶ୍ରୀ ମହାନ୍ତି ମୋତେ ପ୍ରସ୍ତାବ ଦେଇଥିଲେ, 'ତୁମେ ମୋ ଗଳ୍ପ ଉପରେ ନିଶ୍ଚୟ କିଛି କାମ କରିବ।' ବିଭିନ୍ନ ସମୟରେ ମୁଁ ତାଙ୍କ ଗଳ୍ପ ସମ୍ପର୍କରେ ଚର୍ଚ୍ଚା କରୁଥିବାରୁ ମୋ ଉପରେ ତାଙ୍କର ଏପରି ଆସ୍ଥା ଆସିଥିଲା ଅଥବା ମୁଁ ମୋଆଡୁ ଏଭଳି ପ୍ରସ୍ତାବଟିଏ ଆଗତୁରା ଦେଇଥିଲି ତାହା ଆଜି ମନେ ନାହିଁ। ମାତ୍ର ସାଙ୍ଗେ ସାଙ୍ଗେ ଏଥିରେ 'ହଁ' ଭରିଥିଲି। ଏମ୍.ଏ. ପଢ଼ିବାବେଳେ ଆଶା ଥିଲା, କୌଣସି କଲେଜରେ ଅଧ୍ୟାପକଟିଏ ହୋଇ ପାରନ୍ତି କି ! ଇଂରାଜି ଅନର୍ସ ରଖି ବି.ଏ ପଢ଼ିଥିଲେ ବି ଓଡ଼ିଆରେ ଏମ୍.ଏ. କଲି। ତା'ର କାରଣ ସେତେବେଳେ କଟକର କୌଣସି ରାତି କଲେଜର ଇଂରାଜି ଏମ୍.ଏ. ପଢ଼ିବାର ସୁଯୋଗ ନଥିଲା। ମୋର ତ ଆଇ.ଏରୁ ଏମ୍.ଏ. ପର୍ଯ୍ୟନ୍ତ ଜୀବନସାରା ରାତି କଲେଜର ପାଠପଢ଼ା। ଦିନରେ ଚାକିରି ନକଲେ କିଏ ପଢ଼ା ଖର୍ଚ୍ଚ କଥା ବୁଝିବେ ? ଏମ୍.ଏ. ପରେ ପରେ ୟୁଜିସି ଆୟୋଜିତ ନେଟ୍ (ଏନ୍.ଇ.ଟି) ପରୀକ୍ଷା ଦେଇ ସାର୍ଟିଫିକେଟ୍‌ଟିଏ ପାଇଥିଲି। ସେ ସାର୍ଟିଫିକେଟ୍ କୌଣସି କାମରେ ଆସିଲା ନାହିଁ। ତେଣୁ ୧୯୮୫-

୮୬ ବେଳକୁ ଆଉ ଅଧ୍ୟାପନା ବା ଗବେଷଣା ଲାଗି କୌଣସି ଆଗ୍ରହ ଆବଶ୍ୟକତା ନଥାଏ। ଏଇ ସାମ୍ୟାଦିକତାକୁ ନେଇ ହିଁ ଜୀବନ ଜିଇବାକୁ ପଡ଼ିବ, ସେ କଥାଟି ମୁଁ ଚାହେଁ ବା ନଚାହେଁ, କ୍ରମେ ସ୍ଥିର ହୋଇଯାଉଥାଏ। ଏହା ଭିତରେ ୧୯୯୦ରେ ଶ୍ରୀ ସୁରେନ୍ଦ୍ର ମହାନ୍ତିଙ୍କର ପରଲୋକ ହୋଇଗଲା। ବଞ୍ଚିଥିବା ପର୍ଯ୍ୟନ୍ତ ବରାବର ଦେଖା ହେଉଥିଲେ ବି ସେ ମୋତେ ଆଉ କେବେ ତାଙ୍କ ଗଳ୍ପ ଉପରେ ଗବେଷଣା କରିବା ପାଇଁ ମନେ ପକେଇ ନଥିଲେ। ମାତ୍ର ସେ ଚାଲିଗଲା ପରେ, ତାଙ୍କୁ ଦେଇଥିବା ଏ କଥାଟି ମୋର ସ୍ପଷ୍ଟ ମନେପଡ଼ିଲା। କ୍ରମେ ତାହା ମୋତେ ଅସ୍ଥିର କଲା। ସ୍ଥିର କଲି, ମୋ କଥା ମୋତେ ରଖିବାକୁ ପଡ଼ିବ।

ଗବେଷଣା କରିବାକୁ ମନେ ମନେ ସ୍ଥିର କରିବା ଏବଂ କାମଟି କରିବା ଏହା ଭିତରେ ବହୁ ବ୍ୟବଧାନ। ଚାକିରି ଜୀବନର ପ୍ରଥମ କିଛି ବର୍ଷ ଏଭଳି ବ୍ୟସ୍ତତାରେ ବିତିଛି ଯେ ତା ଭିତରେ କିପରି ମୁଁ ଘର ସଂସାର ଏବଂ ମୋ ସାହିତ୍ୟ ପାଇଁ ତଥାପି କିଛି କିଛି ସମୟ ଦେଇପାରିଛି ସେକଥା ଭାବି ନିଜେ ଆଶ୍ଚର୍ଯ୍ୟ ହୁଏ। ସୁରେନ୍ଦ୍ର ମହାନ୍ତିଙ୍କ ଗଳ୍ପ ସଂପର୍କରେ ଗବେଷଣା କରିବା ଲାଗି ମୁଁ ପ୍ରଥମେ ଡକ୍ଟର କୃଷ୍ଣଚରଣ ବେହେରାଙ୍କ କଥା ଭାବିଲି। କଲେଜ ସ୍ତରରେ ମୋର ଓଡ଼ିଆ ବିଷୟ ନଥିବାରୁ ଏବଂ ଏମ୍.ଏ ପର୍ଯ୍ୟନ୍ତ କେଉଁଠି ମୁଁ ନିୟମିତ କଲେଜ ଛାତ୍ର ନଥିବାରୁ କୌଣସି ଅଧ୍ୟାପକଙ୍କ ସହ ଭଲ ପରିଚୟ ନଥିଲା। ଯେଉଁ ଜଣେ ଦି'ଜଣଙ୍କ ସହ ପରିଚୟ ଥିଲା, ସେ ସ୍ମୃତିମଧୁର ନୁହେଁ। ପୁଣି ଡକ୍ଟର ବେହେରା ମୋଠାରୁ ଯେଉଁ ନିଷ୍ଠା ଓ ସମୟାନୁବର୍ତ୍ତିତା ଆଶା କରୁଥିଲେ ତାହା ମୋ ପାଖରେ ସୁଲଭ ନଥିଲା। ଏହାପରେ ବ୍ରହ୍ମପୁର ବିଶ୍ୱବିଦ୍ୟାଳୟ ଯାଇ ଡକ୍ଟର ବାଉରୀବନ୍ଧୁ କରଙ୍କୁ ଦେଖା କଲି। ସେଠାରେ ମୋର ରେଜିଷ୍ଟ୍ରେସନ୍ ହୋଇଗଲା। ମାତ୍ର ଛଅବର୍ଷ ଭିତରେ ଦୁଇ କି ତିନିଟି ପରିଚ୍ଛେଦ ଲେଖିବା ଭିନ୍ନ ଆଉ ଅଧିକ ଆଗେଇ ପାରିଲି ନାହିଁ। ଘର ତିଆରି କାମ ଜଞ୍ଜାଳରେ ଗବେଷଣା କାମ ପଛକୁ ରହିଗଲା। ଦିନେ ସ୍ଥିରକଲି ଏସବୁ କାଗଜପତ୍ର ପାଣିରେ ଭସେଇ ଦେବି ଏବଂ ସୁରେନ୍ଦ୍ର ମହାନ୍ତିଙ୍କ ଆତ୍ମା ନିକଟରୁ କ୍ଷମା ମାଗିନେବି। ମାତ୍ର ଯେତେ ଯାହା ଭାବିଲେ ବି ପିଏଚ୍.ଡି ସାରିବାର ସ୍ୱପ୍ନଟି ମୋତେ ବରାବର ଅଥୟ କରୁଥାଏ। ମୁଁ ସେ ସ୍ୱପ୍ନଠାରୁ ନିଜକୁ ନିରାପଦ ଦୂରତ୍ୱକୁ ନେଇପାରୁ ନଥାଏ। ଶେଷରେ ୧୯୯୯ରେ ଆଉଥରେ ଉତ୍କଳ ବିଶ୍ୱବିଦ୍ୟାଳୟରେ ପିଏଚ୍.ଡି ଲାଗି ରେଜିଷ୍ଟ୍ରେସନ୍ କଲି। ଏଥରର ଗାଇଡ୍ ଡକ୍ଟର ପ୍ରକାଶ କୁମାର ପରିଡ଼ା। ସେ ମୋଠାରୁ ଦୁଇ ତିନି ବର୍ଷ ବଡ଼ ହେଲେ ମଧ୍ୟ ତାଙ୍କ ସହ ପରିଚୟ ଖୁବ୍ ଭଲ। ବହୁବାର ତାଙ୍କ ସହ ସାହିତ୍ୟକୁ ନେଇ ଆଲୋଚନା ହୁଏ ଏବଂ ସେ ମୋତେ ଉତ୍ସାହିତ କରନ୍ତି। ମୁଁ ମଧ୍ୟ ତାଙ୍କ ଗଳ୍ପ

ଆଲୋଚନାର ଜଣେ ମୁଗ୍ଧ ପ୍ରଶଂସକ। ୧୯୯୮ରେ ତାଙ୍କରି ଅଧୀନରେ ରେଜିଷ୍ଟ୍ରେସନ୍ ହେଲା। ବିଷୟ ରହିଲା 'ସୁରେନ୍ଦ୍ର ମହାନ୍ତିଙ୍କ କ୍ଷୁଦ୍ରଗଳ୍ପ: ଭାବବସ୍ତୁ ଓ ଶିଳ୍ପକଳା।" ମୁଁ କାମରେ ଲାଗିଗଲି। ଦି' ତିନିଟି ପରିଚ୍ଛେଦ ଲେଖିଦେଲି। ଏହା ଭିତରେ କେନ୍ଦ୍ର ମାନବସମ୍ବଳ ବିକାଶର ଜୁନିୟର ଫେଲୋସିପ୍ ପାଇଥିବାରୁ ଗଳ୍ପ ଉପରେ କିଛି କାମ କରିଥିଲି। ତାହା ମଧ୍ୟ ଗବେଷଣାର କାମରେ ଆସିଲା। ମାତ୍ର କିଛିଦିନ ଆଗେଇବା ପରେ ପୁଣି ସ୍ଥବିରତା ଦେଖାଦେଲା। ମୁଁ ନିଜ ଗଳ୍ପ ଉପନ୍ୟାସ ଲେଖିବା କାମରେ ଅବସର ସମୟତକ ଦେବାରୁ ଗବେଷଣା କାମ ଆଗେଇ ପାରିଲା ନାହିଁ। ଏଠି ମଧ୍ୟ ଛଅ ବର୍ଷ ବିତିଗଲା। ମୁଁ ଜାଣିଲି, ମୋ ଜୀବନରେ ପିଏଚ୍.ଡି କାମ ହୋଇପାରିବ ନାହିଁ। ସେତେବେଳେ ଓଡ଼ିଶାର ରାଜ୍ୟପାଳ ଏମ୍.ଏମ୍. ରଜେନ୍ଦ୍ରନ୍‌ଙ୍କ ସମୟ। ଗୋଟେ ନିୟମ ହେଲା, ଏଣିକି ପିଏଚ୍.ଡି ରେଜିଷ୍ଟ୍ରେସନ୍ ଲାଗି ପ୍ରବେଶିକା ପରୀକ୍ଷାରେ ଉତ୍ତୀର୍ଣ୍ଣ ହେବାକୁ ପଡ଼ିବ। ମୁଁ ଦେଖିଲି, ମୋ ଦ୍ୱାରା ଏତେସବୁ କାମ କରିବା ସମ୍ଭବ ହେବ ନାହିଁ। ତେବେ ଡକ୍ଟର ପ୍ରକାଶ କୁମାର ପରିଡ଼ା କହିଲେ, 'ତୁମେ ବିଶ୍ୱବିଦ୍ୟାଳୟକୁ ଦରଖାସ୍ତ ଲେଖି ଆଉ କିଛି ସମୟ ମାଗ।" ସେତେବେଳ ଜାଣିଲି, ଦରଖାସ୍ତ ଦେଲେ ଅଧିକ ସମୟ ମିଳିବ। ପୁଣି ଆଶା ଉଜ୍ଜୀବିତ ହେଲା। ନିୟମ ମୁତାବକ ଜଣେ ଗବେଷକ ସର୍ବାଧିକ ତିନିଟି ଏକ୍ସଟେନ୍‌ସନ୍ ବା ତିନିବର୍ଷ ପାଇପାରିବେ। ଏହି ହିସାବରେ ତିନିଥରରେ ତିନିବର୍ଷ ସମୟ ମିଳିଲା। ମୁଁ କାମ ସାରିଲି।

ପିଏଚ୍.ଡି ଥେସିସ୍ ଦାଖଲ ପରେ ମୌଖିକ ପରୀକ୍ଷା ହୁଏ। ଏହି ପରୀକ୍ଷାଟି ୨୦୦୮ ଅଗଷ୍ଟ ୧୩ ତାରିଖକୁ ସ୍ଥିର ହୋଇଥିଲା। ସମସ୍ତେ କହନ୍ତି ତେର ସଂଖ୍ୟାଟି ଶୁଭ ନୁହେଁ। ମୁଁ ମଧ୍ୟ ସେଇଆ ଭାବିଲି। କିନ୍ତୁ ବିଶ୍ୱବିଦ୍ୟାଳୟ ତାରିଖ ସ୍ଥିର କରିଛନ୍ତି, ଏଥିରେ ମୋର କିଛି କରିବାର ନାହିଁ। ସକାଳ ସାଢ଼େ ଏଗାରଟା ବେଳେ ଯାଇ ବାଣୀବିହାରରେ ପହଞ୍ଚିବାକୁ ପଡ଼ିବ। ମୁଁ ଘରୁ ବାହାରିଲି। ବରମୁଣ୍ଡାରୁ ସିଆର୍‌ପି ଛକ ପର୍ଯ୍ୟନ୍ତ ଯାଇଛି, ଦେଖିଲି ରାସ୍ତା ବନ୍ଦ। କୈଳାସ ଯାତ୍ରୀଙ୍କ ଉପରେ ଆକ୍ରମଣର ପ୍ରତିବାଦରେ ବଜରଙ୍ଗ ଦଳ ରାସ୍ତା ବନ୍ଦ ଡାକରା ଦେଇଥାଏ। ଗାଡ଼ି ମଟର ସବୁ ବନ୍ଦ। 'ତେର' ତାରିଖ କଥାଟି ପୁଣି ମନକୁ ଆସିଲା। କରିବି କ'ଣ ? ଯାହାହେଉ ଦି'ଘଣ୍ଟିଆ ବନ୍ଦ ଡାକରା ସରିବା ଆଗରୁ କୁହାବୋଲା କଲି ବାଣୀବିହାରରେ ପହଞ୍ଚିଲି। ମୋର ଗାଇଡ୍ ପ୍ରକାଶ ବାବୁ ପୂର୍ବଦିନରୁ ଆସି ପହଞ୍ଚି ସାରିଥାନ୍ତି। ଏକ୍ସପର୍ଟ ଡକ୍ଟର କୃଷ୍ଣଚନ୍ଦ୍ର ପ୍ରଧାନ ମଧ୍ୟ ବ୍ରହ୍ମପୁରରୁ ଆସି ସାରିଥାଆନ୍ତି। ତେବେ ଏସବୁ କାମ ଯେଉଁ କ୍ଲର୍କ କରାଇବେ ସିଏ ରହନ୍ତି କଟକରେ, ସବୁଦିନ ଯା'ଆସ କରନ୍ତି। ବନ୍ଦ ଡାକରା ଯୋଗୁଁ ତାଙ୍କ ବସ୍‌ଟି କାଠଯୋଡ଼ି ସେପଟେ ଅଟକି ରହିଥାଏ। ମୁଁ ବନ୍ଧୁ ଡକ୍ଟର ବିଜୟାନନ୍ଦ

ସିଂହଙ୍କୁ ଯୋଗାଯୋଗ କଲି। ଆଜି ଯଦି ପରୀକ୍ଷା ନଥିବ, ଆଉ ହୋଇପାରିବ ନାହିଁ। କାରଣ ବିଭାଗ ମୁଖ୍ୟ ଦି' ସପ୍ତାହ ଲାଗି ଲଣ୍ଡନ ଯିବେ। ପୁଣି କେବେ ତାରିଖ ଠିକଣା ହେବ କିଏ ଜାଣେ! ବିଜୟାନନ୍ଦ ବାବୁ ମୋତେ ସବୁ ପ୍ରକାର ସାହାଯ୍ୟ ସହଯୋଗ କରୁଥାଆନ୍ତି। ତାଙ୍କ ତତ୍ପରତା ମୋ ଗାଇଡ୍‌ଙ୍କର ତତ୍ପରତାକୁ ବଳି ଯାଉଥାଏ। ସିଏ ଗୋଟିଏ ଉପାୟ ଚିନ୍ତା କଲେ। କ୍ଲର୍କ ମହାଶୟଙ୍କୁ ଫୋନ୍‌ରେ କହିଲେ, ଆପଣ ବସ୍‌ରୁ ଓହ୍ଲେଇ କିଛି ବାଟ ଚାଲିଆସନ୍ତୁ। ଆମେ ଆପଣଙ୍କୁ ଆଣିବା ବ୍ୟବସ୍ଥା କରିବୁ।

ପ୍ରଫେସର ସୁରେନ୍ଦ୍ରନାଥ ଦାଶଙ୍କ କୋଠରିରେ ମୌଖିକ ପରୀକ୍ଷା ହେବ। ବିଶ୍ୱବିଦ୍ୟାଳୟର ପ୍ରଫେସର ଓ ରିଡର ଡକ୍ଟର ବିଜୟ କୁମାର ଶତପଥୀ, ଡକ୍ଟର ସଂଘମିତ୍ରା ମିଶ୍ର, ଡକ୍ଟର ନାରାୟଣ ସାହୁ ପ୍ରମୁଖ ପରିଚିତ ହେଲେ ବି ମୁଁ ସେମାନଙ୍କ ଠାରୁ ଅନୁଗ୍ରହ ଲୋଡ଼ିବା ଉଚିତ ମଣୁ ନଥାଏ। ଠିକ୍ ବାରଟାବେଳକୁ ମୋତେ ଡକାଗଲା। ମୁଁ ପ୍ରଫେସର ଦାଶଙ୍କ କୋଠରିର କ୍ୟାଲେଣ୍ଡର ଏବଂ ଘଣ୍ଟାକୁ ଚାହିଁଲି। ତେର ତାରିଖ, ଦିନ ବାରଟା। ଦିଇଟି, ଲୋକ ବିଶ୍ୱାସରେ ଅଶୁଭ। ସକାଳୁ ପୁଣି 'ରାସ୍ତା ବନ୍ଦ' ସମସ୍ୟାକୁ ସାମ୍ନା କରିଛି। ପ୍ରଫେସରମାନେ ମୋତେ ଚାହିଁଲେ। କେହି ପ୍ରାୟ କିଛି ପଚାରିଲେ ନାହିଁ। ପରୀକ୍ଷା ଶେଷ ହେଲା।

ତେବେ ମୁଁ ସଫଳ ହେଲି କି ବିଫଳ ହେଲି କିପରି ଜାଣିବି। ସେଦିନ ଓଡ଼ିଆ ବିଭାଗରେ ଜଣେ ଅଧ୍ୟାପକ ଆଉଜଣେ ପ୍ରଫେସରଙ୍କୁ କଟୁକଥା କହିଥିବାରୁ ପରିବେଶ ଉତ୍ତପ୍ତ ଥାଏ। ଜଣେ ଖବରଦେଲେ, ପରୀକ୍ଷା ଉପରାନ୍ତ ଯେଉଁ ଭୋଜିଟି ମୁଁ ବିଶ୍ୱବିଦ୍ୟାଳୟ 'ଗେଷ୍ଟ ହାଉସ୍'ରେ ଆୟୋଜନ କରିଛି ସେଠାକୁ କେତେକ ଅଧ୍ୟାପକ ଯିବେ ନାହିଁ। ଏତିକି କଥା ଭାବୁଥିଲା ବେଳେ ପ୍ରଫେସର ଦାଶ ତାଙ୍କ ଡ୍ରୟାରରୁ ଖଣ୍ଡିଏ ବହି ବାହାର କଲେ ଏବଂ 'ଡକ୍ଟର ଗୌରହରି ଦାସଙ୍କୁ ଉପହାର' ଲେଖି ମୋତେ ତାହା ବଢ଼େଇ ଦେଲେ। ମୋ ନାଁ ପଛରେ 'ଡକ୍ଟର' ଶବ୍ଦଟି ଲେଖିବାରେ ପ୍ରଫେସର ଦାଶ ହେଲେ ପ୍ରଥମ ବ୍ୟକ୍ତି। ମୁଁ ବହିଟିର ମଲାଟ ଦେଖି ବିସ୍ମିତ ହେଲି। ତାହା ଥିଲା 'ମହାପ୍ରଭୁ ଶ୍ରୀଜଗନ୍ନାଥ: ଦ ଲର୍ଡ ଅଫ୍ ୟୁନିଭର୍ସ'। ହୃଦୟ ଆନନ୍ଦରେ ଭରିଗଲା। ମନେ ମନେ କହିଲି, 'ମହାପ୍ରଭୁ ଏଠି ମଧ୍ୟ ତାଙ୍କର ଆଶୀର୍ବାଦ ମୋ ପାଇଁ ସାଇତି ରଖିଛନ୍ତି।"

ଆଗରୁ କେତେଥର ଲେଖିଛି, ମୋ ଜୀବନରେ ସବୁଯାକ ଗୁରୁତ୍ୱପୂର୍ଣ୍ଣ ନିଷ୍ପତ୍ତି ପଛରେ ମୁଁ ଶ୍ରୀଜଗନ୍ନାଥଙ୍କ ଆଶୀର୍ବାଦ ଅନୁଭବ କରିଛି। ଜନ୍ମ, ବିବାହ, ପିତୃତ୍ୱ, ବିଦେଶ ଯାତ୍ରାରୁ ନେଇ ଆପଦବିପଦ ବେଳେ ତାଙ୍କୁ ହିଁ ଆଖିବୁଜି ଡାକିଛି- ମୋତେ ରାସ୍ତା ଦେଖାଇଦିଅ ପ୍ରଭୋ। ଗବେଷଣା ବେଳେ ମଧ୍ୟେ ତାହା ଅନୁଭବ କଲି। ଭାବିଲି,

ପ୍ରଫେସର ଦାଶ ଅନ୍ୟ କିଛି ବହି ହୁଏତ ଦେଇପାରିଥାଆନ୍ତେ, ମାତ୍ର ଶ୍ରୀମନ୍ଦିର ଓ ତିନି ଠାକୁରଙ୍କ ଛବି ଥିବା ବହିଟିରେ ପ୍ରଥମେ ଲେଖାହେବ 'ଡକ୍ଟର' ଶବ୍ଦ ସହ ମୋର ନାଁ – ଇଏ ତ ମହାପ୍ରଭୁଙ୍କ ଆଶୀର୍ବାଦ।

ମୁଁ ହସ ହସ ମୁହଁରେ ତଳକୁ ଓହ୍ଲେଇଲି। ନିଜ ନିଜ ଭିତରେ ମନ ଅମେଳ ସତ୍ତ୍ୱେ ଓଡ଼ିଆ ବିଭାଗର ସବୁ ପ୍ରଫେସର ମୋ ଭୋଜିରେ ଯୋଗଦେଲେ। ଏକଥା ମଧ୍ୟ ଶୁଣିଲି, ଏହା ଆଗରୁ କୌଣସି ଭୋଜିରେ ବିଭାଗର ସବୁ ଅଧ୍ୟାପକ ଏକାଠି ହୋଇ ନଥିଲେ। ମୋତେ ଭଲ ଲାଗିଲା।

ସେଇଠୁ ସିଧା ପୁରୀ ଗଲିଲି। ସାଙ୍ଗରେ ପ୍ରକାଶ ବାବୁ ଏବଂ ପ୍ରମୋଦ ବାବୁ ଥାଆନ୍ତି। ଶ୍ରୀମନ୍ଦିରେ ଠାକୁରଙ୍କୁ ଦର୍ଶନ କରି କହିଲି, ''ନୀଳଶୈଳ'ର ଲେଖକଙ୍କୁ ଦେଇଥିବା ପ୍ରତିଶ୍ରୁତି ମୁଁ ପୂରଣ କରିଛି। ମୋତେ ଏ ଦିଗରେ ଆପଣ ସହାୟ ହୋଇଥିବାରୁ ଆପଣଙ୍କୁ କୃତଜ୍ଞତା ଜଣାଉଚି।'' (୨୦୦୯)

■

ଏୟାରପୋର୍ଟରେ ଦେବଦୂତ

କୋଉଠି ହେଲେ ଟିକିଏ ପବନ ନ ଥାଏ ସେଦିନ। ୨୦୧୦ ଏପ୍ରିଲ୍ ୨୮ର ଅନୁଦାର ଓ ନିଷ୍କରୁଣ ସନ୍ଧ୍ୟା କ୍ଳାନ୍ତିକର ଲାଗୁଥାଏ। ସକାଳୁ ସଞ୍ଜ ପର୍ଯ୍ୟନ୍ତ ଧାଁଦଉଡ଼ ହୋଇଥାଏ। ସକାଳେ ଆମେ 'ସମ୍ବାଦ' ଓ 'ଆମ ଓଡ଼ିଶା'ର କିଛି ସହଯୋଗୀ କଟକ ଗୋରାକବରରେ ଥିବା ମଧୁବାବୁଙ୍କ ସମାଧିପୀଠରେ ଫୁଲ ଦେବାକୁ ଯାଇଥିଲୁ। 'ସମ୍ବାଦ'ର ସମ୍ପାଦକ ସୌମ୍ୟରଂଜନ ପଟ୍ଟନାୟକଙ୍କ ନେତୃତ୍ୱରେ କିଛି ବର୍ଷ ହେଲା ଏ କାର୍ଯ୍ୟ ହୋଇଆସୁଥାଏ। ଏଥର ଆମେ ଗୋଟେ ବସ୍‌ରେ ଯାଇଥିଲୁ। ସକାଳ ସାତଟାରେ ଫୁଲ ଚଢ଼ାଇବା କଥା, ତେଣୁ ବିଛଣାରୁ ଉଠିଥିଲି ପାଞ୍ଚଟାରେ। 'କଟକ'ରୁ ଫେରିବା ବାଟରେ କନକ ଟିଭିର କ୍ୟାମେରାମ୍ୟାନ୍ ରୋହନ୍‌ଙ୍କୁ ବକ୍ସିବଜାରର ନର୍ସିଂହୋମ୍‌ରେ ଦେଖି ଆସିଲୁ। ସିଲିକନ୍ ଇଂଜିନିୟରିଂ କଲେଜ ଗଣ୍ଡଗୋଳ ଘଟଣାରେ ତାଙ୍କ ମୁଣ୍ଡ ଫାଟିଥିଲା। କଟକର 'ସମ୍ବାଦ' ଅଫିସ୍‌ରେ ସକାଳ ଜଳଖିଆ ସାରି ଭୁବନେଶ୍ୱରରେ ପହଞ୍ଚିଲା ବେଳକୁ ଦିନ ବାରଟା। ପ୍ରବଳ ଖରାରେ ବସ୍‌ଟି ସୁଦ୍ଧା ତାତିଯାଇଥାଏ।

ସନ୍ଧ୍ୟା ସାଢ଼େସାତଟା ହେବ। ଖାରବେଳନଗର 'ଆମ ଓଡ଼ିଶା' ପରିସରରେ ସଭା ଚାଲିଥାଏ। ପଣା ଗିଲାସେ ପିଉ ପିଉ ମୁଁ ମୁଖ୍ୟ ଅତିଥି, ବିଶିଷ୍ଟ ଚିତ୍ରଶିଳ୍ପୀ ଯତିନ୍ ଦାସଙ୍କ ଭାଷଣ ଶୁଣୁଥାଏ। ମୋବାଇଲ୍ ଫୋନ୍ ବାଜିଲା। ବ୍ରହ୍ମପୁରରୁ ପତ୍ନୀ ଫୋନ୍ କରୁଥିଲେ। ସଭା ମଝିରେ କଥାହେବା ସୌଜନ୍ୟ ବିରୋଧୀ ହେବ ଜାଣି ମୁଁ ଏସ୍‌ଏମ୍‌ଏସ୍ ପଠେଇଲି ପରେ ଫୋନ୍ କରିବି। ତୁରନ୍ତ ସଂକ୍ଷିପ୍ତ ଏସ୍‌ଏମ୍‌ଏସ୍ ଆସିଲା, ଗୌତମୀକୁ ଆଜି ସକାଳୁ ଚିକେନ୍‌ପକ୍ସ। ସେଇଟି ପଢୁ ପଢୁ ମୋ ଦେହହାତ ଝାଳେଇଗଲା।

ଗୌତମୀ ଆମର ଏକମାତ୍ର ଝିଅ। ସେ ଏମ୍.ବି.ବି.ଏସ୍. ସାରି ଶ୍ରୀ ସିଦ୍ଧାର୍ଥ

ମେଡିକାଲ୍ କଲେଜ (ତୁମକୁର, କର୍ଣ୍ଣାଟକ)ରେ ହାଉସ୍‌ମ୍ୟାନ୍‌ସିପ୍ କରୁଥାଏ। ଡାକ୍ତରୀ ପଢ଼ାଦିନୁ ମୁଁ ବରାବର କହେ, ତୁ ଯଦି ତୋ ଦେହପା'ର ଯତ୍ନ ନେଇପାରିବୁ, ସେଇ ବହୁତ ବଡ଼ କଥା ହେବ। ତାକୁ ହାଡ଼ଫୁଟି ହେଲା କାହିଁକି? ମୋର ଆଉ 'ଆମ ଓଡ଼ିଶା' ଭାଷଣ ଶୁଣିବାରେ ମନ ରହିଲା ନାହିଁ। ପତ୍ନୀଙ୍କୁ ଫୋନ୍ କରି ପଚାରିଲି କ'ଣ କରିବି? ସେ କହିଲେ, 'ତୁମ ଝିଅକୁ ପଚାର।' ଗୌତମୀକୁ ଫୋନ୍ ଲଗେଇଲି। ତା' ସ୍ୱରରୁ ଜାଣିପାରିଲି ଯେ ସେ ଭୀଷଣ କଷ୍ଟ ପାଉଛି। ମାତ୍ର କହୁଥାଏ, 'ବ୍ୟସ୍ତ ହୁଅନାହିଁ।' ମୁଁ ସ୍ଥିର କଲି, କାଲି ସକାଳୁ ହିଁ ବାଙ୍ଗାଲୋର ଯିବି। ସେତେବେଳକୁ ରାତି ସାଢ଼େ ଆଠଟା ପାଖାପାଖି ହେବ। ସାହିତ୍ୟାନୁରାଗୀ ବନ୍ଧୁ ମହେନ୍ଦ୍ର ପ୍ରସାଦ ମୋର ସାନଭାଇ ପରି। ତାଙ୍କର ଅନେକ ଟ୍ରାଭେଲ୍ ଏଜେଣ୍ଟ ଜଣାଶୁଣା। ସେ କହିଲେ, ବ୍ୟସ୍ତ ହୁଅନ୍ତୁ ନାହିଁ। ମୁଁ ଜଣକ ନମ୍ବର ଦେଉଛି। ତାଙ୍କୁ କୁହନ୍ତୁ, ସିଏ ଆପଣଙ୍କ ଲାଗି ଟିକେଟ୍ କରି ପିଏନ୍‌ଆର୍ ନମ୍ବର ଜଣାଇଦେବେ। ଆପଣ କାଲି ଯାଇ ଗୌତମୀକୁ ଆଗେ ନେଇ ଆସନ୍ତୁ। ଘରକୁ ଫେରିଲି। ନିଦ ହେଉ ନଥାଏ। ଝିଅର ମୁହଁ ଆଖି ଆଗରେ ନାଚି ଯାଉଥାଏ। ପତ୍ନୀ ବ୍ରହ୍ମପୁରରେ। ପାଖରେ ଥିଲେ ଅବା ପରସ୍ପରକୁ ପ୍ରବୋଧନା ଦେଇଥାଆନ୍ତୁ। ଅପେକ୍ଷା, କେମିତି ସକାଳ ହେବ?

ପରଦିନ, ୨୯ ତାରିଖ ସକାଳ ସାଢ଼େ ବାରଟାରେ କିଙ୍ଗ୍‌ଫିସର ଫ୍ଲାଇଟ୍। ସେଥିରେ ଯାଇ ବାଙ୍ଗାଲୋରରେ ଅପରାହ୍ଣ ଅଢ଼େଇଟାରେ ପହଞ୍ଚିଲି। ଗୌତମୀର ଜଣେ ସାଙ୍ଗ ଟ୍ୟାକ୍ସିଟେ ଧରି ଅପେକ୍ଷା କରି ରହିଥାଆନ୍ତି। ସେ ପିଲାଟିର ଋଣ ଶୁଝିପାରିବି ନାହିଁ। ପୂର୍ବଦିନ, ଗୌତମୀ ତୁମକୁରରୁ ବାଙ୍ଗାଲୋର ଆସିଥିଲା, କିଛି ବହି କିଣିବା ପାଇଁ। ସେତିକିବେଳେ ତାକୁ ଦେଖୁ ଦେଖୁ ଏହି ସାଙ୍ଗଟି କହିଥିଲା, ତୁମ ମୁହଁରେ ହାଡ଼ଫୁଟି ହେଲାପରି ଦିଶୁଛି। ଚାଲ, ଡାକ୍ତରଙ୍କ ପାଖକୁ ଯିବା। ଝିଅ ମୋର ଡାକ୍ତର, ଅଥଚ ନିଜେ ହାଡ଼ଫୁଟି ହୋଇଛି ବୋଲି ଜାଣିପାରୁ ନଥାଏ। ହୁଏତ ଜାଣିପାରିଥିବ, ମାତ୍ର ବାସ୍ତବତାକୁ ବିଶ୍ୱାସ କରିପାରି ନଥିବ। ସାଙ୍ଗଟି ଡାକ୍ତରଙ୍କ ପାଖକୁ ନେଇଯିବାରୁ ସେ ସାଙ୍ଗେ ସାଙ୍ଗେ ଔଷଧ ଖାଇବାକୁ ଦେଲେ। ଚିକିତ୍ସାରେ ଅନ୍ତତଃ ବିଳମ୍ବ ହେଲା ନାହିଁ।

ବାଙ୍ଗାଲୋର ନୂଆ ଏୟାର୍‌ପୋର୍ଟରୁ ଝିଅ ରହୁଥିବା ତୁମ୍‌କୁର ସତୁରି କିଲୋମିଟର ହେବ। ମୁଁ ତୁମକୁରରେ ପହଞ୍ଚିଲାବେଳକୁ ଅପରାହ୍ଣ ୫ଟା। ଗୌତମୀ ମଝିରେ ମଝିରେ ଫୋନ୍ କରି ପଚାରୁଥାଏ, 'ତୁମକୁ ଆଗରୁ ହାଡ଼ଫୁଟି ହୋଇଥିଲା ନା ନାହିଁ?' ମୋର ଯେଉଁ ଜୀବନ, ସେଥିରେ କାଛୁ, କୁଣ୍ଡିଆ ତ ଦେହସୁହା ଥିଲା। ହୁଏତ ହାଡ଼ଫୁଟି ହୋଇଥିବ, ଜାଣିବାର ଉପାୟ ନାହିଁ। ମୁଁ ଆଠ ବର୍ଷ ବୟସରୁ ଘର ଛାଡ଼ିଛି, କିଏ ବା

ମୋର ଦେହପା ଖବର ବୁଝିଥାଆନ୍ତା ! ମୁଁ ଗୌତମୀକୁ କିଛି ନିର୍ଦ୍ଦିଷ୍ଟ ଉତ୍ତର ଦେଇପାରିଲି ନାହିଁ। ତା'ର ଚିନ୍ତା ବଢ଼ିଗଲା, କାଳେ ତାଠୁଁ ତା' ବାପା ପାଖକୁ ହାଡ଼ଫୁଟି ଡେଇଁପଡ଼ିବ ! ବାପାମାଆମାନେ ସିନା ପୁଅଟିଏ ଲାଗି ହାଇଁପାଇଁ ହୁଅନ୍ତି। ମାତ୍ର ଝିଅମାନଙ୍କ ସ୍ନେହର ତୁଳନା ନାହିଁ। ଗୌତମୀ ତା' ବାପା-ମାଆଙ୍କ ପାଇଁ ଯେତେ ଚିନ୍ତିତ ହୁଏ, ଆମେ ତା' ପାଇଁ ସେତେ ଚିନ୍ତିତ ହେଉ ନଥିବୁ। ସେଇଥିପାଇଁ ଭାବେ, ସବୁ ଝିଅ ପ୍ରଥମେ ମାଆ।

ମୁଁ ଗୌତମୀର ହଷ୍ଟେଲରେ ପହଞ୍ଚିଲାବେଳକୁ ସେ ବ୍ୟାଗ୍ ଧରି ଗେଟ୍ ବାହାରେ ଅପେକ୍ଷା କରିଥାଏ। ନେଳିରଙ୍ଗର ଜାମା ଉପରେ ଗୋଟେ ପୁରୁଣା ଚଦର ଢାଙ୍କି ହୋଇଥାଏ। ମୁହଁରେ ଗୁଡ଼ାଏ ହାଡ଼ଫୁଟି। ତାକୁ ଦେଖୁ ଦେଖୁ ମୋ ମୁଣ୍ଡ ଘୂରିଗଲା। ଏଇ ଅବସ୍ଥାରେ ମୋ ଝିଅକୁ ଦେଖିବାକୁ ଥିଲା ? ମାତ୍ର ଭାବିବାକୁ ସମୟ ନାହିଁ। ସାଙ୍ଗେ ସାଙ୍ଗେ ସେଇ ଟ୍ୟାକ୍ସିରେ ବାଙ୍ଗାଲୋର ଫେରିଲୁ। ଆଗରୁ ଭାବିଥିଲି, ଝିଅକୁ ଆଣି ତା' କଲେଜ ପାଖ ତୁମକୁର ବଜାରର ବିଘ୍ନେଶ୍ୱର କମ୍ଫୋର୍ଟ ଲଜିଂରେ ରହିବି ଓ ସକାଳୁ ଏୟାରପୋର୍ଟ ଆସିବି। ମାତ୍ର ତା' ମୁହଁର ଅବସ୍ଥା ଦେଖି ଜାଣିଲି, ସେ ଲଜିଂବାଲା ଆମକୁ ରୁମ୍ ଦେବେ ନାହିଁ। ଆମ ପାଇଁ ଗୌତମୀର ସାଙ୍ଗ ବାଙ୍ଗାଲୋରରେ ଗୋଟେ ହୋଟେଲ୍ ରୁମ୍ ବୁଝି ଦେଇଥିଲା। ଆମେ ସେଇଠି ରହିବା ଲାଗି ବାହାରିଲୁ। ଭୁବନେଶ୍ୱର ଫ୍ଲାଇଟ୍ ପରଦିନ ସକାଳ ସାଢ଼େ ଦଶଟାରେ। ହାଡ଼ଫୁଟି ରୋଗୀକୁ ଉଡ଼ାଜାହାଜରେ ଯିବାକୁ ଅନୁମତି ମିଳେ ନାହିଁ ବୋଲି ମୁଁ ଜାଣେ। ମୁହଁରେ ଫୋଟକାଗୁଡ଼ାକ ହୋଇ ନଥିଲେ ଅବା ଚଳିଯାଇଥାନ୍ତା। ମାତ୍ର, ଗୌତମୀର ଅବସ୍ଥା ଖରାପ। ଭୁବନେଶ୍ୱରରୁ ଯିବାବେଳେ, ଏଇକଥା ଆଶଙ୍କା କରି ମୁଁ ଦୁଇଟି ପ୍ଲେନ୍ ଟିକେଟ୍ ସହ ଦୁଇଟି ଟ୍ରେନ୍ ଟିକେଟ୍ ସୁଦ୍ଧା ସାଙ୍ଗରେ ନେଇ ଯାଇଥାଏ। ଟ୍ରେନ୍ ଟିକେଟ୍ ଦିଇଟି କିଭଳି 'କନ୍‌ଫର୍ମ' ହେବ ସେଥପାଇଁ ବିଧାନସଭାର ଅଧିକାରୀ ଓ କବି ସୁରେଶ ନାୟକଙ୍କୁ କହିଥାଏ। ତା' ସହ, ଖୋର୍ଦ୍ଧାରୋଡ୍ ଚିଫ୍ କମର୍ସିଆଲ୍ ମ୍ୟାନେଜର ଶ୍ରୀ ଜ୍ୟୋତିପ୍ରକାଶ ମିଶ୍ର ଏବଂ ବନ୍ଧୁ ନିରାକାର ଦାସ ଓ ନିହାର ମହାନ୍ତିଙ୍କୁ ମଧ୍ୟ। ତୁମକୁରରୁ ବାଙ୍ଗାଲୋର ଫେରିବା ରାସ୍ତାରେ ମୁଁ ଶ୍ରୀରାମଚନ୍ଦ୍ର ଭଞ୍ଜ ମେଡିକାଲ୍ କଲେଜର ପ୍ରଫେସର ଡାକ୍ତର ଦଣ୍ଡେଶ୍ୱର ହୋତାଙ୍କୁ ଫୋନ୍ ଲଗେଇଲି। ସେ ମୋର ଖୁବ୍ ହିତୈଷୀ। ସେ କହିଲେ, ବାଙ୍ଗାଲୋରରେ ଓଡ଼ିଆ ଆଇ.ପି.ଏସ୍. ଶ୍ରୀ ପ୍ରଣବ କୁମାର ମହାନ୍ତି ଅଛନ୍ତି, ସେ କିଛି ସାହାଯ୍ୟ କରିପାରିବେ କି ନାହିଁ ମୁଁ ଦେଖେ। ଆଗେ ମୁଁ କଥା ହୋଇଯାଉଛି, ପାଞ୍ଚ ମିନିଟ୍ ଛାଡ଼ି ଆପଣ ଫୋନ୍ କରିବେ। ଶ୍ରୀଯୁକ୍ତ ମହାନ୍ତିଙ୍କୁ ମୁଁ ଫୋନ୍ କରିବାରୁ ସେ ଜଣେ ଇନ୍‌ସପେକ୍ଟର, ସେ ଜଣକ ଆଉ ଜଣଙ୍କର ଏବଂ

ଦ୍ୱିତୀୟ ଜଣକ ତୃତୀୟ ଜଣଙ୍କର ନମ୍ବର ଦେଲେ। ମୁଁ ବାଟସାରା ଅସ୍ଥିର ହୋଇ ଜଣକ ପରେ ଜଣଙ୍କୁ ଫୋନ୍ ଲଗାଉଥାଏ। ଏପଟେ ଟ୍ରେନ୍ ଟିକେଟ୍ କନ୍‌ଫର୍ମ କରିବାକୁ ଉଦ୍ୟମ, ସେପଟେ ପ୍ଲେନ୍‌ରେ ଆସିବା ପାଇଁ କିପରି ଅନୁମତି ପାଇବି, ସେ ଉଦ୍ୟମ। ବାଙ୍ଗାଲୋର ହୋଟେଲ୍‌ରେ ଆସି ବାପ ଝିଅ ଦିହେଁ ପହଞ୍ଚିଲା ବେଳକୁ ରାତି ସାଢ଼େ ନଅଟା। ଝିଅ କହିଲା, 'ବାପା, ମୁଁ ଏଇ ଚଟାଣରେ ତଳେ ଶୋଇଯାଉଛି, ତମେ ଖଟ ଉପରେ ଶୁଅ। ନହେଲେ ତମକୁ ହାଡ଼ଫୁଟି ହୋଇଯିବ।' ତା' କଥା ଶୁଣି ମୋ ଆଖିରେ ଲୁହ ଆସିଗଲା। କହିଲି, ''କୋଉ ବାପ କ'ଣ ସେମିତି କରିପାରିବ? ମୋର ଯାହା ହେବାର ହେବ, ତୁ ଚିନ୍ତା କରନା।''

ସେ ରାତିରେ ତାକୁ ସିଝା ଡାଲିରେ ରୁଟିପଟେ ଚକଟି ଖୁଆଇଦେଲି। ବଡ଼ କଷ୍ଟରେ ସେତକ ଓ ଆଳୁ ସିଝା ଟିକେ ଖାଇଲା। ଦେହସାରା ଫୋଟକା। ଭଲ ଭାବେ ଖାଇପାରୁ ନଥାଏ। ଘରଫେରନ୍ତା ରାସ୍ତାରେ ଏଭଳି ଭଲ ହୋଟେଲ୍‌ରେ ରହିଥିବାରୁ ସେ କେତେ ଖୁସି ହୋଇଥାନ୍ତା। କେତେବେଳେ ଟିଭି ଚ୍ୟାନେଲ୍ ବଦଳାଉଥାଆନ୍ତା ତ କେତେବେଳେ ସୁଆଦିଆ ଖାଇବା ପାଇଁ ଅର୍ଡର ଦେଉଥାଆନ୍ତା। ମାତ୍ର ସେଦିନ ସମ୍ପୂର୍ଣ୍ଣ ନିରବ ଥାଏ। ମୁଁ ଲକ୍ଷ୍ୟ କରୁଥାଏ, ସାରା ରାତି ସେ ଫୋଟକାର ନସିତକ ଟିସୁ ପେପରରେ ପୋଛୁଥାଏ ଓ ଚଟାଣରେ ଫିଙ୍ଗୁଥାଏ। ପିଠିରେ ଫୋଟକା ହୋଇଥିବାରୁ ଆଦୌ ଶୋଇପାରୁ ନଥାଏ। ତାକୁ ଶୀତ ଲାଗୁଥିବା ଜାଣି ମୁଁ ଫ୍ୟାନ୍ ଓ ଏସି ବନ୍ଦ କରିଦେଇଥାଏ। ଏଣେ ଅପ୍ରେଲର ଗରମ ଯୋଗୁଁ ନିଦ ଆସୁ ନଥାଏ। ଉଡ଼ାଜାହାଜ ଆମକୁ ନନେଲେ, ଝିଅକୁ ତିରିଶ ଘଣ୍ଟା କାଳ ଦୀର୍ଘ ରେଳଯାତ୍ରାରେ କେମିତି ମୁଁ ନେଇକି ଭୁବନେଶ୍ୱର ଯିବି - ଏଇ ଚିନ୍ତାରେ ଖାଲି ଘାରି ହେଉଥାଏ।

ସକାଳୁ ଉଠି ବାଙ୍ଗାଲୋରର ଏୟାରପୋର୍ଟ ବାହାରିଲୁ। ଝିଅ ମୁହଁ ଘୋଡ଼େଇଥାଏ। ଫୋଟକାଗୁଡ଼ାକ ତାକୁ ଅସନା ଦିଶୁଥିବାରୁ ତା' ମନରେ ହୀନମନ୍ୟତା। ମାତ୍ର ସିଏ ବା କ'ଣ କରିବ? ଗତ ରାତିର କଥାବାର୍ତ୍ତାନୁସାରେ ମୁଁ ଯାଇ ଏୟାରପୋର୍ଟ ଦାୟିତ୍ୱରେ ଥିବା ଇନ୍‌ସପେକ୍ଟରଙ୍କୁ ଭେଟିଲି। ସେ ଆମ ସାଥିରେ ଜଣେ କନେଷ୍ଟବଳଙ୍କୁ ପଠାଇଲେ। ଚେକ୍‌ଇନ୍ କାଉଣ୍ଟରରେ ଆମେ ଆସି ଛିଡ଼ା ହେଲୁ। ମୋ ଛାତି ଧଡ଼ପଡ଼ ହେଉଥାଏ। ବୁକିଂ କାଉଣ୍ଟରର ଝିଅଟି ଗୌତମୀର ମୁହଁଙ୍କା ଚେହେରା ଦେଖି ସନ୍ଦେହ କଲା। କହିଲା, ଡାକ୍ତର ସାର୍ଟିଫିକେଟ୍ ନହେଲେ ଆପଣଙ୍କୁ ବୋର୍ଡିଂ ପାସ୍ ଦେବୁ ନାହିଁ। ମୁଁ ଅନୁରୋଧ କଲି, ଆମେ ଅନ୍ୟମାନଙ୍କଠାରୁ ଦୂରଛଡ଼ା ହୋଇ ବସିକି ଯିବୁ। ସିଏ ତ ଔଷଧ ଖାଉଛି। ତେଣୁ କାହାର କ୍ଷତି ହେବନାହିଁ। ମାତ୍ର ସେ କହିଲେ, ଅନ୍ୟ କେହି ଯାତ୍ରୀ ଅଭିଯୋଗ କଲେ ଏୟାରଲାଇନ୍‌ସ ସମସ୍ୟାରେ

ପଡ଼ିବ। ଡାକ୍ତର ସାର୍ଟିଫିକେଟ୍ ଆଣନ୍ତୁ। ନହେଲେ ଆମେ ନିରୁପାୟ। ମୋର ସାହସ ସବୁ ଭାଙ୍ଗିଗଲା। ସେହି ପୁଲିସ କନେଷ୍ଟବଲଙ୍କୁ ସାଙ୍ଗରେ ନେଇ ମୁଁ ଉପର ମହଲାରେ ବସୁଥିବା ଏୟାରପୋର୍ଟ ଡାକ୍ତରଙ୍କୁ ଭେଟିଲି। ମାତ୍ର ସେ ଅଭିଜ୍ଞ ଡାକ୍ତର ଗୌତମୀକୁ ଦେଖୁ ଦେଖୁ ଜାଣିଗଲେ, ତାକୁ ହାଡ଼ଫୁଟି ହୋଇଛି। ତେଣୁ ସେ ସାର୍ଟିଫିକେଟ୍ ଦେବାକୁ ମନା କରିଦେଲେ। ଓଲଟି କହିଲେ, ଆପଣ ଟ୍ରେନ୍‌ରେ ଯାଆନ୍ତୁ। ଟ୍ରେନ୍ ସମୟ ଦିନ ଗୋଟାଏରେ। ଏଇଆ ହେବା ଆଶଙ୍କା କରି ମୁଁ ଟ୍ୟାକ୍ସି ଡ୍ରାଇଭରଙ୍କୁ ଅପେକ୍ଷା କରିବା ପାଇଁ କହିଥାଏ। ସେ ମଧ୍ୟ ପାର୍କିଂ ପ୍ଲେସ୍‌ରେ ଅପେକ୍ଷା କରିଥାଆନ୍ତି। ଏୟାରପୋର୍ଟରୁ ରେଳ ଷ୍ଟେସନ୍ ପୁଣି ଦି' ଘଣ୍ଟାର ବାଟ।

ପ୍ଲେନ୍ ଛାଡ଼ିବାକୁ ଆଉ ପନ୍ଦର ମିନିଟ୍ ବାକି। ଗୌତମୀ ଦେହରେ ଜ୍ୱର। ସେ ମୋତେ ଭିଡ଼ି ଧରିଥାଏ ଓ ବିଳିବିଳେଇଲା ପରି ବାରମ୍ବାର କହୁଥାଏ, 'ବାପା, ଏମାନେ ଆମକୁ ନେବେ ନାହିଁ। ଚାଲ, ଆମେ ଟ୍ରେନ୍‌ରେ ଯିବା।' ମୁଁ ଭାବୁଥାଏ, ଏ ପିଲା ତ ପାଟିରେ ପାଣି ଢୋକିପାରୁନାହିଁ, ଟିକେ ଆଉଜି ଶୋଇପାରୁନାହିଁ, ଦି'ଦିନ ଏମିତି ରହିଲାଣି, ଆଉରି ଦି'ଦିନ କେମିତି ସେ ସମ୍ଭାଳିପାରିବ ? ଉଡ଼ାଜାହାଜରେ ଗଲେ ଅନ୍ତତଃ ତିନିଘଣ୍ଟା ଭିତରେ ଆମେ ଯାଇ ଘରେ ପହଞ୍ଚିପାରନ୍ତୁ। ତା'ର ଏ ଅବସ୍ଥାରେ ମୁଁ ଖାଲି ଚିନ୍ତାରେ ସନ୍ତୁଳି ହେବା ଛଡ଼ା କିଛି କରିପାରୁ ନଥାଏ। ଟ୍ରେନ୍ ଟିକେଟ୍ ଯୋଡ଼ାକ ବାଙ୍ଗାଲୋରରେ, ଗୌତମୀର ସାଙ୍ଗ ପାଖରେ ଦେଇ ଆସିଥାଏ। କହିଥାଏ, ଆମେ ଉଡ଼ାଜାହାଜରେ ଯାଇ ପାରିଲେ ଭଲ। ଫୋନ୍‌ରେ ସେକଥା ଜଣାଇଦେଲେ ତୁମେ ରେଳ ଟିକେଟ୍ କ୍ୟାନ୍‌ସଲ୍ କରିଦେବ। ନହେଲେ ଆମେ ଏୟାରପୋର୍ଟରୁ ଫେରି ତୁମ ପାଖରୁ ଟିକେଟ୍ ନେଇ ରେଳ ଷ୍ଟେସନ୍ ଯିବୁ। ଏହା ଭିତରେ ସେ ଫୋନ୍ କରି କହିଥାଏ, ଆପଣଙ୍କର ରେଳ ଟିକେଟ୍ କନ୍‌ଫର୍ମ ହୋଇଯାଇଛି। କ୍ୟାନ୍‌ସଲ୍ କଲେ ଦି' ହଜାର ଟଙ୍କା କଟିଯିବ। ସେତେବେଳେ ଏସବୁ କଥା ଭାବିବାକୁ ମୋର ବେଳ ନଥାଏ।

ପୁଲିସ ଅଫିସର ଏୟାରଲାଇନ୍‌ସ କ୍ଲର୍କଙ୍କୁ ବୁଝାଇବାରେ ବିଫଳ ହେଲେ। ମୁଁ ଦେଖିଲି ଆଉ ଆଶା ନାହିଁ। ଗୌତମୀକୁ କହିଲି, 'ଚାଲ, ତଳୁ ଆମ ବ୍ୟାଗ୍ ନେଇ ଫେରିଯିବା।' ମନ ସମ୍ପୂର୍ଣ୍ଣ ନିରାଶ ହୋଇପଡ଼ିଥାଏ। ଝିଅର କଷ୍ଟ ଦେଖିହେଉ ନଥାଏ। ଏତେବେଳ ଯାଏ ମୁଁ ମୋ ନିଜର ସାମର୍ଥ୍ୟ ଉପରେ ଭରସା ରଖି ଉଦ୍ୟମ କରୁଥିଲି। ଏବେ ସେସବୁ ଛାଡ଼ି ଦୁଇ ଆଖି ବୁଜି ଜଗନ୍ନାଥଙ୍କୁ ଡାକିଲି। ଅତୀତରେ ସେ କିଛି ନା କିଛି ରାହା ଦେଖେଇଛନ୍ତି। ଅଯାଚିତ ଭାବରେ ସାହାଯ୍ୟ ପହେଞ୍ଚାଇଛନ୍ତି। ଏଇ ତ ଗଲା ଡିସେମ୍ବର ମାସରେ ଝିଅର ଏମ୍.ବି.ଏସ୍. ଫଳ ବାହାରିବା ଦିନ ଆକସ୍ମିକ

ଭାବେ ମହାପ୍ରସାଦ ପଠେଇଥିଲେ। ହଷ୍ଟେଲ୍‌ରେ ଭଲ ଖାଇବାକୁ ମିଳେ ନାହିଁ ବୋଲି ଭୁବନେଶ୍ୱର ଆସିଲେ ତାକୁ ରେଷ୍ଟୋରାଁକୁ ନେଇ ଖୁଆଇଦିଏ। ଫଳ ବାହାରିଗଲେ, କାଳେ ତା'ର ଖରାପ ହୋଇଥିବ ଓ ସେ ଖାଇବାଲାଗି ଯିବାକୁ ଚାହିଁବ ନାହିଁ, ଏଇଆ ଭାବି ସେଦିନ ଗୋଟେ ରେଷ୍ଟୋରାଁରେ ଖାଇବା ପାଇଁ ଯିବାକୁ ସ୍ଥିର କରିଥାଏ। ଅପରାହ୍ଣ ଚାରିଟାବେଳକୁ ଫଳ ବାହାରିଗଲା ଓ ଗୌତମୀ ପାସ୍ କରିଥିଲା। ଆମେ ଖୁବ୍ ଖୁସି ହେଲୁ। ଠିକ୍ ସେତିକିବେଳେ ମୋର କନକ ଟି.ଭି.ର ସହଯୋଗୀ ବନ୍ଧୁ ଅର୍ଦ୍ଧେନ୍ଦୁ ଦାସ ଫୋନ୍ କଲେ, ଆମ ଘରଲୋକ ପୁରୀ ଯାଇଥିଲେ। ଆପଣଙ୍କ ପରିବାର ପାଇଁ ମହାପ୍ରସାଦ ନେଇ ଆସୁଛନ୍ତି। ସଂଯୁକ୍ତା କହିଥିଲେ, 'ଇଏ ପ୍ରଭୁଙ୍କ ଉପହାର।' ଏସବୁ କଥା ଚିନ୍ତା କରି କରି ମୁଁ ବାଙ୍ଗାଲୋର ଏୟାରପୋର୍ଟର ଉପର ମହଲାରୁ ତଳକୁ ଆସିଲି। କିଙ୍ଗ୍‌ଫିସର ଏୟାରଲାଇନ୍‌ସର ସିନିୟର ବୁକିଂ କ୍ଲର୍କ, ଯାହାଙ୍କ ହେପାଜତରେ ଆମେ ଆମର ବ୍ୟାଗ୍ ଯୋଡ଼ିକ ରଖିଦେଇ ଉପର ମହଲାକୁ ଯାଇଥିଲୁ, ସେ ଆମକୁ ଦେଖି ଡାକିଲେ ଓ ପଚାରିଲେ, 'ଡାକ୍ତର ସାର୍ଟିଫିକେଟ୍ ଆଣିଲେ?' ମୁଁ କିଛି କହିଲିନି। ଧାରଣା ଦେଲି, କୌଣସି ଡାକ୍ତରଙ୍କୁ ପାଉନାହିଁ। ସହସା ସେ ଆମକୁ ଜଣେ ଯୁବ ଡାକ୍ତରଙ୍କୁ ଡାକି ଚିହ୍ନାଇଦେଲେ। ସମ୍ଭବତଃ ତାଙ୍କ ଏୟାରଲାଇନ୍‌ସର ଡାକ୍ତର। ଯୁବକଙ୍କ ବୟସ ତିରିଶ ଭିତରେ। ଶ୍ୟାମଳ ବର୍ଣ୍ଣ, ଓଠ ନାଲି ଓ ହସହସ ମୁହଁ। ମୁଁ ତାଙ୍କୁ ମୋ ପରିଚୟ ଦେଲି। ଗୌତମୀ ଜଣେ ଡାକ୍ତର ଏବଂ ସେ ସିଦ୍ଧାର୍ଥ ମେଡିକାଲ୍ କଲେଜର ଛାତ୍ରୀ ବୋଲି କହିଲି। ଗୌତମୀର ଦୁର୍ଦ୍ଦଶା, ମୋର ଦୟନୀୟ ଚେହେରା ଅଥବା ସିଦ୍ଧାର୍ଥ ମେଡିକାଲ୍ କଲେଜର ନାଁ କେଉଁଟି ତାଙ୍କୁ ପ୍ରଭାବିତ କଲା ମୁଁ ଜାଣିନି, ସେ ଆମକୁ ବ୍ୟସ୍ତ ନହେବା ଲାଗି କହିଲେ। ତା'ପରେ ଗୌତମୀକୁ ସେ କିଛି ପ୍ରଶ୍ନ ପଚାରିଲେ ଓ ଗୌତମୀ କହିଲା, ଏସବୁ ଫୋଟକା ଔଷଧର ପ୍ରତିକ୍ରିୟା ଜନିତ ହୋଇପାରେ। ଯୁବ ଡାକ୍ତର ଜଣକ ଯେ ହାଡ଼ଫୁଟିକୁ ଚିହ୍ନିପାରି ନଥିବେ, ଏମିତି ମୁଁ ଆଦୌ ଭାବିପାରିବି ନାହିଁ। ମାତ୍ର ସେ ଆମ ହାତକୁ 'ଫିଟ୍ ଟୁ ଫ୍ଲାଏ' ଡାକ୍ତରୀ ସାର୍ଟିଫିକେଟ୍‌ଟିଏ ଦେଇ ଭିଡ଼ ଭିତରେ କୁଆଡ଼େ ମିଶିଗଲେ। କୃତଜ୍ଞତା ଜଣାଇବା ଲାଗି ସୁଦ୍ଧା ସେ ଆମକୁ ସମୟ ଦେଲେ ନାହିଁ।

ସାର୍ଟିଫିକେଟ୍ ହାତକୁ ଆସିବାର ଗୋଟିଏ ମିନିଟ୍ ଭିତରେ ଆମକୁ ବୋର୍ଡିଂ ପାସ୍ ମିଳିଗଲା। ମୋ ଦେହରେ ଜୀବନ ସଞ୍ଚାର ହେଲା। ବାପ ଝିଅ ଦୁହେଁ ସିକ୍ୟୁରିଟି ଚେକିଂ ପାଇଁ ଧାଇଁଲୁ। ସବୁଠାରେ ଲମ୍ବା ଧାଡ଼ି। ମହିଳା ଧାଡ଼ିରେ ଗୌତମୀ ଓ ପୁରୁଷ ଧାଡ଼ିରେ ମୁଁ। ମନରେ ଭୟ। କାଳେ କେହି ଆମକୁ ପୁଣି ଅଟକେଇ ଦେବେ କି! ମାତ୍ର ଏୟାରଲାଇନ୍‌ସର କର୍ମଚାରୀ ଜଣେ ଆମକୁ ସେ ଭିଡ଼ ପାର କରେଇ ନେଇ

ସିଧା ବିମାନ ପାଖରେ ପହଞ୍ଚେଇ ଦେଇ ଆସିଲେ। ଆମେ ଉଡ଼ାଜାହାଜ ଭିତରେ ବସୁ ବସୁ ଉଡ଼ାଜାହାଜ ଟେକ୍ଅଫ୍ ନେଲା। ସେହି ସମୟ ଭିତରେ ମୁଁ ଫୋନ୍ କରି ଟ୍ୟାକ୍ସି ଡ୍ରାଇଭରଙ୍କୁ ଅପେକ୍ଷା ନକରି ଚାଲିଯିବାକୁ ଜଣାଇ ଦେଇପାରିଲି ଓ ଏସ୍ଏମ୍ଏସ୍ କରି 'ଆମେ ପ୍ଲେନ୍‌ରେ' ବୋଲି ଗୌତମୀର ମାଆକୁ ଜଣାଇଦେଲି। ଝିଅ ଝରକାପାଖ ସିଟ୍‌ରେ ଯାଇ ବସିଲା। ମୁହଁ ଲୁଚେଇବାକୁ ଚଦରଟି ଢାଙ୍କିଥାଏ। ତା'ର ଅବଶିଷ୍ଟ ମୁହଁକୁ ଆଢୁଆଳ କରିବା ଲାଗି ମୁଁ ମଧ୍ୟ ପତ୍ରିକାଟିଏ ମେଲେଇ ବସିଲି।

ମୋ' ପରି ଲୋକ ସବୁବେଳେ ଉଡ଼ାଜାହାଜରେ ଯାଏ ନାହିଁ। ଝିଅ ସାଙ୍ଗରେ ଥିଲେ, ଉଡ଼ାଜାହାଜ ଯାତ୍ରା ଅଧିକ ମଧୁର ହୋଇଥାଏ। ତିନି ଚାରିଥର ତା' ସାଙ୍ଗରେ ଯାଇଛି, ଭାରି ଭଲ ଲାଗିଛି। ମଝିରେ ସେ ଚା' ପିଇବାକୁ ଅର୍ଡର ଦିଏ, କମ୍ପ୍ଲିମେଣ୍ଟାରି' ଲଞ୍ଚ୍ ବା ଜଳଖିଆ ଡବା ଖୋଲି ଅଭିଜ୍ଞ ବିମାନଯାତ୍ରୀ ପରି ମୋତେ ନାନା ପରାମର୍ଶ ଦିଏ ଓ ଗୀତ ସିନେମା ଦେଖିବାର ଯନ୍ତ୍ରପାତିର କେମିତି ଉପଯୋଗ କରାଯାଏ ସେ ସମ୍ପର୍କରେ ଅଯାଚିତ ପରାମର୍ଶ ଦେଇ ମାମଲତି ଦେଖାଇଥାଏ। ତା'ର ମଧୁର ଦୁଷ୍ଟାମି ଯୋଗୁଁ ଆମର ବିମାନଯାତ୍ରାର ସମୟ କେମିତି ବିତିଯାଏ ଜଣାପଡ଼େ ନାହିଁ। ମାତ୍ର ଆଜି ଦୁଇଟି ଘଣ୍ଟା ଦୁଇଟି ଯୁଗ ଭଳି ଜଣାପଡୁଥାଏ। ଦୁହେଁ ଗୁମ୍‌ସୁମ୍। ସେ ରୋଗଜନିତ କଷ୍ଟରେ ଏବଂ ମୁଁ ମିଛ କହିଥିବାର ଭୟରେ। ସବୁବେଳେ ଲାଗୁଥାଏ, ଯାତ୍ରୀଙ୍କ ଭିତରୁ କେହି ଜଣେ ଯେମିତି ଉଠିପଡ଼ି କହିବ, ହେଇ ସେଇଠି ଚିକେନ୍‌ପକ୍ସ ରୋଗୀଟେ ଓ ତା' ବାପା ବସିଛନ୍ତି। ଆମେ ଏ ପ୍ଲେନ୍‌ରେ ଏକାଠି ଯିବୁ ନାହିଁ। ସେମାନଙ୍କୁ ଓହ୍ଲାଇ ଦିଅ। ଆମ ଡାହାଣ ପଟେ ବସିଥିବା ଯାତ୍ରୀ ଜଣକ ଯେତେବେଳେ ଆମ ପାଖରୁ ଉଠିଯାଇ ଆଉ ଗୋଟେ ସିଟ୍‌ରେ ବସିଲେ ସେତେବେଳେ ସତକୁ ସତ ମୁଁ ଡରି ଯାଇଥିଲି।

ସେଭଳି କିଛି ହେଲା ନାହିଁ। ଶ୍ରୀଜଗନ୍ନାଥ ଆମକୁ ସାହା ହେଲେ। ଆମେ ଆସି ଅପରାହ୍ଣ ଅଢ଼େଇଟାରେ ଭୁବନେଶ୍ୱରରେ ପହଞ୍ଚିଲୁ। ଏହା ଆଗରୁ ଭୁବନେଶ୍ୱରର ମାଟି କୌଣସି ଦିନ ଏତେ ଅନ୍ତରଙ୍ଗ ଓ ନିର୍ଭରଯୋଗ୍ୟ ମନେ ହୋଇ ନଥିଲା।

କିଛିଦିନ ପରେ ଗୌତମୀ ସୁସ୍ଥ ହୋଇ ତା' ହଷ୍ଟେଲ୍‌କୁ ଫେରିଗଲା। ଦିନେ ଯେଉଁ ଦାଗଗୁଡ଼ିକ ତା' ମୁହଁରୁ ଆଉ ଯିବନାହିଁ ଭାବି ସେ ଭାରି ବ୍ୟସ୍ତ ହେଉଥିଲା ସେଗୁଡ଼ା ବି ଲିଭି ଆସିଲା। ମାତ୍ର ମୋ ମନରୁ ଅପ୍ରେଲ ୩୦ ତାରିଖର ସେଇ ବିମାନଯାତ୍ରାର ଅଭିଜ୍ଞତା ଭୁଲି ହେଉନାହିଁ। ଭୁଲି ହେଉନାହିଁ ସେଇ ଶ୍ୟାମଳ ଓ ରଙ୍ଗାଧର ଯୁବକଙ୍କ ଚେହେରା ଯିଏ ଦେବଦୂତ ପରି ଆସି ଆମକୁ ସେଦିନ ବାଙ୍ଗାଲୋର ଏୟାରପୋର୍ଟରେ ସାହାଯ୍ୟ କରିଥିଲେ। (୨୦୧୦)

■

ଭିନ୍ନ ଇସାରା

ଦିନ ତମାମ ଘୂରି ଘୂରି ଯଶୱନ୍ତପୁର (ବାଙ୍ଗାଲୋର) ରେଳ ଷ୍ଟେସନ୍‌ରେ ପହଞ୍ଚିବାବେଳକୁ ସନ୍ଧ୍ୟା ସାତଟା କୋଡ଼ିଏ। ଏଠିକି ଆସିବାର ଉଦ୍ଦେଶ୍ୟ ଭୁବନେଶ୍ୱର ଫେରିବା ପାଇଁ ଟ୍ରେନ୍ ଧରିବା ନୁହେଁ। ଟିକେଟ୍ ବାତିଲ୍ କରେଇବା। ରିଜର୍ଭେସନ୍ କାଉଣ୍ଟର୍ ବନ୍ଦ ହେବା ଲାଗି ଅବଶ୍ୟ ଚାଳିଶ ମିନିଟ୍ ଡେରିଥାଏ। ମାତ୍ର କାଉଣ୍ଟର ସାମ୍ନାରେ ଭିଡ଼ ବି କିଛି କମ୍ ନଥାଏ। ଭାବିଲି, ଛଅ ନମ୍ବର ପ୍ଲାଟ୍‌ଫର୍ମରେ କୋଲ୍‌ଡ ଡ୍ରିଙ୍କ୍ ଗୋଟାଏ ଗୋଟାଏ ନ ପିଇଥିଲେ ହୁଏତ ଆଉ ଦଶ ମିନିଟ୍ ଆଗରୁ ଆମେ ପହଞ୍ଚିଥାଆନ୍ତୁ। ମାତ୍ର ଆମେ ସିନା ନିଜ ଭୋକ ଶୋଷ ଚପେଇ ରଖି ପାରିଥାଆନ୍ତୁ, ଅତିଥି ବିନୋଦାଙ୍କୁ ତ ସେମିତି ଖାଲି ଖାଲି ବିଦାୟ ଦେଇ ପାରି ନଥାନ୍ତୁ !

୨୦୧୧ ମାର୍ଚ୍ଚ ୧୫ ତାରିଖ। ଛଅଦିନ ହେଲା ମୁଁ ଓ ସଂଯୁକ୍ତା ଯାଇ ବାଙ୍ଗାଲୋରରେ ପଡିଥାଉ। ଝିଅ ଗୌତମୀର ଗ୍ରାଜୁଏସନ୍ ଡେ ଉତ୍ସବରେ ଯୋଗ ଦେବାଲାଗି ଗତ ୧୦ ତାରିଖରେ ବାଙ୍ଗାଲୋରରେ ପହଞ୍ଚିଥିଲୁ। ମାସକ ତଳୁ ଗୌତମୀର ଇଣ୍ଟର୍ନସିପ୍ ସରିଯାଇଥିଲେ ବି ଉତ୍ସବର ତାରିଖ ଠିକଣା ହୋଇ ପାରୁନଥିବା ଯୋଗୁଁ ସେ ହଷ୍ଟେଲ୍‌ରେ ଅଟକି ରହିଥାଏ, ଯଦିଓ ସେଠାରେ ରହିବା ପାଇଁ ତା' ମନରେ ଟିକିଏ ହେଲେ ଇଚ୍ଛା ନଥାଏ।

ଗଲା ସାଢ଼େ ପାଞ୍ଚବର୍ଷ ଧରି ସେ ରହିଛି ଭୁବନେଶ୍ୱରଠାରୁ ଦେଢ଼ହଜାର କିଲୋମିଟର ଦୂର ତୁମ୍‌କୁରରେ, ଶ୍ରୀ ସିଦ୍ଧାର୍ଥ ମେଡ଼ିକାଲ୍ କଲେଜ ହଷ୍ଟେଲ୍‌ରେ। ବାପ-ମାଆ ଓ ସଂପର୍କୀୟମାନଙ୍କଠାରୁ ଦୂରରେ ରହି ଡାକ୍ତରୀ ପାଠ ଭଳି ଶ୍ରମ ଓ ସମୟସାପେକ୍ଷ ପାଠପଢ଼ାର କଷ୍ଟ ଭୋଗି ଭୋଗି ସେ ଅବସନ୍ନ ହୋଇଯାଇଥାଏ। କେମିତି ସାର୍ଟିଫିକେଟ୍ ମିଳିଗଲେ ସେ ଘରକୁ ଫେରିଆସିବ ଏଇ ତା'ର ଚିନ୍ତା। ଗ୍ରାଜୁଏସନ୍ ଡେ ଉତ୍ସବରେ ଯୋଗଦେବାଲାଗି ଛ' ମାସ ପୂର୍ବରୁ ଆମକୁ ତାଗିଦା – ସମସ୍ତଙ୍କ ବାପ ମା' ଆସିବେ,

ତେଣୁ ତୁମ ଦୁହିଙ୍କୁ ଆସିବାକୁ ପଡ଼ିବ। ଦି' ଦିନ ଅଧିକ ଛୁଟି ନେଇକି ଆସିଥିବ, ତାହାହେଲେ ମୁଁ କାମସାରି ତୁମ ସାଙ୍ଗରେ ଭୁବନେଶ୍ୱର ଚାଲିଯାଇପାରିବି।

ମାର୍ଚ୍ଚ ୧୧ରେ ତା'ର ଗ୍ରାଜୁଏସନ୍ ଉତ୍ସବ ହେଲା। ସକାଳ ନଅରୁ ରାତି ନଅ ପର୍ଯ୍ୟନ୍ତ। ପ୍ରଥମେ ସଭା, ତା'ପରେ ମଧ୍ୟାହ୍ନ ଭୋଜନ, ନାଚ ଗୀତ ଓ ଶେଷକୁ ମହମବତି ହାତରେ ଧରି ସବୁ ଗ୍ରାଜୁଏଟ୍‌ଙ୍କ ଶୋଭାଯାତ୍ରା। ଦେହରେ କଳା ଗାଉନ୍ ଓ ମୁଣ୍ଡରେ ଟୋପି ପିନ୍ଧି ହାତରେ ଡିଗ୍ରୀଟି ଧରିବା ସମୟରେ ତା'ର କି ଆନନ୍ଦ। ଏଣେ ପ୍ରଥମ ଥର ପାଇଁ ଶାଢ଼ି ପିନ୍ଧିଥିବାରୁ ସେ ଖୁବ୍ ଉତ୍ସାହିତ ଓ ଆତ୍ମସଚେତନ ଥାଏ, ଝିଅ ଆମର ଏମ୍‌ବିବିଏସ୍ ଡାକ୍ତର ହୋଇଥିବାରୁ ଆମେ ବାପା-ମା' ମଧ୍ୟ ଗର୍ବରେ ଫୁଲୁଥାଉ। ସେଥିପାଇଁ ଗୋଟିଏ ହଲ୍‌ରେ ନିରବଚ୍ଛିନ୍ନ ଭାବେ ବାରଘଣ୍ଟା ବସିବାର କ୍ଳାନ୍ତି ଆମକୁ ଜଣାପଡୁନଥାଏ।

ଝିଅ ଗୌତମୀ କହିଥିଲା, ''ଏଗାର ତାରିଖରେ ଉତ୍ସବ ସରିବ। ସେଦିନ ଶୁକ୍ରବାର, ପରଦିନ ଅର୍ଥାତ୍ ଶନିବାର ଦିନ କଲେଜର ହେଡ୍‌କ୍ଲର୍କ ଆମକୁ ଆମର ସାର୍ଟିଫିକେଟ୍ ଦେଇଦେଲେ ଆମେ ବାଙ୍ଗାଲୋର ଚାଲିଯିବା। ରବିବାର ଦିନଟା ବାଙ୍ଗାଲୋର୍‌ରେ ବୁଲାବୁଲି କରିବା। ସୋମବାର ସକାଳେ ରାଜୀବ ଗାନ୍ଧୀ ୟୁନିଭରସିଟି ଅଫ୍ ହେଲ୍‌ଥ ସାଇନ୍ସରୁ ପ୍ରଭିଜନାଲ୍ ଡିଗ୍ରୀ ଓ କର୍ଣ୍ଣାଟକ ମେଡିକାଲ୍ କାଉନ୍‌ସିଲ୍‌ରୁ ରେଜିଷ୍ଟ୍ରେସନ୍ ସାର୍ଟିଫିକେଟ୍ ନେଇ ସେହିଦିନ ସନ୍ଧ୍ୟାରେ ଭୁବନେଶ୍ୱର ଫେରିଯିବା। ମୁଁ ଏ ସମ୍ବର-ରସମ୍ ଜାଗାରେ ଆଉ ମୁହୂର୍ତ୍ତଟେ ସୁଦ୍ଧା ରହିବାକୁ ଚାହେଁ ନାହିଁ।'' ତେବେ ସୋମବାର ଗୋଟିଏ ଦିନରେ ସବୁ କାମ ସରିବ - ଏ ଆଶା ମୋର ନଥାଏ। ମୁଁ ଭାବିଥାଏ, ଖୁବ୍ କମ୍‌ରେ ତିନିଟା ଦିନ ଲାଗିବ। ତେଣୁ ବୁଧବାର, ୧୬ ତାରିଖକୁ ରିଟର୍ଣ୍ଣ ଟ୍ରେନ୍ ଟିକେଟ୍ କରିଥାଏ। ହାୟ, ମଣିଷର ଯୋଜନା ଯଦି ତା ଇଚ୍ଛା ମୁତାବକ କାର୍ଯ୍ୟକାରୀ ହୋଇପାରୁଥାଆନ୍ତା, ତାହାହେଲେ ପୃଥିବୀରେ ଏତେ ଦୁଃଖ ନଥାନ୍ତା।

ଗ୍ରାଜୁଏସନ୍ ଉତ୍ସବରେ ଉପସ୍ଥିତ ରହିବାର ଆନନ୍ଦ ସୋମବାର ବେଳକୁ ଫିକା ପଡ଼ିଗଲାଣି। ହୃଦୟହୀନ ହେଡ୍‌କ୍ଲର୍କ ଜଣକ ଶନିବାର ଦିନ ତାଙ୍କ ଦପ୍ତରକୁ ଆଦୌ ଆସିଲେ ନାହିଁ। ଆମେମାନେ ବିଫଳ ମନୋରଥରେ ବାଙ୍ଗାଲୋର ଫେରିଆସି ରହିଲୁ (ତୁମ୍‌କୁରରୁ ବାଙ୍ଗାଲୋର ପ୍ରାୟ ସତୁରି କି.ମି. ଦୂର)। ଝିଅ ହଷ୍ଟେଲ୍‌ରେ ସିନା ତା ମାଆ ରହିଯାଇପାରିବ, ମାତ୍ର ମୁଁ ରହିବି କେଉଁଠି? ପୁଣି ଘରକୁ ଆସିବାର ଉତ୍ସାହ-ଉତ୍ତେଜନା ଭିତରେ ଝିଅ ତା ହଷ୍ଟେଲ୍ ଘରକରଣା ଭାଙ୍ଗିସାରି ଜିନିଷପତ୍ରଗୁଡ଼ିକ ବଡ଼ ବଡ଼ ବ୍ୟାଗ୍‌ରେ ଭର୍ତ୍ତି କରିସାରିଥାଏ। ବହି ଓ ପୋଷାକପତ୍ର ଥିବା ଦଶଟି ବଡ଼ ବଡ଼ ପେଟି ସେ ଆଗରୁ ଭୁବନେଶ୍ୱର ପଠେଇ ସାରିଥାଏ। ଟେବୁଲ୍-ଚଉକି, ଆଲ୍‌ମିରା ଓ ପଙ୍ଖା ପରି ଜିନିଷ ଦେଇଦେବା ପାଇଁ ଗ୍ରାହକ ଠିକଣା କରିସାରିଥାଏ। ପତ୍ନୀ ସଂଯୁକ୍ତା

ଜୀବନବୀମା ନିଗମରେ କାମ କରୁଥିବାରୁ ତାଙ୍କରି ନାଆଁରେ ଦରଖାସ୍ତ ଦେଇ ବାଙ୍ଗାଲୋରରେ ନ୍ୟାସନାଲ୍ ଇନ୍‌ସ୍ୟୁରାନ୍ସ ଗେଷ୍ଟ୍ ହାଉସ୍‌ରେ ଆମେ ରହୁଥାଉ। ସେତକ ପାଇଁ ନ୍ୟାସ୍‌ନାଲ୍ ଇନ୍‌ସ୍ୟୁରାନ୍ସ ଏକାଡେମିର ପ୍ରଫେସର ତଥା କବି ବନ୍ଧୁ ରାଜୁ ସାମଲ ସୁପାରିସ କରିଥାଆନ୍ତି। ତାଙ୍କ ଉପକାର କଥା କହିବସିଲେ ପୁରାଣ ହେବ। ହଷ୍ଟେଲ୍‌ରେ ରହିବା ସୁବିଧା ନଥିବାରୁ ଝିଅ ବି ଆମ ସାଙ୍ଗରେ ସବୁଦିନ ବାଙ୍ଗାଲୋର ଚାଲିଆସୁଥାଏ। ସୋମବାର ଦିନ ଦିହେଁ ଆଉଥରେ ତୁମ୍‌କୁର ଗଲୁ। ସେଦିନ ବି ସେଇ ଦଶା। ବିଫଳ ହୋଇ ଫେରିଲୁ। ମଙ୍ଗଳବାର ସକାଳୁ ଗୌତମୀର ଦେହ ଖରାପ। ଖରାରେ ଧାଁଦଉଡ଼ ଓ ଖାଇବା ପିଇବା ଅବହେଳା ଯୋଗୁଁ ପେଟ ଗୋଳମାଳ। ଅସୁସ୍ଥତା ଭିତରେ ବାପ-ଝିଅ ଦିହେଁ ଯାଇ ସେ ହେଡ୍‌କ୍ଲର୍କଙ୍କୁ ଦେଖାକଲୁ। ମାତ୍ର ତାଙ୍କର ଟାଇଁ ଟାଇଁ ଉତ୍ତର - ଏବେ ମୁଁ କିଛି କରିପାରିବି ନାହିଁ। ଜଣେ ଲୋକ, କେତେ କାମ କରିବି ? ଆମେ ଖୁବ୍ ଅନୁନୟ ହେଲୁ - ବାହାରୁ ଆସିଛୁ, କେତେଦିନ ବା ଏଠାରେ ରହିପାରିବୁ ? ସାର୍ଟିଫିକେଟ୍ ତ ମାସକ ତଳୁ ଲେଖା ସରିଥିବ; ମାତ୍ର ତାଙ୍କ ଉପରେ ଏହାର କିଛି ପ୍ରଭାବ ପଡ଼ିଲା ନାହିଁ। କେବଳ ଆମେ ନୁହେଁ, ଆମ ପରି ଶହ ଶହ ପିଲା ଓ ଅଭିଭାବକ ତାଙ୍କ ପଛେ ପଛେ ଗୋଡ଼ଉଥାଆନ୍ତି। ମାତ୍ର ସେ ଭଦ୍ରଲୋକ ଦଶ ମିନିଟ୍ ଲାଗି ତାଙ୍କ ଅଫିସ୍ ଖୋଲୁଥାଆନ୍ତି ଓ ନେଉଳ ମୁହଁଟି ଦେଖାଇ ଲୁଚିଗଲା ପରି କାଉଣ୍ଟର୍ ବନ୍ଦ କରି କୁଆଡ଼େ ପୁଣି ଅଦୃଶ୍ୟ ହୋଇଯାଉଥାଆନ୍ତି। ପ୍ରିନ୍ସିପାଲ୍ ମଧ୍ୟ ତାଙ୍କୁ କିଛି କହିପାରୁନଥାନ୍ତି। ମୋର ପଚାଶ ବର୍ଷର ଜୀବନ ଭିତରେ ଏଭଳି ଜଣେ ହୃଦୟହୀନ ମଣିଷ ମୁଁ ଦେଖି ନଥାଏ।

ସଂଯୁକ୍ତା ଅତିଥି ଭବନରେ ରହି ଆମ ପାଇଁ ରୋଷେଇ କରନ୍ତି ଓ ସଂଜବେଳକୁ ଆଶାଭରା ଆଖିରେ ଆମକୁ ଅପେକ୍ଷା କରନ୍ତି - ଆଜି ବୋଧହୁଏ ଝିଅର ସାର୍ଟିଫିକେଟ୍ ତା କଲେଜରୁ ମିଳିବ। ମାତ୍ର ଆମେ ମୁହଁ ଶୁଖେଇ ଫେରୁ।

ବୁଧବାର ଦିନ ମୁଁ, ସଂଯୁକ୍ତା ଓ ଗୌତମୀ ତିନିହେଁ ବାଙ୍ଗାଲୋରରୁ ତୁମ୍‌କୁର ଗଲୁ। ସେଦିନ ସ୍ଥିର କରିଥିଲୁ, ଆଜି ଯଦି ତା ସାର୍ଟିଫିକେଟ୍ ନମିଳେ ସେ ଆମ ସାଂଗେ ବାଙ୍ଗାଲୋରକୁ ନଫେରି ବରଂ ହଷ୍ଟେଲ୍‌ର କେଉଁ ସାଂଗ ପାଖରେ ରହିଯିବ। ପ୍ରତିଦିନ ଭୋର୍‌ରୁ ଉଠି ସତୁରି କିଲୋମିଟର ବସ୍‌ରେ ଯିବା ଓ ସଂଜରେ ଫେରିବାରେ କିଛି ଲାଭ ନାହିଁ। ଆମେ ଦିହେଁ ଚାକିରିଆ। କେତେଦିନ ଛୁଟି ନେଇ ଏଠି ବସିବୁ! ବରଂ ଝିଅ ରହୁ, ଯେଉଁଦିନ ସାର୍ଟିଫିକେଟ୍ କାମ ସରିବ, ସେ ଯିବ। ଏ ଯୋଜନା କଥା ଶୁଣି ଗୌତମୀର ମୁହଁ ଶୁଖିଯାଉଥାଏ। କିନ୍ତୁ କିଛି କହିପାରୁ ନଥାଏ। ମୁଁ ବସ୍‌ରେ ବସିଥିବା ବେଳେ ଲେଖିକା ଶ୍ରୀମତୀ ଦୀପ୍ତି ପଟ୍ଟନାୟକଙ୍କ ନିକଟରୁ ଗୋଟେ ଫୋନ୍ ଆସିଲା।

ମାତ୍ର ଗାଡ଼ି ଧକଡ଼ଚକଡ଼ରେ କଥା ଶୁଭିବ ନାହିଁ ବୋଲି ମୁଁ ଫୋନ୍ ଉଠେଇଲି ନାହିଁ। ଭାବିଲି ଝିଅର ମେଡିକାଲ୍ କଲେଜରେ ପହଞ୍ଚି ଫୋନ୍ କରିବି। ଏମିତି ବି ଦିନସାରା ହେଡ୍‌କ୍ଲର୍କଙ୍କ କାଉଣ୍ଟର ଆଗରେ ଅପେକ୍ଷା କରିବା ଛଡ଼ା ଆଉ କାମ କିଛି ନାହିଁ।

ଏସ୍‌ଏସ୍‌ଏମ୍‌ସି କ୍ୟାମ୍ପସ୍‌ରେ ପହଞ୍ଚି ଶ୍ରୀମତୀ ଦୀପ୍ତି ପଟ୍ଟନାୟକଙ୍କୁ ଫୋନ୍ କଲାବେଳକୁ ତାଙ୍କ ଫୋନ୍ ବ୍ୟସ୍ତ। ଆମେମାନେ କ୍ୟାଣ୍ଟିନ୍‌ରେ ଯାଇ ଜଳଖିଆ ଖାଉଛୁ, ସେପଟୁ ତାଙ୍କ ପୁଅ ଶ୍ରୀ ପ୍ରଣବ କୁମାର ମହାନ୍ତି ଫୋନ୍ କଲେ। ଶ୍ରୀ ମହାନ୍ତି ଆଇପିଏସ୍ ଅଫିସର, କର୍ଣାଟକ ଲୋକାୟୁକ୍ତର ଡିଆଇଜି। ଓଡ଼ିଶାରେ ସିନା ଲୋକପାଳ ଅଫିସ୍ ଗୋଟେ ଅଲୋଡ଼ା ପୋଷ୍ଟ ଅଫିସ୍, ମାତ୍ର କର୍ଣାଟକରେ ଏହା ଅତ୍ୟନ୍ତ ସକ୍ରିୟ। ଲୋକାୟୁକ୍ତ ସନ୍ତୋଷ ହେଗ୍‌ଡ଼େଙ୍କ ବ୍ୟକ୍ତିତ୍ୱ ପୁଣି ଏହାକୁ ଅଧିକ ସକ୍ରିୟ କରିଥାଏ। ଶ୍ରୀ ମହାନ୍ତି ପଚାରୁଥିଲେ, 'ଆପଣ ପରା ଆମ ଘରକୁ ଆସିବେ ବୋଲି ମା' କହୁଥିଲେ, କ'ଣ ହେଲା ?'' ଉତ୍ତରରେ ମୁଁ ମୋ ଦୁଃଖ କହିପକେଇଲି- କେମିତି ଗଲା ଚାରିଦିନ ଧରି ଆମେ ବାଙ୍ଗାଲୋରରୁ-ତୁମ୍‌କୁର ବ୍ୟାଗ୍‌ପତ୍ର ଧରି ଦଉଡୁଛୁ - ଝିଅର ସାର୍ଟିଫିକେଟ୍‌ତକ ସଂଗ୍ରହ କରିବା ପାଇଁ। ଶ୍ରୀ ମହାନ୍ତି ମୋ କଥା ଶୁଣି ଦୁଃଖ ପ୍ରକାଶ କଲେ। କହିଲେ, ଆପଣ ମୋତେ ସେ ଅନୁଷ୍ଠାନର ଡାଇରେକ୍ଟରଙ୍କ ଫୋନ୍ ନମ୍ବର ଟିକେ ଏସ୍‌ଏମ୍‌ଏସ୍ କରିଦିଅନ୍ତୁ।

ଆମେ ବାପା-ମା' ଦିହେଁ ଗୋଟେ ଗଛମୂଳ ସିମେଣ୍ଟ ବେଞ୍ଚରେ ବସିଥାଉ। ଝିଅ ଉପର ମହଲାରେ ହେଡ୍‌କ୍ଲର୍କଙ୍କ ଅଫିସ୍ ସାମ୍ନାରେ ଟହଲ ମାରୁଥାଏ।

ଏହାର ଅଧଘଣ୍ଟାକ ପରେ ମୋତେ ଡକରା ଆସିଲା। ଗୌତମୀ କହିଲା, ଶ୍ରୀ ରଙ୍ଗାପ୍ପା (ହେଡ୍‌କ୍ଲର୍କ) ତୁମକୁ ଖୋଜୁଛନ୍ତି। ମୋ ମନରେ ଆଶାର ସଞ୍ଚାର ହେଲା। ସତକୁ ସତ ଯେଉଁ କାମଟି ଗଲା ଚାରିଦିନ ହେଲା ହେଉନଥିଲା ତାହା ଅଧଘଣ୍ଟାରେ ହୋଇଗଲା। ଶ୍ରୀ ମହାନ୍ତି ତୁମ୍‌କୁରରେ ଅବସ୍ଥାପିତ ତାଙ୍କ ଏସ୍.ପିଙ୍କୁ କହିଥିଲେ, 'ମୋର ବନ୍ଧୁ ସେଠି ସପରିବାର ଯାଇଛନ୍ତି। ତାଙ୍କୁ ଆପଣ ସାହାଯ୍ୟ କରନ୍ତୁ ଓ ସମ୍ଭବ ହେଲେ ଗାଡ଼ିଟିଏ କରି ବାଙ୍ଗାଲୋରରେ ଆଣି ସେମାନଙ୍କୁ ପହଞ୍ଚାଇ ଦିଅନ୍ତୁ।'' ଗାଡ଼ିଭଡ଼ା କରିବା ଦରକାର ହେଲା ନାହିଁ। ଏସ୍.ପି. ମହୋଦୟ ବାଙ୍ଗାଲୋର ଆସୁଥିଲେ, ଆମେ ତାଙ୍କ ଗାଡ଼ିରେ ଚାଲିଆସିଲୁ।

ଭୁବନେଶ୍ୱରରୁ ମୁଁ ଓ ସଂଯୁକ୍ତା ଉଡ଼ାଜାହାଜରେ ଚାଲିଯାଇଥିଲୁ। କାରଣ ପଡ଼ିଶାଘରର ବାହାଘର ଭୋଜି ଯୋଗୁଁ ଦିନକ ଆଗରୁ ଟ୍ରେନ୍‌ରେ ଯାଇହେଲା ନାହିଁ। ତେବେ ଫେରିବାବେଳକୁ ଟ୍ରେନ୍‌ରେ ଆସିବାକୁ ପଡ଼ିବ ବୋଲି ଆଗତୁରା ରିଟର୍ଣ ଟିକେଟ୍ କାଟି ନେଇଥିଲୁ। ଝିଅର ଜିନିଷପତ୍ର ଗୁଡ଼ାଏ ଥିବ। ସେସବୁ ଉଡ଼ାଜାହାଜରେ ଆଣିବା

ଅସମ୍ଭବ ନହେଲେ ବି ଅତ୍ୟନ୍ତ ବ୍ୟୟସାପେକ୍ଷ ହୋଇଥାଆନ୍ତା । ଏବେ କଲେଜରୁ ସାର୍ଟିଫିକେଟ୍ ମିଳିଗଲା । ତା'ପରେ ରାଜୀବ ଗାନ୍ଧୀ ବିଶ୍ୱବିଦ୍ୟାଳୟରେ ପ୍ରଭିଜନାଲ୍ ଡିଗ୍ରୀ ସାର୍ଟିଫିକେଟ୍ ପାଇଁ ଦରଖାସ୍ତ ଓ ସାର୍ଟିଫିକେଟ୍ ସଂଗ୍ରହ, କର୍ଣ୍ଣାଟକ ମେଡିକାଲ୍ କାଉନ୍‌ସିଲ୍‌ରେ ରେଜିଷ୍ଟ୍ରେସନ୍ ଲାଗି ଦରଖାସ୍ତ ଓ ସାର୍ଟିଫିକେଟ୍ ସଂଗ୍ରହ । ଏସବୁ କାମ ଲାଗି ଅନ୍ତତଃ ଦି' ତିନି ଦିନ ଦରକାର । ନିଜ ରାଜ୍ୟ ଓଡ଼ିଶାରେ ତ ଏତକ କାମଲାଗି ସାତଦିନ ଲାଗିଯାଉଛି, ଇଏ ପୁଣି ଅନ୍ୟ ରାଜ୍ୟ । ତେଣୁ ସ୍ଥିର କଲୁ, ୧୬ ତାରିଖର ରିଟର୍ଣ୍ଣ ଟିକେଟ୍ ତିନିଟି ବାତିଲ୍ କରି ୧୮କୁ ଟିକେଟ୍ କରିବୁ । ଏତେ କମ୍ ସମୟ ଭିତରେ ଆମ ରିଜର୍ଭେସନ୍ ଅବଶ୍ୟ କନଫର୍ମ ହେବ ନାହିଁ, ଆମେ ଶ୍ରୀ ମହାନ୍ତିଙ୍କ ସାହାଯ୍ୟ ଲୋଡ଼ିବୁ ।

ତୁମ୍‌କୁରରୁ ଫେରିବା ବାଟରେ ମୁଁ ଶ୍ରୀଯୁକ୍ତ କୃଷ୍ଣମୂର୍ତ୍ତିଙ୍କୁ ଫୋନ୍ କରିଥିଲି । ସେ ଭଦ୍ରଲୋକଙ୍କୁ ମୁଁ ସେଯାଏଁ ଭେଟି ନଥିଲେ ବି ତାଙ୍କଠାରୁ ବହୁବାର ସାହାଯ୍ୟ ନେଇ ସାରିଥାଏ । ସେ କବି ରାଜୁ ସାମଲଙ୍କ ସହଯୋଗୀ । ଗୌତମୀ ଭୁବନେଶ୍ୱରରୁ ବାଙ୍ଗାଲୋର ଫେରିବା ଦିନମାନଙ୍କରେ, ଉଡ଼ାଜାହାଜ ଡେରିରେ ପହଞ୍ଚିଲେ ମୁଁ ଚିନ୍ତିତ ହୋଇପଡ଼େ । ଶ୍ରୀ କୃଷ୍ଣମୂର୍ତ୍ତିଙ୍କୁ ଫୋନ୍ କରିଦେଲେ ସିଏ ତାଙ୍କ ଗାଡ଼ିରେ ଗୌତମୀକୁ ଏୟାରପୋର୍ଟରୁ ନେଇ ତା ହଷ୍ଟେଲ୍‌ରେ ଛାଡ଼ିଆସନ୍ତି । ଖୁବ୍ କମ୍‌ରେ ତିନିଥର ସେ ପୁରୁଣା ଓ ନୂଆ ବାଙ୍ଗାଲୋର ଏୟାରପୋର୍ଟରୁ ନେଇ ସତୁରି କି.ମି. ଦୂର ତା' ହଷ୍ଟେଲ୍‌ରେ ଛାଡ଼ିଥିବେ । କୌଣସି ଦିନ ନିଜର ବ୍ୟସ୍ତତା ବା ସମସ୍ୟା କଥା ସେ କେବେ କହିନାହାନ୍ତି । ଏଭଳି ପରୋପକାରୀ ଲୋକ ସତରେ ବିରଳ ! ତାଙ୍କୁ ସେଦିନ ଫୋନ୍ କରିବାର ଉଦ୍ଦେଶ୍ୟ, କନ୍ନଡ଼ କହୁଥିବା ଜଣେ ସହଯୋଗୀଙ୍କୁ ପଠେଇଲେ ସିଏ ଆମକୁ କର୍ଣ୍ଣାଟକ ମେଡିକାଲ୍ କାଉନ୍‌ସିଲ୍‌ରେ ଆମକୁ ବ୍ୟାଙ୍କ୍ ଚାଲାଣ ତିଆରି ଓ ଜେରକ୍ସ ନକଲ ଆଟେଷ୍ଟଡ୍ କରିବା କାମରେ ସାହାଯ୍ୟ କରନ୍ତେ । ଗୌତମୀ କିଛି କିଛି କନ୍ନଡ କହୁଥାଏ । ମାତ୍ର ଏକୁଟିଆ ପିଲା ସେ କେତେ କୁଆଡ଼େ ଧାଇଁବ ? ଶ୍ରୀ କୃଷ୍ଣମୂର୍ତ୍ତି ତାଙ୍କ ଦପ୍ତରର ସହକାରୀ ଶ୍ରୀମତୀ ବିନୋଦାଙ୍କୁ ପଠେଇଥିଲେ । ଆମେ ତୁମ୍‌କୁରରୁ ଆସି ବାଙ୍ଗାଲୋର କେଏମ୍‌ସିରେ ପହଞ୍ଚିଲା ବେଳକୁ ସେ ଆସି ଉପସ୍ଥିତ । ସେଦିନ ଆମେ ରାଜୀବ ଗାନ୍ଧୀ ବିଶ୍ୱବିଦ୍ୟାଳୟ ଦପ୍ତର ଦେଖିଦେଲୁ ଓ କେଏମ୍‌ସିରେ ଦରଖାସ୍ତ ଦେଇଦେଲୁ । ଏସବୁ କାମ ସାରି ଯଶୱନ୍ତପୁର ଷ୍ଟେସନ୍‌ରେ ପହଞ୍ଚିଲାବେଳକୁ ଏତେବେଳ । ଦିନସାରା କେହି କିଛି ଖାଇନଥାଉ, ଗୋଟିଏ ଗୋଟିଏ ପଇଡ଼ ଛଡ଼ା ।

ଟିକେଟ୍ ରିଜର୍ଭେସନ୍ କାଉଣ୍ଟର ସାମ୍ନାରେ ସର୍ପିଳ ଢଙ୍ଗରେ ଚଉକିମାନ ପଡ଼ିଥାଏ । ଜଣେ ଜଣେ ଲୋକ ଟିକିଏ ଟିକିଏ ଘୁଞ୍ଚିଯାଉଥାଆନ୍ତି । ଆମେ ତିନିହେଁ ଉଦ୍‌ବିଗ୍ନ । ଟିକେଟ୍ ବାତିଲ୍ କରିବା ପରେ ମୁଁ ଶ୍ରୀଯୁକ୍ତ ମହାନ୍ତିଙ୍କ ଘରକୁ ଯିବା ପାଇଁ ଗାଡ଼ିଟିଏର

ବ୍ୟବସ୍ଥା କରିଥାଏ। ଆମ ପାଳି ଆସିଲା। ଝିଅ ଓ ମୁଁ ଦିହେଁ ଯାଇ କ୍ୟାନ୍‌ସଲେସନ୍ ଫର୍ମଟି କାଉଣ୍ଟରରେ ଗଳେଇଦେଲୁ। ୧୬ ତାରିଖର ଟିକେଟ୍ ବାତିଲ୍ କରିବୁ ଓ ୧୮ ତାରିଖ ପାଇଁ ଟିକେଟ୍ କାଟିବୁ। ସେ କାଉଣ୍ଟରରେ ଜଣେ ଭଦ୍ରମହିଳା ବସିଥିଲେ। ଫର୍ମଟା ଦେଖି ବିରକ୍ତ ସ୍ୱରରେ କହିଲେ, ପଛପଟ ପୂରଣ ହୋଇନାହିଁ, ନିଅ। ମୁଁ ସେଇଟି ଆଣି ପଛପଟେ ମୋ ଠିକଣା ଲେଖି ବଢ଼ଉଛି, ତା ଭିତରେ ଆଉଜଣେ ଯବାନ ୧୮ଟି ଟିକେଟ୍ କାଟିବା ପାଇଁ ଖଣ୍ଡିଏ ୱାରେଣ୍ଟ ଓ ରିଜର୍ଭେସନ୍ ସ୍ଲିପ୍ ବଢ଼େଇଦେଲେ। ମୁଁ କହିଲି, ଆଜ୍ଞା, ଆମେ ଘଣ୍ଟାଏ ହେଲା ଅପେକ୍ଷା କରିଛୁ, ଆଗ ଆମ କଥା ବୁଝନ୍ତୁ। ମାତ୍ର ସେ ଭଦ୍ରମହିଳା ଆମ କଥା କିଛି ଶୁଣିଲେ ନାହିଁ; ବରଂ ଆମ କାଗଜ ଖଣ୍ଡକୁ ଫୋପାଡ଼ିଲା ପରି ବଢ଼େଇଦେଇ କାଉଣ୍ଟର କବାଟ ବନ୍ଦ କରିଦେଲେ ଓ ନିଜ ଆସନରୁ ଉଠି ପଳେଇଗଲେ। ସଂଯୁକ୍ତା ଟିକିଏ ଦୂରରେ ଠିଆହୋଇ ଏ ଦୃଶ୍ୟ ଦେଖୁଥିଲେ। ସିଏ ଯାଇ ତାଙ୍କୁ କହିଲେ, 'ଆପଣ ଚାହିଁଲେ ଆମକୁ ସାହାଯ୍ୟ କରିପାରିବେ। ଦୟାକରି ଟିକେ ବିଚାର କରନ୍ତୁ।'' ମାତ୍ର ଭଦ୍ରମହିଳା ଟିକିଏ ଅନେଇଲେ ବି ନାହିଁ। ପ୍ରାୟ ଘଣ୍ଟାକର ପ୍ରତୀକ୍ଷା ବ୍ୟର୍ଥ ହେଲା। ମୁଁ କାଉଣ୍ଟର ସାମ୍ନାରୁ ଚାଲିଆସିଲି। ମୋ ପାଟିରୁ ବାହାରିପଡ଼ିଲା, 'ଜଗନ୍ନାଥେ, ମୋ ସାଙ୍ଗରେ ଏମିତି କାହିଁକି ଘଟଣା ଘଟୁଛି?'' ମୋ ସ୍ୱରର ବ୍ୟର୍ଥତା ଝିଅ ଗୌତମୀକୁ ସ୍ପର୍ଶ କଲା। ସେ ମୋ ହାତକୁ ଧରିପକେଇ ଚଟ୍‌କରି କହିଲା, 'ବାପା, ଏହା ପଛରେ କିଛି ଭଲ ଥାଇପାରେ।''

ମୁଁ ଆଶ୍ଚର୍ଯ୍ୟ ହେଲି। 'ଭଲ ଥାଇପାରେ!' କ'ଣ ଭଲ? କଲେଜ କିରାଣୀଙ୍କ ପାଖରୁ ସାର୍ଟିଫିକେଟ୍‌ଟା ଆଣିବା ଲାଗି ଚାରିଦିନ ଲାଗିଗଲା। ବାକି କାମ କାଲି ଗୋଟାଏ ଦିନରେ ହେବ କେମିତି? ଆମ ଟିକେଟ୍ କାଲିକୁ ଥାଏ। ଆସନ୍ତାକାଲି ତାହା ବାତିଲ୍ କଲେ ପୁଳାଏ ଟଙ୍କା ପାଣିରେ ପଡ଼ିବ। ତେବେ ଝିଅ କଥା ଶୁଣି ମୋର ଟିକିଏ ସାହସ ହେଲା। ମୁଁ ଖୁବ୍ ଥକିପଡ଼ିଥିଲେ ବି ସେଇ ଅବସ୍ଥାରେ ସଂଯୁକ୍ତା ଓ ଗୌତମୀଙ୍କୁ ଧରି ଶ୍ରୀ ମହାନ୍ତିଙ୍କ ଘରକୁ ଚାଲିଲି। ସେ ଖୁବ୍ ଭଦ୍ରଲୋକ। ତାଙ୍କ ମାଆଙ୍କ ସହ ସେହିଠାରେ ଦେଖାହେଲା। ଆମକୁ ଖାଇବା ପାଇଁ ଡାକିଲେ। ମାତ୍ର ମୋର ମନ ଖାଇବାରେ ନଥାଏ।

ଶ୍ରୀ ମହାନ୍ତି କହିଲେ, ଆପଣ କାଲି ଏଗାରଟା ବେଳକୁ ମୋ ଅଫିସ୍ ଆସନ୍ତୁ। ଦେଖିବା।

ମୁଁ ଉତ୍ସାହିତ ହେଲେ ବି ନିଶ୍ଚିନ୍ତ ହେଲିନାହିଁ। ମନ ଭିତରେ ଜଗନ୍ନାଥଙ୍କୁ ଡାକିଲି – ତୁମେ ଏକା ଭରସା।

ସତକୁ ସତ ଜଗନ୍ନାଥ ଭରସା ହେଲେ। ପରଦିନ, ସବୁଯାକ କାମ ମ୍ୟାଜିକ୍ ପରି, ଅପରାହ୍ଣ ୪ଟା ଭିତରେ ସରିଗଲା। ଡିଆଇଜି ଶ୍ରୀ ମହାନ୍ତି ତାଙ୍କର ଜଣେ

ଜଗନ୍ନାଥ ବାହାଘରର ଦାୟିତ୍ୱ ବୁଝିଲେ

ପୁରୀ ଶ୍ରୀମନ୍ଦିରର ସେବକଙ୍କୁ ନଡ଼ିଆଟିଏ ଦେଇସାରିବା ପରେ ମୋ ହାତରେ ଆଉ ଗୋଟିଏକୁ ଦେଖି ସିଦ୍ଧେଶ୍ୱର ମହାପାତ୍ରେ ପଚାରିଲେ, 'ଏଇଟି କାହାକୁ ଦେବେ ?''

ଡକ୍ଟର ସିଦ୍ଧେଶ୍ୱର ମହାପାତ୍ର ମୋର ଲେଖକ ବନ୍ଧୁ। ସେ ମଧ ବଡ଼ଠାକୁରଙ୍କ ସେବକ। ମୁଁ ତାଙ୍କୁ ଆଗରୁ ଜଣାଇଥିବାରୁ ସେ ତାଙ୍କ କାମଦାମ ଛାଡ଼ି ମୋ ପାଇଁ ଅପେକ୍ଷା କରିଥିଲେ।

ମୁଁ କହିଲି, କାଲେ ଗଜପତିଙ୍କ ଉଆସରେ ନିମନ୍ତ୍ରଣପତ୍ର ସାଂଗେ ଶ୍ରୀଫଳଟିଏ ଦେବାକୁ ପଡ଼ିବ ବୋଲି ଏଇଟି ଆଣିଥିଲି। ମାତ୍ର ଗଜପତି ତ ଆଜି ଭୁବନେଶ୍ୱରରେ ଅଛନ୍ତି। ତାଙ୍କୁ ସେଇଠି ଦେବି। ତେଣୁ ଏଇଟିକୁ...

: ସେଇଟିକୁ ମଧ ପୂଜକଙ୍କୁ ଦେଇଦିଅନ୍ତୁ।

ମୁଁ ଖୁସି ମନରେ ବ୍ରାହ୍ମଣଙ୍କ ହାତକୁ ଆମ ଗଛର ନଡ଼ିଆଟି ବଢ଼େଇଦେଲି। ସେ ଆଶୀର୍ବାଦ ସୂଚକ ଶବ୍ଦ କେତୋଟି କହି ଆମଠାରୁ ବିଦାୟ ନେଲେ। ସିଦ୍ଧେଶ୍ୱର ମହାପାତ୍ର କହିଲେ, ''ସବୁ ଶୁଭରେ ଶୁଭରେ ସରିବ।'' ପତ୍ନୀ ସଂଯୁକ୍ତା ଗଳବସ୍ତ୍ର ହୋଇ ତାଙ୍କୁ ପ୍ରଣାମ କଲେ।

ଭୁବନେଶ୍ୱରରେ ଛୋଟିଆ ଜାଗାଟିଏରେ ଆମ ଘର। ବାପା ସେଇଠି ନଡ଼ିଆଗଛ ଦିଇଟି ଲଗେଇଥିଲେ। ଅନେଶତ ମହାବାତ୍ୟାରେ ଗୋଟିଏ ଗଲା, ଆଉ ଗୋଟିଏ ରହିଛି। ତା' ସାଙ୍ଗକୁ ବାପା ଚମ୍ପାଗଛ ଓ ମଧୁମାଳତୀ ଲଟାଟିଏ ଲଗେଇ ଦେଇଥିଲେ। ଏଇ ତିନିଟି ଗଛକୁ ଚାହିଁଲେ ଆଠବର୍ଷ ହେଲା ବାହୁଡ଼ି ଯାଇଥିବା ବାପାଙ୍କ ମୁହଁ ଦିଶିଯାଏ।

ଜଗନ୍ନାଥଙ୍କୁ ଝିଅ ବାହାଘରର ନିମନ୍ତ୍ରଣ ଦେବା ସରିଥିଲା। ଆମେ ଦି'ପରାଣୀ ଆନନ୍ଦବଜାରରୁ ମହାପ୍ରସାଦ କିଣି ଘରକୁ ଫେରିଲୁ।

ଅଠରେ ଫେବ୍ରୁଆରି ୨୦୧୨ରେ ଝିଅ ଗୌତମୀର ବାହାଘର।

ମନ ଭିତରେ ନାନା ଆଶଙ୍କା। କେମିତି ଏ ବଡ଼କାମଟି ସରିବ! ଆମେ ଦି' ଜଣ ଚାକିରି କରିଥିଲେ ବି ସଞ୍ଚୟ ଶୂନ୍ୟ। ଯାହା ଯେତେବେଳେ ଆୟ ହୋଇଛି ତାହା ସେତେବେଳେ ବ୍ୟୟ ହୋଇଛି। ସତେଇଶ ବର୍ଷର ଚାକିରି ଭିତରେ ଜାଗା କିଣା, ଘରତୋଳା, ବାପାଙ୍କ ଚିକିତ୍ସା, ଝିଅର ଡାକ୍ତରି ପଢ଼ା। ଏସବୁ ସାଙ୍ଗକୁ ପରିବାରର ଅନ୍ୟାନ୍ୟ ଦାୟିତ୍ୱ। ତେଣୁ ଅର୍ଥାଭାବ ଆମର ଚିର ସହଚର।

ମନ ଭିତରେ ଗୋଟିଏ ଦମ୍ଭ, ସମୁଦୀ ଖୁବ୍ ଭଲ ଲୋକ। ତେଣୁ ମଝି ନଈରେ ଡଙ୍ଗା ଅଟକିବ ନାହିଁ। ତାହାଠୁ ବଡ଼ ଦମ୍ଭ, ଜଗନ୍ନାଥ ଅଛନ୍ତି। ଗୌତମୀର ବାହାଘର ଠିକଣା ହେବା ଦିନରୁ ମୋ ମନରେ ଧାରଣା- ଜଗନ୍ନାଥେ ଏ ପ୍ରସ୍ତାବ ପଠେଇଛନ୍ତି। ସଂଯୁକ୍ତା ସବୁବେଳେ କହନ୍ତି, 'ଗୌତମୀ ଜଗନ୍ନାଥଙ୍କ ଝିଅ। ତାଙ୍କ ଅଭୟ ମୁଦ୍ରା ତା' ଉପରେ ନ ଥିଲେ ସିଏ ବଞ୍ଚି ନ ଥାନ୍ତା। ଝିଅ ଗର୍ଭରେ ଥିଲାବେଳେ ଥରେ ତା' ମାଆ ଦି'ଚକିଆ ଗାଡ଼ିରୁ ଖସିପଡ଼ି ପାଞ୍ଚଗଡ଼ା ଖାଇଥିଲେ ଓ ଖୁବ୍ ଡରି ଯାଇଥିଲେ। ମାତ୍ର ତାଙ୍କ ଗର୍ଭର କିଛି କ୍ଷତି ହୋଇ ନ ଥିଲା। ସେଇ କାରଣରୁ ସେ ସଦାବେଳେ ଜଗନ୍ନାଥଙ୍କୁ କୃତଜ୍ଞତା ଜଣାଇଥାଆନ୍ତି।

ଗୌତମୀ ବାଙ୍ଗାଲୋର ପାଖ ତୁମ୍‌କୁର୍‌ର ଶ୍ରୀ ସିଦ୍ଧାର୍ଥ ମେଡ଼ିକାଲ୍ କଲେଜରେ ଏମ୍‌ବିବିଏସ୍ ପଢୁଥିଲା। ତା'ର ବାର୍ଷିକ ଫି ପ୍ରଥମେ ଆମକୁ ଡ୍ରାଫ୍ଟ କରି ପଠେଇବାକୁ ପଡୁଥିଲା। ମାତ୍ର ଦି' ବର୍ଷ ପରେ (୨୦୦୮ରେ) ବ୍ୟାଙ୍କ୍‌ଗୁଡ଼ିକରେ 'କୋର ବ୍ୟାଙ୍କିଂ' ବ୍ୟବସ୍ଥା ଲାଗୁ ହେଲା ପରେ ହଠାତ୍ ଦିନେ ତା' କଲେଜ ନିଷ୍ପତ୍ତି ନେଲା, ପିଲାମାନେ ଆଉ ବ୍ୟାଙ୍କ୍ ଡ୍ରାଫ୍ଟ ଦେବେ ନାହିଁ, କଲେଜର ସିଣ୍ଡିକେଟ୍ ବ୍ୟାଙ୍କ୍ ଆକାଉଣ୍ଟ୍‌ରେ ଫି'ତକ ଜମା କରିଦେବେ। ଦି' ଦିନ ଭିତରେ ଟଙ୍କା ଜମା କରିବାକୁ ପଡ଼ିବ ବୋଲି ଦିନେ ଝିଅ ଫୋନ୍‌କରି ଜଣାଇଲା।

ଏ ଖବର ପାଇ ମୁଁ ଚିନ୍ତିତ ହେଲି। ମୋର ଦୁଇଟି ଆକାଉଣ୍ଟ- ଗୋଟିଏ ୟୁକୋ ଏବଂ ଆରଟି ଷ୍ଟେଟ୍ ବ୍ୟାଙ୍କ୍‌ରେ। ଏ ଦୁଇଟି ଆକାଉଣ୍ଟ୍ ଖୋଲା ଯାଇଥିଲା ଦାପ୍ତରିକ ପ୍ରୟୋଜନରେ। ସଂଯୁକ୍ତାଙ୍କ ଆକାଉଣ୍ଟ୍ କର୍ପୋରେସନ୍ ବ୍ୟାଙ୍କ୍‌ରେ। ତେଣୁ ସିଣ୍ଡିକେଟ୍ ବ୍ୟାଙ୍କ୍‌ରେ ଆକାଉଣ୍ଟ୍ ଖୋଲାଯିବ କେତେବେଳେ ଓ ଝିଅର କଲେଜ ଆକାଉଣ୍ଟ୍‌ରେ ଟଙ୍କା ଜମାହେବ କେମିତି? ମୁଁ ଧାରଉଧାର କରି ଟଙ୍କା ଯୋଗାଡ଼ (ପ୍ରାୟ ଚାରିଲକ୍ଷ) କଥା ବୁଝିବି ନା ବ୍ୟାଙ୍କ୍ ଆକାଉଣ୍ଟ୍ ଖୋଲିବା କଥା! ଅଠଚାଳିଶ ଘଣ୍ଟା ଭିତରେ ଏସବୁ କେମିତି ସମ୍ଭବ ହେବ?

ମୋର ମନେପଡ଼ିଲା, ୧୯୯୦ ମସିହାରେ ବରମୁଣ୍ଡାରେ ଘର ତିଆରି କାମ

ଆରମ୍ଭ ବେଳେ ମୁଁ ବରିଷ୍ଠ ଲେଖକ ରବୀନ୍ଦ୍ର ପ୍ରସାଦ ପଣ୍ଡାଙ୍କ ସୁପାରିସ କ୍ରମେ 'ସିଣ୍ଡିକେଟ୍ ବ୍ୟାଙ୍କ୍' ବାଣୀବିହାର ଶାଖାରୁ କୋଡ଼ିଏ ହଜାର ଟଙ୍କା ଋଣ ନେଇଥିଲି ଓ ସୁଧ ସହ ମୂଳ ପରିଶୋଧ କରିଥିଲି। ସେତେବେଳେ ଶ୍ରୀ ପଣ୍ଡା ବିଡିଏରେ ଅର୍ଥ ବିଭାଗ ମୁଖ୍ୟ ଥିଲେ ଓ ଜନୈକ କାଶୀନାଥ ମହାପାତ୍ର ଥିଲେ ସିଣ୍ଡିକେଟ୍ ବ୍ୟାଙ୍କ୍‌ର ମ୍ୟାନେଜର। ଯଦି ତାଙ୍କ ସହ ଯୋଗାଯୋଗ ହୁଅନ୍ତା, ତାହାହେଲେ ସହଜରେ ହୁଏତ ଆକାଉଣ୍ଟ୍‌ରେ ଖୋଲାଯାଇ ଏସବୁ କାମ ସରିପାରନ୍ତା। ମାତ୍ର ତାଙ୍କୁ ପାଇବି କୋଉଠୁ ? ଏହା ଭିତରେ ଅଠର ବର୍ଷ ବିତିଗଲାଣି। ଏସବୁ ଭାବି 'ସମ୍ବାଦ'ର ବାଣିଜ୍ୟ-ବ୍ୟବସାୟ ପୃଷ୍ଠା ଦାୟିତ୍ୱ ବୁଝୁଥିବା ସହକର୍ମୀଙ୍କୁ ପଚାରିଲି। ସିଏ ବ୍ୟାଙ୍କ୍‌ର ରିଜିଓନାଲ୍ ମ୍ୟାନେଜରଙ୍କୁ ମୋ କଥା କହିବାରୁ ସେ କହିଲେ, 'ତାଙ୍କୁ କୁହନ୍ତୁ, ଆମ ବ୍ୟାଙ୍କ୍‌ର ଇନ୍ଦ୍ରଧନୁ ମାର୍କେଟ୍ ଶାଖାରେ ଯାଇ ଆକାଉଣ୍ଟ୍ ଖୋଲିବେ, କିଛି ସମସ୍ୟା ହେବ ନାହିଁ।' ଆମେ ଦି' ପରାଣୀ ଟଙ୍କାତକ ଧରି ସେଇ ଶାଖାରେ ପହଞ୍ଚିଲୁ। ମ୍ୟାନେଜରଙ୍କ କ୍ୟାବିନ୍‌କୁ ପଶି ଦେଖେ ତ ଆଉ କେହି ନୁହେଁ ମୋର ପୂର୍ବ ପରିଚିତ କାଶୀନାଥବାବୁ ସେଠାରେ ଚଉକିରେ ବସିଛନ୍ତି। ମୁଁ ମୋ ସମସ୍ୟା କଥା କହିଲି। ମୋ ପରିଚୟ ଦେଲି। ପ୍ରାୟ ସତର ଅଠର ବର୍ଷ ପରେ ତାଙ୍କ ସହ ଦେଖାହେଉଥାଏ। ମାତ୍ର କାଶୀନାଥବାବୁ କହିଲେ, 'ମୁଁ ଆପଣଙ୍କର ସବୁ ଖବର ରଖିଛି। ଆପଣ ବସନ୍ତୁ ଓ ଚା'-ପିଅନ୍ତୁ। ଅନ୍ୟ ସବୁ ଦାୟିତ୍ୱ ମୋର।'

ମୁଁ ଅନେକ ବ୍ୟାଙ୍କ୍ ମ୍ୟାନେଜରଙ୍କୁ ଦେଖିଛି। ମାତ୍ର କାଶୀନାଥବାବୁଙ୍କ ପରି ଜଣେ ଗ୍ରାହକ-ଉପକାରୀ ମ୍ୟାନେଜର ଆଜି ପର୍ଯ୍ୟନ୍ତ ଦେଖିନାହିଁ। ସତକୁ ସତ ଆମର କିଛି ସମସ୍ୟା ହେଲା ନାହିଁ, ଦି' ଘଣ୍ଟା ଭିତରେ ଆକାଉଣ୍ଟ୍ ଖୋଲା, ଟଙ୍କା ଦାଖଲ ଓ ଟ୍ରାନ୍ସଫର୍ କାମ ହୋଇଗଲା। କାଶୀନାଥବାବୁ ସବୁ କଥା ବୁଝିଦେଲେ।

ଏମିତି ପରିଚୟ ହେଲା କାଶୀନାଥବାବୁଙ୍କ ସହ। ସିଏ ଜାଣିଲେ, ଆମ ଝିଅ ବାଙ୍ଗାଲୋରରେ ମେଡିକାଲ୍ ପଢୁଛି। ମୁଁ କିନ୍ତୁ ତାଙ୍କ ପିଲା ପରିବାର ବିଷୟରେ କିଛି ପଚାରି ନ ଥିଲି। ସେଦିନ ସମୟ ନ ଥିଲା। କେମିତି ଝିଅ ପାଖେ ଯାଇ ଟଙ୍କା ପହଞ୍ଚିବ ସେଇଟା ସେଦିନ ମୁଖ୍ୟ ଚିନ୍ତା ଥିଲା।

ଏ ଘଟଣାର ଦି' ବର୍ଷ ପରେ, ୨୦୧୧ରେ ଗୌତମୀକୁ ଚବିଶ ପୂରିବାରୁ ଆମ ଘରେ ତା' ବିବାହ ପ୍ରସଙ୍ଗ ଉଠିଲା। ମୁଁ ସର୍ବଦା ଘର ଓ ଘରୋଇ ଜଞ୍ଜାଳରୁ ଦୂରରେ ରହିବା ଲୋକ। ଆଜି ପର୍ଯ୍ୟନ୍ତ ପରିବା ବ୍ୟାଗ୍ ଧରି ବଜାରକୁ ଯାଇନାହିଁ କିମ୍ବା ବନ୍ଧୁବାନ୍ଧବଙ୍କୁ କ'ଣ ଭାର-ବେଭାର ଦିଆଯାଇଛି ଜାଣିନାହିଁ। ବାହାଘରର ଅଠେଇଶ ବର୍ଷ ଭିତରେ ମୁଁ ନିଜ ଶ୍ୱଶୁରଘର ଗାଁକୁ ସର୍ବମୋଟ ଦୁଇ ତିନି ଥର ଯାଇଥିବି।

ସାହିତ୍ୟ, ରାଜନୀତି ଚର୍ଚ୍ଚା, ସାଙ୍ଗସାଥୀ ଓ ଗୀତଗପ ଭଲ ତ ମୁଁ ଭଲ। ମୋର ଏଇପ୍ରକାର ଢଙ୍ଗରଙ୍ଗ ପାଇଁ ବେଶି ଦାୟୀ ମୋ ବାପା ଓ ତା'ପରେ ପତ୍ନୀ ସଂଯୁକ୍ତା। ଏମାନେ 'ଅପାରଗ' ଭାବି ମୋତେ କିଛି ଦାୟିତ୍ୱ ଦେଇନାହାନ୍ତି, ମୁଁ ବି 'ପାରଗ' ଦାବି କରି କେବେ ନିଜଆଡୁ କୌଣସି ଦାୟିତ୍ୱ ମୁଣ୍ଡେଇବାକୁ ଚାହିଁନାହିଁ। କେବଳ ଦୁଇଟି ଅବକାଶରେ ସଂଯୁକ୍ତା ମୋତେ ଗମ୍ଭୀର ସ୍ୱରରେ କିଛି ଦାୟିତ୍ୱ ବୁଝିବାକୁ କହିଛନ୍ତି, ଥରେ ଗୌତମୀର ମେଡିକାଲ୍ ପଢ଼ିବା ନେଇ ଓ ଆଉ ଥରେ, ଏଇ ବାହାଘର ସମୟରେ।

ଦିନେ ଘରେ ବସିଛି, ସଂଯୁକ୍ତା କହିଲେ, 'ଝିଅର ବାପା ତୁମେ, କିଛି ବୁଝାବୁଝି କରୁନାହିଁ। ଭାବନି ବାହାଘର ପ୍ରସ୍ତାବ ଚାଲି ଚାଲି ତମ ଘରକୁ ଆସିବ। ମୁଣ୍ଡରେ ଗାମୁଛା ପକେଇ ବାରଦୁଆର ବୁଲିବାକୁ ପଡ଼ିପାରେ।''

ତାଙ୍କ କଥା ମିଛ ଥିଲା, ବରଂ ଗୌତମୀର ବାହାଘରର ପ୍ରସ୍ତାବ ନିଜେ ଚାଲି ଚାଲି ଆମ ଘରକୁ ଆସିଲା। ଆମକୁ କୋଉଠିକୁ ଯିବାକୁ ପଡ଼ିନାହିଁ। ସେଇ ପ୍ରଥମ ପ୍ରସ୍ତାବ, ସେଇ ଶେଷ। ଜଗନ୍ନାଥେ ସେ ପ୍ରସ୍ତାବ ପଠେଇଥିଲେ।

ଆମ ଘରେ ଗଣେଶ ଓ ସରସ୍ୱତୀ ପୂଜା ହୁଏ। ୨୦୧୦ ସରସ୍ୱତୀ ପୂଜାରେ ପୁଷ୍ପାଞ୍ଜଳି ଦେଇସାରି ଘରେ ବସିଛି, ବ୍ୟାଙ୍କ୍ ମ୍ୟାନେଜର କାଶୀନାଥବାବୁ ଆସି ପହଞ୍ଚିଲେ। ମୁଁ ଭାବିଲି, ଏହା ଏକ ସୌଜନ୍ୟମୂଳକ ଦେଖାସାକ୍ଷାତ। ତାଙ୍କ ଘର ଆମ ଭଦ୍ରକ ଜିଲ୍ଲାର ତିହିଡ଼ି ପାଖରେ। କିଛି ସମୟର କଥାବାର୍ତ୍ତା ପରେ ସେ କିନ୍ତୁ କହିଲେ, 'ଆପଣଙ୍କର ଯଦି ଆପତ୍ତି ନ ଥାଏ ମୁଁ ପ୍ରସ୍ତାବଟିଏ ଦେବି। ମୋ ପୁଅ କଟକ ଶ୍ରୀରାମଚନ୍ଦ୍ରଭଞ୍ଜ ମେଡିକାଲ୍ କଲେଜରୁ ଏମ୍‌ବିବିଏସ୍ ସାରି ରାଉରକେଲାରେ ଡିଏନ୍‌ବି କରୁଛି। ତା ସାଙ୍ଗେ ଆପଣଙ୍କ ଝିଅର ବାହାଘର ପ୍ରସ୍ତାବ ଦେବି।'

ମୁଁ ସରସ୍ୱତୀଙ୍କ ମୂର୍ତ୍ତି ଆଡ଼କୁ ଚାହିଁଲି। ହୋମଧୂଆଁର ବାସ୍ନା ତଥାପି ତାଙ୍କୁ ବେଢ଼ି ରହିଥାଏ। ଭାବିଲି, ଏଇ ଭଦ୍ରଲୋକଙ୍କ କଣ୍ଠରେ କ'ଣ ସରସ୍ୱତୀ ନିର୍ଦ୍ଦେଶ ଦେଉଛନ୍ତି କି ? ମନେ ମନେ ଶ୍ରୀଜଗନ୍ନାଥଙ୍କୁ ମୁଁ ସ୍ମରଣ କଲି।

ମୁଁ କାଶୀନାଥବାବୁଙ୍କୁ କିଛି ଉତ୍ତର ଦେଇପାରିଲି ନାହିଁ। ସଂଯୁକ୍ତା ତାଙ୍କୁ କହିଲେ, 'ଆଗେ ଆପଣଙ୍କ ପୁଅ ଆମ ଝିଅକୁ ଦେଖନ୍ତୁ। ତା'ପରେ ଜାତକ ମିଳେଇବା। ଯଦି ଜଗନ୍ନାଥଙ୍କର ଇଚ୍ଛା ଥାଏ, ତାହାହେଲେ ଆମେ ବନ୍ଧୁ ବାନ୍ଧିବା।'

କାଶୀନାଥବାବୁ ଖୁବ୍ ଦାୟିତ୍ୱ ସଚେତନ ବ୍ୟକ୍ତି। ଯେତିକି ଶୃଙ୍ଖଳିତ ସେତିକି ପରିଶ୍ରମୀ। ସମୟାନୁବର୍ତ୍ତିତାରେ ଅନେକଙ୍କଠାରୁ ଆଗରେ। ତାଙ୍କ ନିଜ ଜୀବନରେ ଦୁଃଖ ଭର୍ତ୍ତି। ମାତ୍ର ସବୁବେଳେ ସେ ହସୁଥାଆନ୍ତି ଓ ଅନ୍ୟର ଦୁଃଖ ବୁଝୁଥାଆନ୍ତି।

ସେଦିନ ସେ ଚା' ଟିକେ ଖାଇ ହସି ହସି ଆମଘରୁ ଫେରିଗଲେ। ନିଜେ ଗାଡ଼ିମଟର ଚଳାନ୍ତି ନାହିଁ। ଚାଲି ଚାଲି ଆସିଥିଲେ, ଚାଲି ଚାଲି ଅଟୋଷ୍ଟାଣ୍ଡ୍ ଯାଏ ଗଲେ।

ଏହାପରେ ପୁଅଝିଅ ପରସ୍ପରକୁ ଭେଟିବେ। ଆମେ ଥରେ ଭୁବନେଶ୍ୱର କ୍ଲବ୍‌ରେ ସେମାନଙ୍କୁ ଖାଇବା ପାଇଁ ନେଇଗଲୁ। ଗୌତମୀକୁ କିନ୍ତୁ ବାହାଘର ପ୍ରସଙ୍ଗ ଜଣାଇ ନ ଥାଉ। କାଳେ କ'ଣ ଭାବିବ! ଖିଆପିଆ ସାରି ସେ ଘରକୁ ଆସିଲା। ପଚାରିଲି, 'ପୁଅଟି କେମିତି ଲାଗିଲା?'' ସେ ଆଶ୍ଚର୍ଯ୍ୟ ହେଲା- 'କେମିତି' କ'ଣ?''

ମୁଁ ମୋର ଉଦ୍ଦେଶ୍ୟ ଜଣାଇଲି। ସେ ଖୁବ୍ ସ୍ପଷ୍ଟବାଦୀ। ପ୍ରଥମେ ମୋ କଥା ଶୁଣି ବିରକ୍ତ ହେଲା। ଏତେ ଶୀଘ୍ର କାହିଁକି ତା' ବାହାଘର କଥା ଚିନ୍ତା କରାଯାଉଛି ବୋଲି ପଚାରିଲା। ମାତ୍ର ମୁଁ କହିଲି, 'ଝିଅର ବାପାମାଆଙ୍କୁ ଚିନ୍ତା କରିବାକୁ ପଡ଼େ। ଏଇଟା ଗୋଟିଏ ପ୍ରସ୍ତାବ। ତୁ ଏଠି 'ହଁ' କହିବାକୁ ବାଧ ନୋହୁଁ। ତାଙ୍କ ପୁଅ ଭୁବନେଶ୍ୱର ଆସିଥିବାରୁ ଆମେ ତମ ଦୁହିଙ୍କ ଦେଖାଚାହାଁ ବନ୍ଦୋବସ୍ତ କରିଥିଲୁ।' ସେ କହିଲା, 'ମୁଁ ସେମିତି ଦୃଷ୍ଟିରେ ଅର୍ଥାତ୍ ତାଙ୍କ ସହ ଜୀବନ କାଟିବି, ସେଇ ଭାବରେ ତାଙ୍କୁ ଦେଖିନାହିଁ। ମୁଁ ଖାଦ୍ୟ ଉପରେ ଅଧିକ ଧ୍ୟାନ ଦେଇଥିଲି, ତେଣୁ ମୋର ମତ କିଛି ନାହିଁ।' ଆମେ ବାପା-ମା' ଆଉ କ'ଣ କହିଥାନ୍ତୁ!

କାଶୀନାଥବାବୁଙ୍କ ପୁଅ ରାଉରକେଲାରେ ରହୁଥିଲେ, ଆମ ଝିଅ ବାଙ୍ଗାଲୋରରେ। କ'ଣ କରାଯିବ? ସ୍ଥିର ହେଲା, ପରଥରକୁ ଦିହେଁ ଭୁବନେଶ୍ୱରରେ ଥିବାବେଳେ ଆଉ ଥରେ ସେମାନଙ୍କୁ ଖାଇବାକୁ ନେଇଯିବା। ଦି' ଜଣ ତ ପ୍ରସଙ୍ଗ ଜାଣିଗଲେଣି। ପରସ୍ପରକୁ ପସନ୍ଦ କଲେ ଆମେ ଆଗକୁ ଆଗେଇବୁ।

ମୁଁ ଆଗରୁ ଗୌତମୀର ଜାତକ ଜଣେ ଜ୍ୟୋତିଷଙ୍କୁ ଦେଖେଇଥିଲି। ସେ ରୋକ୍‌ଠୋକ୍ କହିଥିଲେ, ଏ କମ୍ପ୍ୟୁଟର ଜାତକରେ ଭୁଲ୍ ଅଛି। ଯଦି ଏହା ଠିକ୍ ଜାତକ ହୋଇଥାଏ, ତାହାହେଲେ ଏ ଝିଅର ବାହାଘର କଦାପି ହେବ ନାହିଁ। ଏକଥା ଶୁଣି ମନଟା ସେଦିନ ମରିଯାଇଥିଲା। ଜଗନ୍ନାଥଙ୍କୁ ଡାକିଥିଲି, ଗୋଟିଏ ପିଲା। ସେ କ'ଣ ବାହାହେବ ନାହିଁ! କାଶୀନାଥବାବୁଙ୍କ କଥା ଶୁଣି ଟିକିଏ ଆଶାନ୍ୱିତ ହୋଇଥିଲି।

ପୁରୀରୁ ଭୁବନେଶ୍ୱର ଫେରିବା ବାଟରେ ଏଇ ପଛକଥାଗୁଡ଼ିକ ସହ ବାହାଘରର ବ୍ୟବସ୍ଥା କଥା ମନକୁ ଆସୁଥାଏ। ସଂଚୟ ଶୂନ୍ୟ ବାପା-ମା' ଆମେ, କେମିତି ଏତେ ବଡ଼ କାମଟି ତୁଲେଇବୁ? ମୋର ଧାରଣା, ବନ୍ଧୁବାନ୍ଧବମାନେ ଆମକୁ ଦେଖି ଭାବନ୍ତି, ଆମେ ଖୁବ୍ ସ୍ୱଚ୍ଛଳ। ଆମେ ସେମାନଙ୍କର ଏହି ଭ୍ରମଟି ଦୂର କରିବାଲାଗି ଚେଷ୍ଟା କରିନାହୁଁ। କାରଣ କାହାକୁ ବୁଝେଇ ତହିଁରେ ସଫଳ ହେବା କଷ୍ଟ କାମ। ବୁଝେଇ

ବସିଲେ ବରଂ ସନ୍ଦେହ ଦୃଢ଼ ହୁଏ। ଆମେ ଦିହେଁ କାମ ବାଣ୍ଟିନେଲୁ। ମୋ ଭାଗରେ ନିମନ୍ତ୍ରଣ ଓ ଭୋଜି ଆୟୋଜନ। ସଂଯୁକ୍ତାଙ୍କର ଗହଣାଗାଣ୍ଠି, ଲୁଗାପଟା ଇତ୍ୟାଦି।

ବାହାଘରରେ ସବୁଠାରୁ ଯଦି କିଛି କଷ୍ଟକାମ ଥାଏ ତାହାହେଲେ ସେଇଟା ବନ୍ଧୁବାନ୍ଧବ ତାଲିକା ତିଆରି ଓ ନିମନ୍ତ୍ରଣପତ୍ର ବାଣ୍ଟିବା। ଯେତେ ଯାହା ନାମ ଠିକଣା ମନେ ପକାଇ ପକାଇ ଲେଖିଲେ ବି କେତେଜଣ ନିଶ୍ଚୟ ଛାଡ଼ି ହୋଇଯିବେ। ସେମିତି ନିମନ୍ତ୍ରଣପତ୍ର ବାଣ୍ଟିବା କାମ। ଅନ୍ୟ ଜାଗା କଥା ଦୂରକୁ ଥାଉ, ଏଇ ଭୁବନେଶ୍ୱରରେ ମଧ୍ୟ କିଏ କଳିଙ୍ଗନଗରରେ ତ କିଏ ସାମନ୍ତରାପୁରରେ, କିଏ ପଟିଆରେ ତ କିଏ ଗଡ଼ଗୋପୀନାଥପ୍ରସାଦରେ ରହିଲେଣି। ପୁଣି ସମସ୍ତେ ଆଶା କରନ୍ତି, ଯାହାର ପୁଅ-ଝିଅ ବାହାଘର, ସେ ନିଜେ ଆସି ନିମନ୍ତ୍ରଣ ପତ୍ର ଦେଉ। ବନ୍ଧୁବାନ୍ଧବମାନେ ମୁହଁରେ ଅବଶ୍ୟ କହନ୍ତି, 'କାହିଁକି କଷ୍ଟ କରି ଆସିବେ? ଆମେ ତ ଜାଣିଛୁ, ନିଶ୍ଚୟ ଯିବୁ। ତୁମେ ଡାକରେ ପକେଇ ଦିଅ।' ମାତ୍ର ସେଇମାନଙ୍କ ଘରକୁ ଦି' ପରାଣୀଙ୍କ ଭିତରୁ ଜଣେ ଯାଇଥିଲେ ଖୁଣ୍ଟା ଶୁଣିବାକୁ ମିଳେ - 'ଅମୁକଙ୍କ ଘରକୁ ଦିହେଁ ଯାଇଥିଲ ପରା!' ଆମର ଆଗରୁ କୌଣସି ବାହାଘର କାମ ହୋଇନି। ବନ୍ଧୁବାନ୍ଧବମାନଙ୍କ ସହ ଫୋନ୍‌ରେ କଥାବାର୍ତ୍ତା, ନ ହେଲେ ସଭାସମିତିରେ। ତେଣୁ ସେମାନଙ୍କ ଘର କୋଉଠି ତାହା ଠିକଣା କରିବା ହେଲା ପରବର୍ତ୍ତୀ କଠିନ କାମ। ଦ୍ୱିତୀୟ ଚିନ୍ତା - ଭୋଜି। ନିର୍ବନ୍ଧ ଦିନ ବରମୁଣ୍ଡା କାଳୀ ମନ୍ଦିର ପରିସରରେ ଥିବା ଲକ୍ଷ୍ମୀନାରାୟଣଙ୍କ ପାଖରେ ଭୋଜିଟିଏ ହୋଇଥିଲା। ମୁଁ ଶହେ ଜଣଙ୍କ ଲାଗି ଖାଇବା ବ୍ୟବସ୍ଥା କରିଥିଲି, କୁଣିଆ ଆସିଗଲେ ଶହେ ଷାଠିଏ। ମୋର ନିଜର ହିସାବ ଭୁଲ୍ ଥିଲା। ଭୋଜି ଦାୟିତ୍ୱ ନେଇଥିବା ତ୍ରିପାଠୀ ବାବୁ ଅନ୍ୟ କେଉଁଠୁ କିଛି ଅନ୍ନ ଆଣି କାମ ଚଳେଇ ନେଲେ, ନ ହେଲେ ମୁଁ ସେଦିନ ହଟହଟା ହୋଇଥାଆନ୍ତି। ସେଇକଥାକୁ ଦେଖେଇ ସଂଯୁକ୍ତା କହିଲେ, 'କେତେଜଣଙ୍କୁ ଡାକିବ ସେଇ ଅନୁସାରେ ଭୋଜି ବ୍ୟବସ୍ଥା କର। ମୋର ଗୋଟିଏ ବୋଲି ଶୁଭକାମ। ନିର୍ବନ୍ଧ ପରିକା ଅବସ୍ଥା ହେଲେ ମୁଁ କାହାକୁ ମୁହଁ ଦେଖେଇ ପାରିବି ନାହିଁ।'

ସେ ଠିକ୍ କଥା କହୁଥିଲେ। ଅନେକ ବଡ଼ ବଡ଼ ଲୋକଙ୍କ ବାହାଘରରେ ଦେଖିଛି, ଲୋକେ ଖାଇବାକୁ ନ ପାଇ ଫେରନ୍ତି। ଆମେ ମଧ୍ୟ କିଛି ଜାଗାରୁ ଫେରିଛୁ। କେତେକ ଜାଗାରେ ଖାଦ୍ୟ ଥିଲେ ବି ଏମିତି ଠେଲାପେଲା ହୁଏ ଯେ ସ୍ୱାଭିମାନୀ ଲୋକ ନ ଖାଇ ଫେରିଆସନ୍ତି। ଆମର ଧନବଳ ନାହିଁ କି ଜନବଳ ନାହିଁ। ମୋ ପରିବାର କିମ୍ବା ସଂଯୁକ୍ତାଙ୍କ ପରିବାରପଟୁ ସାହାଯ୍ୟ କରିବାକୁ କେହି ନାହିଁ। ତେଣୁ ମୋର ଚିନ୍ତା ବଢ଼ିଯାଉଥାଏ। ସାହା କେବଳ 'ସମ୍ବାଦ'ରେ ମୋର କିଛି ସହଯୋଗୀ।

ଦିନେ ବସି ଭାବିଲି, କେତେ ଲୋକଙ୍କ ପାଇଁ ଭୋଜି ବ୍ୟବସ୍ଥା କରିବା ଉଚିତ ହେବ ? ପରିଚୟ ତ ବହୁ ଲୋକଙ୍କ ସହ। ତା'ର କାରଣ, ଖବରକାଗଜ ସଂସ୍ଥାରେ କାମ କରୁଛି। କଟକ ଭୁବନେଶ୍ୱରରେ ବିତିଲାଣି ପାଖାପାଖି ସଇଁତିରିଶ ବର୍ଷ। ତା' ସାଙ୍ଗକୁ ସାହିତ୍ୟବନ୍ଧୁ, ସହକର୍ମୀ ଏବଂ ସଂଯୁକ୍ତାଙ୍କର ଜୀବନବୀମା ନିଗମର ସହକର୍ମୀ - ସଂପର୍କୀୟ। ମୋର ବ୍ୟାବହାରିକ ଜ୍ଞାନ ସୀମିତ। ପ୍ରଥମେ ଭାବିଥିଲି ପାଞ୍ଚଶହ ଲୋକଙ୍କ ପାଇଁ ବ୍ୟବସ୍ଥା କରିବି। ସଂଯୁକ୍ତା ମୃଦୁ ଧମକ ଦେଲେ, 'ମୁଁ ତିନିଶହଙ୍କୁ ଡାକିବି। ତୁମର ଦୁଇଶହରେ ତୁଟିଗଲେ ମୋର କହିବାର କିଛି ନାହିଁ। ତୁମର ସାଢ଼େ ଚାରିଶହ ଆଉ ମୋର ପଚାଶ, ସେମିତି ହେବ ନାହିଁ।'' ମୁଁ ପୁଣିଥରେ ମନେ ମନେ ହିସାବ କଲି। ଏମିତି ହୋଇ ସେ ସଂଖ୍ୟା ପହଞ୍ଚିଲା ପନ୍ଦରଶହରେ। ସରକାରରେ ଥିବା କିଛି ବନ୍ଧୁଙ୍କ ସାହାଯ୍ୟ ଯୋଗୁଁ ମୁଁ ଛଅମାସ ପୂର୍ବରୁ ଆଠନମ୍ବର ୟୁନିଟ୍‌ର କଲ୍ୟାଣମଣ୍ଡପଟିକୁ ବୁକ୍ କରେଇଥିଲି। (ଏବେ ସେ 'କଲ୍ୟାଣ ମଣ୍ଡପ' ସେଠି ଆଉ ନାହିଁ।) ହୋଟେଲ୍ କଥା ହୋଇଥିଲେ ଆମେ ଆଦୌ ଭୋଜି ଖର୍ଚ୍ଚ ସମ୍ଭାଳି ପାରି ନ ଥା'ନ୍ତୁ।

ବାହାଘର ଭୋଜିଭାତ ନେଇ ମୋର ସବୁବେଳେ ଅଲଗା ମତ। ଅଧିକାଂଶ ବାହାଘର ଭୋଜିର ଖାଇବା ଏକପ୍ରକାର। ଖାଦ୍ୟ ଯେମିତି, ପରଶୁଣିଆ ବି ସେମିତି। ପରିଷ୍କାର ପରିଚ୍ଛନ୍ନତା କଥା ତ ଓଡ଼ିଆମାନଙ୍କ ବାହାଘରରେ ସବା ଶେଷ ପ୍ରସଙ୍ଗ। କିଛି ମାସ ଆଗରୁ 'ଖବର' ସଂପାଦକ ଅଧ୍ୟାପକ ବିଶ୍ୱରଂଜନଙ୍କ ପୁଅ ବାହାଘରକୁ ଭୋଜି ଖାଇବାକୁ ଯାଇଥିଲି। ମୋତେ ସେ ଭୋଜିର ଖାଦ୍ୟ, ପରଶୁଣିଆଙ୍କ ବ୍ୟବହାର ଓ ସଫାସୁତୁରା ପରିବେଶ ଭଲ ଲାଗିଥିଲା। ତାଙ୍କ ପୁଅ ଅଧ୍ୟାପକ ନେତାଜୀ ଅଭିନନ୍ଦନଙ୍କ ଜରିଆରେ 'ଖଟାମିଠା' ସଂସ୍ଥାର ଅନୁପ ବାବୁଙ୍କ ଘରେ ଯାଇ ଦିନେ ଆମେ ଦି' ପରାଣୀ ପହଞ୍ଚିଗଲୁ। ସେ ରାଜି ହେଲେ, ଭୋଜି ଦାୟିତ୍ୱ ବୁଝିବେ। ସଂଯୁକ୍ତା ରୋଷେଇବାସରେ ନିପୁଣା। ସିଏ ବ୍ୟଞ୍ଜନ ତାଲିକା କଲେ। ମୋର ଖାଲି ଗୋଟିଏ ଅନୁରୋଧ, ''କୌଣସି ଜଣେ କୁଣିଆ ଯେମିତି ଅଶାନ୍ତିରେ ନ ଫେରନ୍ତି।'' ସେ ମୋତେ ଅଭୟ ବାଣୀ ଦେଇ ବିଦା କରିଥିଲେ। ଆପଣଙ୍କ ଭୋଜିର ବ୍ୟଞ୍ଜନ ଅଲଗା ହେବ, ପରିବେଷଣ ଦାୟିତ୍ୱ ମୁଁ ବୁଝିବି।''

ବାହାଘର କାର୍ଡ ବାଣ୍ଟିବା ପାଇଁ ମୁଁ ଜଣେ ସହଯୋଗୀଙ୍କ ମୋଟର ସାଇକେଲ୍ ପଛରେ ବସି ଚାରି ପାଞ୍ଚ ଦିନ ଘୂରିଲି। ଖାଲଢିପରେ ମୋଟର ସାଇକେଲ୍ ଚାଲୁ ଚାଲୁ ଗୋଟାଏ ଖାଲରେ ପଡ଼ିଯିବାରୁ ପିଠିରେ ରକା ପଶିଗଲା। ବାହାଘର ଆଉ ତିନି ଦିନ ବାକି ଅଛି। ମୋ ଅବସ୍ଥା ଏପରି। ପ୍ରତିଦିନ କିଣାକିଣି ଚାଲିଥାଏ। ସମୁଦୀ

କାଶୀନାଥବାବୁ ଅବଶ୍ୟ କହିଦେଇଥାଆନ୍ତି, 'ଆମର କିଛି ଦରକାର ନାହିଁ। ଆମ ଘରେ କହୁଛନ୍ତି, ଗୌରହରି ଦାସ ପରା ଆମର ଯୌତୁକ, ପୁଣି ଯୌତୁକ କ'ଣ ?''

ତାଙ୍କ ପ୍ରଶଂସା ଶୁଣି ମୁଁ ହସିଲି। ତେବେ ଆମେ ଝିଅପକ୍ଷ। ଆମର ଦାୟିତ୍ୱ ରହିଛି - ସଂଯୁକ୍ତା କହୁଥାଆନ୍ତି। ବାହାଘର ଦିନ ଆସିଗଲା। ଭୁବନେଶ୍ୱର ମ୍ୟୁନିସିପାଲିଟି କର୍ତ୍ତୃପକ୍ଷ କଲ୍ୟାଣମଣ୍ଡପଟିର ରଙ୍ଗଧଉଳା କାମ କରିଦେଇଥାଆନ୍ତି। ମାତ୍ର ସାମ୍ନା ରାସ୍ତାର କାମ ଦରପନ୍ତରା ଥାଏ। କଲ୍ୟାଣମଣ୍ଡପ ଗୁଡ଼ିକ ବର୍ଷରେ ଚାରି ପାଞ୍ଚ ମାସ ଖାଲି ପଡ଼ିଥାଏ। ମାତ୍ର ସେଇ ସମୟରେ ଏସବୁ କାମ ହୁଏ ନାହିଁ। ବାହାଘର ସମୟରେ ବାଇଗଣ ରୁଆ ହୁଏ। କାହାକୁ କହିବା, ସରକାରୀ କାମ! ବାହାଘର ଦିନ ସକାଳୁ ବରଧରା, ସଂଯୁକ୍ତାଙ୍କ ପୁତୁରା ଆୟୁଷ୍ମାନ୍ ଠିକ୍ ସମୟରେ ପହଞ୍ଚି ନ ଥାଏ। ଆମେ ଚିନ୍ତିତ। ବିକଳ୍ପ ବ୍ୟବସ୍ଥା କଥା ଚିନ୍ତା କରୁଛୁ, ସେ ଝାଳନାଳ ହୋଇ ପହଞ୍ଚିଲା। ଦରଜି ତା'ର ପୋଷାକ ତାକୁ ଦେବାରେ ବିଳମ୍ବ କରିବାରୁ ଏ ସମସ୍ୟା ହେଲା। ମୁଁ ଘରକାମରେ ବ୍ୟସ୍ତ ରହିଲି। ଘରକୁ କିଛି କିଛି କୁଣିଆ ଆସି ପହଞ୍ଚୁଥା'ନ୍ତି। କଲ୍ୟାଣମଣ୍ଡପ ଆଡ଼େ ଥରୁଟିଏ ସୁଦ୍ଧା ଯାଇପାରିଲି ନାହିଁ। ପହଞ୍ଚିଲି ସନ୍ଧ୍ୟା ସାଢ଼େ ସାତଟାରେ, ସେତେବେଳକୁ ଆମନ୍ତ୍ରିତ ଅତିଥିମାନେ ଆସିବାକୁ ଆରମ୍ଭ କଲେଣି। ମୋର ଅଣ୍ଟା କଷ୍ଟ, ଏଣେ ଧୋତି ପଞ୍ଜାବି ପିନ୍ଧିଥିବାରୁ ଚଳାଚଳରେ ସାମାନ୍ୟ ସମସ୍ୟା ହେଉଥାଏ। ଆଉ ଥରେ ବିକଳରେ ଜଗନ୍ନାଥଙ୍କୁ ଡାକିଲି, ଆପଣ ସହାୟ ହୁଅନ୍ତୁ।

ସେ ସହାୟ ହେଲେ। କରୁଣାର ପାରାବାର, ଦୟାର ସାଗର ସେ। ସେଦିନର ଭୋଜି, ଅତିଥି ଚର୍ଚ୍ଚା ଓ ସଂଗୀତ ଆସର ଏତେ ଭଲ ହେଲା ଯେ ମୁଁ ତାହା କଳ୍ପନା କରି ନ ଥିଲି। କୁଳପତି ଏବଂ ପୂର୍ବତନ ମୁଖ୍ୟ ଶାସନ ସଚିବଙ୍କ ପରି ଲୋକେ ମୋତେ ଫୋନ୍ କରି କହିଲେ, ଆମେ ଦି' ଦି'ଥର ମିଠା ମାଗିକି ଖାଇଲୁ। ସେମାନଙ୍କୁ କେଉଁ ମିଠା ଅପୂରୁବ! ପରିବେଶ ସେମିତି ଶୃଙ୍ଖଳିତ ଓ ସୁନ୍ଦର ହୋଇଥିବାରୁ ସେମାନେ ଅଧିକ ସମୟ ରହିବାକୁ ଇଚ୍ଛା କରିଥିଲେ। ଅଧିକାଂଶ ବନ୍ଧୁ କହିଲେ, ''ଏମିତି ସାରସ୍ୱତ ବନ୍ଧୁମିଳନ ଆମେ ନିକଟ ଅତୀତରେ ଦେଖି ନ ଥିଲୁ।'' କିଏ ଆସି ନ ଥିଲେ ? ଲେଖକ, ସାମ୍ବାଦିକ, ରାଜନେତା, କୁଳପତି, ମେଡ଼ିକାଲ୍ କଲେଜ ଓ ଇଞ୍ଜିନିୟରିଂ କଲେଜର ପ୍ରତିଷ୍ଠାତା, ସହପାଠୀ, ଜୀବନବୀମା ନିଗମର ଅଧିକାରୀ ଏବଂ ସର୍ବୋପରି 'ସମ୍ବାଦ'ର ସଂପାଦକଙ୍କଠାରୁ ନେଇ ମୋର ସହଯୋଗୀମାନେ। ଏଇ ଅନୁଷ୍ଠାନର ବିଜୟ ବାବୁ, କମଳାକାନ୍ତ ବାବୁ, ରଣଜିତ ବାବୁ ଏବଂ ମୋର ସହପାଠୀ ମହେଶ୍ୱର, ନରହରି, ମନୋରଂଜନ ଏବଂ ବନ୍ଧୁ ଘନଶ୍ୟାମ ପରିଡ଼ା ପ୍ରମୁଖ କଲ୍ୟାଣମଣ୍ଡପ କଥା ବୁଝୁଥିଲେ। ପୂର୍ବରୁ ବନ୍ଧୁ ବନୋଜ ତ୍ରିପାଠୀ, ରତ୍ନମାଳା ସ୍ୱାଇଁ କେତେକ କଥା

ବୁଝିଦେଇଥିଲେ। ବନ୍ଧୁ ଓ ମନ୍ତ୍ରୀ ଅତନୁ ସବ୍ୟସାଚୀ ନାୟକ ମଧ୍ୟ ସାହସ ଦେଇଥିଲେ, କିଛି ଅସୁବିଧା ହେବନାହିଁ। ବାହାଘର ଦିନ ସଞ୍ଜବେଳେ କେନ୍ଦୁଝରରୁ ବନ୍ଧୁ ନିରଂଜନ ନାୟକ ଆସି ପହଞ୍ଚିଲେ। ସେ ରାତିସାରା ବାର ପ୍ରକାର ଗପ ଗପୁଥାଆନ୍ତି। ମୁଁ ପଚାରିଲି, 'ତୁମେ କାହିଁକି ଏତେ ଗପୁଛ ?'' ସେ ତାଙ୍କର ସ୍ୱଭାବସୁଲଭ ଠାଣିରେ କହିଲେ, 'କାଲେ ତୁମକୁ ନିଦ ମାଡ଼ିଆସିବ !''

ବେଦି କାମ ଆରମ୍ଭ ହେବା ଆଗରୁ ଖବର ପାଇଲି, ଝିଅର ରିସେପ୍‌ସନ୍ ପ୍ୟାଣ୍ଡଲ୍ ପାଖରୁ ତା'ର ବ୍ୟାଗ୍‌ଟି ଚୋରି ହୋଇଯାଇଛି। ତହିଁରେ ତା'ର ଚୁଡ଼ି ପଟେ, କଣ୍ଟାକ୍ଟ ଲେନ୍‌ସର ଡବା, ଟଙ୍କା ଦେଢ଼ - ଦି' ହଜାର, ନୂଆ ମୋବାଇଲ୍ ଫୋନ୍ ଓ ବ୍ୟାଙ୍କ୍ ଏଟିଏମ୍-ଡେବିଟ୍ କାର୍ଡ ଥିଲା। ଆମେ ଚିନ୍ତାରେ ପଡ଼ିଗଲୁ। କେହି ଚୋର ପ୍ୟାଣ୍ଡଲ୍‌ର ପଛରୁ ପରଦା କାଟି ସେଇଟି ନେଇଯାଇଛି। ରକ୍ଷା ହେଇଛି, ଉପହାର ଟଙ୍କା ଓ ସୁନାମୁଦି ଇତ୍ୟାଦି ଥିବା ବ୍ୟାଗ୍ ଯୋଡ଼ିକ ନେଇପାରିନାହିଁ। ସେ ଦୁଇଟି ବ୍ୟାଗ୍‌କୁ ମୋର ଛାତ୍ରୀ ସସେମିରା ଏବଂ ଆଦିତି ରାତି ଅନିଦ୍ରା ହୋଇ ଯକ୍ଷ ପରି ଜଗି ରହିଥିଲେ। ସେଥିରେ ଅନେକ ଟଙ୍କା ପଇସା ଓ ଗହଣା ଥିଲା। ଦି'ଜଣ ଛାତ୍ର ରାଜକିଶୋର ଓ ତୁଷାର ମଧ୍ୟ ସେଗୁଡ଼ିକ ଉପରେ ନଜର ରଖିଥିଲେ। ମୁଁ ଲକ୍ଷ୍ୟ କରୁଥାଏ, ବ୍ୟାଗ୍ ହଜିବା ଖବର ଶୁଣିବା କ୍ଷଣି ଝିଅର ମୁହଁ ଶୁଖିଗଲା। ମୋବାଇଲ୍ ଫୋନ୍‌ଟି ତା'ର ବର ତାପସ ଦେଇଥିଲେ। ତା' ସହ ତା'ର ଆବେଗ ସଂଶ୍ଳିଷ୍ଟ ଥିଲା। କିଛି ସମୟ ପରେ ଖବର ପାଇଲି, ଚୋର ବ୍ୟାଗ୍‌ରୁ ଟଙ୍କା, ମୋବାଇଲ୍ ଓ ଚୁଡ଼ି ନେଇଯାଇ ବାକି ସବୁ ଗୋଟାଏ ଜାଗାରେ ଛାଡ଼ିଯାଇଛି। ଫୋନ୍ ଭିତରୁ 'ସିମ୍' କାର୍ଡଟି ମଧ୍ୟ ବାହାର କରି ଦେଇଯାଇଛି। ସବୁଠୁ ଦାମୀ ଥିଲା ଗୌତମୀର ଡେବିଟ୍ କାର୍ଡ। ତା' ଆକାଉଣ୍ଟରେ ସତୁରି-ଅଶୀ ହଜାର ଟଙ୍କା ଥିଲା। ଗୌତମୀର ମୁହଁକୁ ହସ ଫେରୁ ନ ଥାଏ। ରାତି ଅନିଦ୍ରା, ଉପବାସ, ବେଦିରେ ଚକା ପକେଇ ବସିବା କଷ୍ଟ ସବୁ ମିଶି ମୁହଁରୁ ହସ ଛଡ଼େଇ ନେଇଥାଏ। ତା' ସାଙ୍ଗକୁ ଏସବୁ ଚୋରି ହେବା। ମାତ୍ର ମୁଁ ବେଶି ଚିନ୍ତା କଲିନାହିଁ। ସନ୍ଧ୍ୟାବେଳୁ ବ୍ୟାଗ୍ ହଜିଲାଣି। ଏବେ ଜଣାପଡୁଛି। ଇଏ ବି ଜଗନ୍ନାଥଙ୍କ ଇଚ୍ଛା। ସେତେବେଳେ ଏକଥା ଜଣାପଡ଼ିଥିଲେ ଅତିଥିମାନଙ୍କ ଆଶୀର୍ବାଦ ଓ ଉପହାର ଗ୍ରହଣ ବେଳେ ସେ ଆଦୌ ହସି ନ ଥାନ୍ତା। ସବୁ ଫଟୋତକ ପାଣିଚିଆ ହୋଇସାରିଥାନ୍ତା। ବେଦି କର୍ମ ସମୟରେ ଝିଅର ହସିବା ପ୍ରୟୋଜନ ନାହିଁ।

ବାହାଘର ସରୁ ସରୁ ରାତି ପାହିଗଲା। ମୁଁ ଝିଅ-ଜ୍ୱାଇଁଙ୍କୁ ଧରି ବରମୁଣ୍ଡାର ଆମ ଘରକୁ ଆସିଲି। ସେମାନେ ବିଶ୍ରାମ ନେଇ ଦିନ ସାଢ଼େ ଏଗାରଟା ବେଳକୁ ବିଦାବିଦି ହେଲେ। ଝିଅ ବିଦାୟ ବେଳେ ଆମେ କେହି କାନ୍ଦିବା ନାହିଁ ବୋଲି ମୁଁ ଓ ସଂଯୁକ୍ତା

ବହୁ ଆଗରୁ ସ୍ଥିର କରିଥିଲୁ। ମାତ୍ର ମା' ସେ, କେମିତି ରହିବ ? ସେ କାନ୍ଦିଲେ, ତାକୁ ଦେଖି ଗୌତମୀ ଏବଂ ସବା ଶେଷରେ ମୁଁ। ଅତ୍ୟନ୍ତ କରୁଣ ସେ ପରିସ୍ଥିତି। ଆମକୁ ଦେଖି ଜ୍ୱାଇଁ ତାପସଙ୍କ ଆଖି ବି ଛଳଛଳ ହୋଇଗଲା। କାନ୍ଦଣା ସଂକ୍ରାମକ ବୋଲି ଜାଣିଥିଲି, ପ୍ରତ୍ୟକ୍ଷ କଲି।

ବାଧ୍ୟହୋଇ ମୁଁ ଝିଅ ଜ୍ୱାଇଁ ଯିବା ପରେ ପରେ ଆଉ ଗୋଟିଏ ଗାଡ଼ିରେ ସଂଯୁକ୍ତାଙ୍କୁ ନେଇ ଗଲି। ପୂର୍ବ ଦିନରୁ ଆମେ ଦୁହେଁ ଉପବାସ। ବାଟରେ ତାକୁ କିଛି ଖୁଆଇ ଦେଲି, ନିଜେ ଖାଇଲି। ତାଙ୍କର ମନ ଝିଅକୁ ଯାଇ ଦେଖିବେ। ମୁଁ କହିଲି, ତା' ଶାଶୂଘର ଏଇ ଭୁବନେଶ୍ୱରରେ ବୋଲି ସିନା, ଦୂରରେ ହୋଇଥିଲେ କ'ଣ କରିଥା'ନ୍ତ ? ସେ କିଛି କହିଲେ ନାହିଁ। ମୁଁ ଜଗନ୍ନାଥଙ୍କୁ ପୁଣି ମନେପକେଇଲି। କେଡ଼େ ଦୟାଳୁ ସେ। ଆମର ଗୋଟିଏ ପିଲା ବୋଲି ତା' ଶାଶୂଘର ଏଇଠି ଭୁବନେଶ୍ୱର ଠିକଣା କରେଇଛନ୍ତି।

ଦିହେଁ ଗୌତମୀର ଶାଶୂଘରକୁ ଗଲୁ। ଏମିତି ଭାବରେ ଝିଅଘରକୁ ଯିବା ଉଚିତ ହେବ ନାହିଁ କହି ସଂଯୁକ୍ତା ବାହାରୁ ବାହାରୁ ଚାଲି ଆସିବାକୁ କହୁଥିଲେ। ମାତ୍ର ସମୁଦୀ ଆମକୁ ଦେଖି ଭିତରକୁ ଡାକିନେଲେ। ମୁଁ ଭାବୁଛି, ଆମେ ଦିହେଁ ବିରଳ ପର୍ଯ୍ୟାୟର ଶାଶୂ ଓ ଶ୍ୱଶୁର ହେବୁ, ଯିଏ ଝିଅ ଜ୍ୱାଇଁ ଯାଇ ନ ପହଞ୍ଚୁଣୁ ତାଙ୍କ ଘରେ ଯାଇ ଆମେ ପହଞ୍ଚିଥିଲୁ।

ବାହାଘର ପରେ କୋଳାହଳ କମିଗଲା। ମୁଁ ହିସାବ କଲି, ସବୁ ଭଲରେ ଭଲରେ ସରିବା ପରେ ମଧ୍ୟ ମୋ ପାଖରେ ଆହୁରି ଟଙ୍କା ଅଛି (ଋଣ ଟଙ୍କା ହେଉ ପଛେ)। ପିଲାଏ ଯାଇ ଦି' ତିନିଦିନ ଭଲ ଭାବରେ ବୁଲାବୁଲି କରି ଆସିଲେ। ସବୁ ଅତି ସୁରୁଖୁରୁରେ ସରିଲା। ତା'ପରଠାରୁ ଫୋନ୍ ପରେ ଫୋନ୍ ପାଇଲି - ଭୋଜିର ପ୍ରଶଂସା। କିଏ ପୋଇପତର ମାଛପୋଡ଼ା କଥା କହିଲେ ତ କିଏ ଚିଙ୍ଗୁଡ଼ି ଭାଜି କଥା କହିଲେ। କିଏ ସ୍ନାକ୍ସ କଥା କହିଲେ ତ କିଏ ମାଉଁସ ତରକାରି କଥା କହିଲେ। କିଏ ଗୀତ ଆସର କଥା କହି ପ୍ରଶଂସା କଲେ ତ କିଏ ବନ୍ଧୁ ଆମନ୍ତ୍ରିତ ଅତିଥିଙ୍କ ସମାବେଶ କଥା ଉଲ୍ଲେଖ କରି ପ୍ରଶଂସା କଲେ ! ମୁଁ ସବୁ ଶୁଣି ଜଗନ୍ନାଥଙ୍କୁ ସ୍ମରଣ କରୁଥାଏ। ମୁଁ କିବା ଲୋକ ! ମୋତେ ପୁଣି ଏତେ ପ୍ରଶଂସା।

ପ୍ରଥମେ ପ୍ରଥମେ ଭୋଜିର ପ୍ରଶଂସା ଶୁଣି ଆମେ ଦୁହେଁ ତାହାକୁ ସତ ମଣୁ ନ ଥିଲୁ। କାରଣ ଆମ ଘରେ ଆମେ ତିନିହେଁ - ମୁଁ, ସଂଯୁକ୍ତା ଓ ଝିଅ ଗୌତମୀ ଉପବାସ ଯୋଗୁଁ କେହି ଭୋଜି ଖାଇ ନ ଥିଲୁ। ମାତ୍ର ପରେ ପରେ ଏତେ ପ୍ରଶଂସା ଆସିଲା ଯେ, ଆଉ ଅବିଶ୍ୱାସ କରିହେଲା ନାହିଁ। ସମୁଦୀ କହିଲେ, ଆମ ଘର ଲୋକେ ଓ

ବରଯାତ୍ରୀମାନେ ଅତ୍ୟନ୍ତ ଖୁସି । ଆପଣ ତାଙ୍କ ପାଇଁ ସ୍ୱତନ୍ତ୍ର ହଲ୍, ରାତି ତମାମ ଚା'-କଫି, ଫଳ ଓ ବିସ୍କୁଟ୍ ବ୍ୟବସ୍ଥା ଖଞ୍ଜି ଦେଇଥିଲେ ଯେ !''

ତାଙ୍କ କଥା ଶୁଣି ମୋ ଆଖିରୁ ଆନନ୍ଦର ଲୁହ ନିଗିଡ଼ି ଆସିଥିଲା । ମୁଁ ମନେ ମନେ ଆଉ ଥରେ ଦୋହରେଇଲି, ଜଗନ୍ନାଥେ ପ୍ରସ୍ତାବ ପଠାଇଥିଲେ, ଦାୟିତ୍ୱ ସିଏ ବୁଝିଲେ । ନ ହେଲେ, ନିମନ୍ତ୍ରଣପତ୍ର ବାଣ୍ଟୁ ବାଣ୍ଟୁ ତ ମୋ ଅଣ୍ଟା ଜଖମ ହୋଇଥିଲା, ସମୁଦାୟ କାମ ମୁଁ ସାରିଥା'ନ୍ତି କେମିତି ? ଏମିତି ଶୂନ୍ୟରେ ଶୂନ୍ୟରେ ବାହାଘର କାମ ସରିବ ବୋଲି କ'ଣ ମୁଁ କେବେ ଭାବି ପାରିଥାଆନ୍ତି ? ଆମ ଭୋଜି ପରେ ପରେ ସମୁଦୀ ଭୋଜି ଦେଲେ । ସେ ଭୋଜି ମଧ୍ୟ ଅତି ଚମତ୍କାର ଭାବେ ସଂପନ୍ନ ହେଲା । ସମସ୍ତେ ତାଙ୍କୁ ବାହା-ବା କଲେ । ମୋର ମନ ଉଚ୍ଛନ୍ନ ହେଉଥାଏ, କେମିତି ଜଗନ୍ନାଥଙ୍କ ପାଖକୁ ଯାଇ କୃତଜ୍ଞତା ଜଣାଇ ଆସିବି । ମୁଁ ଏକଥା ଭାବୁଛି, ତାଙ୍କ ଭୋଜି ପରଦିନ ସମୁଦୀ ପ୍ରସ୍ତାବ ଦେଲେ, ପିଲା ଦିହେଁ ଆଜି ପୁରୀ ମେ-ଫେୟାର୍ ଯାଉଛନ୍ତି । ସେମାନେ ତାଙ୍କ ରାସ୍ତାରେ ଯିବେ । ମୁଁ ଅଲଗା ଗାଡ଼ିରେ ବାହାରିଛି । ଆପଣ ଦିହେଁ ମୋ ସାଙ୍ଗେ ପୁରୀ ଯିବେ କି ?

ମୁଁ ଓ ସଂଯୁକ୍ତା ପରସ୍ପରର ମୁହଁକୁ ଚାହିଁଲୁ । ଆମ ପାଇଁ କେତେ ଦାୟିତ୍ୱ ନ ବୁଝୁଛନ୍ତି ବଡ଼ ଠାକୁରେ । ସାଙ୍ଗେ ସାଙ୍ଗେ ନିଜ ଗାଡ଼ିକୁ ଆଠନମ୍ବର କଲ୍ୟାଣମଣ୍ଡପ ପାଖ ସିଣ୍ଡିକେଟ୍ ବ୍ୟାଙ୍କ୍ ପରିସରରେ ରଖିଦେଇ ସମୁଦୀଙ୍କ ଟ୍ୟାକ୍ସିରେ ବସିପଡ଼ି କହିଲୁ, 'ଚାଲନ୍ତୁ' ।

ଲୁହ ଛଳଛଳ ଆଖି ଆଗରେ ମୋର ଆଉ ଥରେ ଜଗନ୍ନାଥଙ୍କ ମୂର୍ତ୍ତି ଭାସିଉଠିଲା । (୨୦୧୨)

■

ସିଏ ମୋର ସ୍ୱପ୍ନ ଓ ସାହସ

୨୦୧୩ ଜୁନ୍ ୨୪ ତାରିଖ। ଦିନେ ଦି' ଦିନ ଆଗରୁ ଭଲ ବର୍ଷା କେଇ ଅସରା ବରଷିଯାଇଥିଲେ ମଧ୍ୟ ସ୍ୱେଦାକ୍ତ ମଧ୍ୟାହ୍ନ ଅସ୍ୱସ୍ତିକର ଲାଗୁଥାଏ। ମୁଁ ସମ୍ବାଦ ସ୍କୁଲ୍ ଅଫ୍ ମିଡିଆ ଆଣ୍ଡ୍ କଲ୍‌ଚର୍ (ସୋମାକ୍) ଦପ୍ତରରେ ବସିଥାଏ। ମୋବାଇଲ୍ ଫୋନ୍ ବାଜିଉଠିଲା। ମୁଁ ଫୋନ୍ ଧରିବାବେଳକୁ ସେପଟରୁ ଝିଅ ଗୌତମୀର ଉଲ୍ଲସିତ ସ୍ୱର। ମୁଁ ତା' କଥାକୁ ବିଶ୍ୱାସ କରିପାରୁ ନ ଥାଏ। ସେ କହୁଥାଏ, 'ବାପା, ମୁଁ ଅଲ୍ ଇଣ୍ଡିଆ ପି.ଜି. ସିଟ୍ ପାଇଛି। ଏବେ ମୁଁ ଇଣ୍ଟରନେଟ୍‌ରେ ଦେଖିଲି। ମୋତେ ବୁର୍ଲାର ବୀର ସୁରେନ୍ଦ୍ରସାଏ ମେଡିକାଲ୍ କଲେଜରେ ସିଟ୍ ମିଳିଛି। ମୁଁ ଚାହିଁଥିଲି ପ୍ୟାଥୋଲଜି ପଢ଼ିବି, ମୋତେ ତାହା ମିଳିଲା। ଆମକୁ ଖୁବ୍ ଶୀଘ୍ର ବୁର୍ଲା ଯିବାକୁ ପଡ଼ିବ।'

ମୋର ଅସ୍ୱସ୍ତି ଭାବ ଚାହୁଁକିନା ହଟିଗଲା। ମୁଁ ଯେଉଁଠି ବସେ, ସେଇ କାନ୍ଥରେ ଜଗନ୍ନାଥଙ୍କର ଫଟୋଟିଏ। ସେଇ ଫଟୋଆଡ଼େ ଅନେଇ ମୁହୂର୍ତ୍ତଟିଏ ନିରବରେ ବସିଲି। ମନେ ମନେ ଜଗନ୍ନାଥଙ୍କୁ କୃତଜ୍ଞତା ଜଣେଇଲି। ଜୀବନସାରା ସେଇ ହିଁ ମୋର ସୁଖରେ, ଦୁଃଖରେ ସହାୟ ହୋଇ ରହିଛନ୍ତି। ନ ହେଲେ ମୁଁ କିଏ? ମୋର ବା ସାଧ କେତେ?

ଝିଅ ଗୌତମୀ ୨୦୧୧ ମାର୍ଚ୍ଚରେ କର୍ଣ୍ଣାଟକ ରାଜ୍ୟର ଶ୍ରୀ ସିଦ୍ଧାର୍ଥ ମେଡିକାଲ୍ କଲେଜରୁ ଏମ୍.ବି.ବି.ଏସ୍. ସାରି ଫେରିଲା। ତାହାପରେ ସେ ଭୁବନେଶ୍ୱରର ସମ୍ ହସ୍‌ପିଟାଲ୍‌ରେ ଜୁନିଅର୍ ରେସିଡେଣ୍ଟ୍ ଭାବେ କାମ କରୁଥିଲା। ମୋର ବନ୍ଧୁ ତଥା ଓଡ଼ିଶାର ବିଖ୍ୟାତ ୟୁରୋଲଜି ସର୍ଜନ ଡାକ୍ତର ଦଣ୍ଡେଶ୍ୱର ହୋତା ପରାମର୍ଶ ଦେଲେ, 'ପି.ଜି. ସିଟ୍ ପାଇବା ଖୁବ୍ କଷ୍ଟ। ଝିଅ ଚାକିରି ନ କରି ସମ୍ପୂର୍ଣ୍ଣ ସମୟ ଦେଇ ଘରେ ପଢୁ। ସେଇଟି ଭଲ ହେବ।' ମୁଁ ଆଗରୁ ଅନ୍ୟ କଥା

ଭାବି ତାଙ୍କୁ ଚାକିରି କରିବାକୁ କହିଥିଲି। ବାପା-ମାଆ ଆମେ ଦିହେଁ କାମ କରୁଥିବାରୁ ସକାଳ ଦଶଟାରେ ଖାଇଦେଇ ଘରୁ ଚାଲିଆସୁ। ତା'ପରେ ଘରେ ଏକାକୀ ଝିଅ। ଏକୁଟିଆ ରହିଲେ ମନକୁ ବାରକଥା ଆସିବ। ହୁଏତ ମନ ଭିତରେ ଭାଙ୍ଗିପଡ଼ିବ। ଚାକିରି ପାଇଁ କିଛି ଘଣ୍ଟା ବାହାରକୁ ଗଲେ ନୂଆ ଅଭିଜ୍ଞତା ପାଇବ, ତାହାଛଡ଼ା ମନ ବଦଳିଯିବ। ମାତ୍ର ଡାକ୍ତର ହୋତାଙ୍କ ପରାମର୍ଶ ଶୁଣିଲା ପରେ ମୁଁ ଝିଅକୁ କହିଲି, 'ଘରେ ବସି ପଢ଼।' ସିଏ ପଢ଼ାରେ ଖୁବ୍ ନିଷ୍ଠାପର। ଦିନରାତି ବହି ପାଖରେ ଗେଣ୍ଡାଟି ପରି ନିଶ୍ଚଳ ହୋଇ ବସିଥିବ। ଖାଇବା ସମୟତକ ଛାଡ଼ିଦେଲେ ସବୁବେଳେ ପଢ଼ା ଆଉ ପଢ଼ା। ତାହାର ସେ ଅବସ୍ଥା ଦେଖି ଆମେ ବାପ-ମାଆ ଦିହେଁ ବିକଳ ହେଉ, କିନ୍ତୁ ବିକଳ୍ପ କାହିଁ? ସମ୍ ହସ୍‌ପିଟାଲ୍‌ରେ ଚାକିରି କରିବା ଭିତରେ ୨୦୧୨ ଫେବ୍ରୁଆରିରେ ତାହାର ବାହାଘର ହେଇଗଲା। ବାହାଘର ପରେ ଯେକୌଣସି ଝିଅର ମାନସିକ ସ୍ଥିତି କିଛିଟା ଚହଲି ଯିବାକୁ ବାଧ୍ୟ। ପୁଅ ଆଉ ଝିଅର ପୃଥିବୀ ଅଲଗା ଅଲଗା, ଆମେ ଯିଏ ଯାହା କହୁନା କାହିଁକି! ସେଇ ଭିତରେ ଗୌତମୀ ପାଠପଢ଼ି ପି.ଜି. ପାଇଁ ପ୍ରବେଶିକା ପରୀକ୍ଷା ଦେଇଥାଏ। ସେହି ବର୍ଷ ସାରା ଭାରତର ପିଲାଙ୍କ ଲାଗି ଗୋଟିଏ କମନ୍ ଏଣ୍ଟ୍ରାନ୍‌ସ୍ ପରୀକ୍ଷା ହୋଇଥାଏ। ମାତ୍ର ଏଇ ବ୍ୟବସ୍ଥାକୁ ତାମିଲନାଡୁ, କର୍ଣ୍ଣାଟକ, ଆନ୍ଧ୍ର ଓ ମହାରାଷ୍ଟ୍ର ପରି ରାଜ୍ୟର ଘରୋଇ ମେଡିକାଲ୍ କଲେଜଗୁଡ଼ିକ ବିରୋଧ କରିଥାଆନ୍ତି। ବିରୋଧର କାରଣ, ସେମାନଙ୍କର ଉପାର୍ଜନ କମିଯିବ। ମେଡିକାଲ୍ ସିଟ୍ ଗୋଟିଏ ଗୋଟିଏର ଦାମ୍ ଏବେ କୋଟିଏ ଟଙ୍କା ପାଖାପାଖି ପହଞ୍ଚିଲାଣି! ତେଣୁ ସେମାନେ ସରକାରଙ୍କ ହାତକୁ ପରୀକ୍ଷା ଏବଂ ଆଡ୍‌ମିସନ୍ ଦାୟିତ୍ୱ ଦେବାକୁ ନାରାଜ। ଭାରତ ସରକାରଙ୍କ 'ସାରା ଦେଶ ପାଇଁ ଗୋଟିଏ ପରୀକ୍ଷା' ନିଷ୍ପତ୍ତିର ବିରୋଧ କରି ଏଇ ମେଡିକାଲ୍ କଲେଜଗୁଡ଼ିକ ସୁପ୍ରିମ୍‌କୋର୍ଟକୁ ଗଲେ। ଦୀର୍ଘଦିନ ଧରି କେସ୍ ଚାଲିଲା। ତାହା ଭିତରେ ସୁପ୍ରିମ୍‌କୋର୍ଟ ମଧ୍ୟବର୍ତ୍ତୀକାଳୀନ ରାୟ ଦେଲେ ଯେ ଘରୋଇ କଲେଜଗୁଡ଼ିକ ନିଜ ନିଜର ପରୀକ୍ଷା କରିବେ, ମାତ୍ର ଫଳ ପ୍ରକାଶ କରାଯାଇ ପାରିବ ନାହିଁ। ଏ ଦେଶର ଆଇନକାନୁନ ସବୁ କେମିତି ଅର୍ଥ ପାଖରେ ବିକ୍ରି ହୋଇଛି ତାହାର ଉଦାହରଣ ୨୦୧୩ରେ ଦେଖିଲି। ଯେଉଁ ସୁପ୍ରିମ୍‌କୋର୍ଟ ଏକଦା ସରଦାରଙ୍କୁ ପରାମର୍ଶ ଦେଇଥିଲେ ଯେ ସମଗ୍ର ଦେଶ ଲାଗି ଗୋଟିଏ ପରୀକ୍ଷା କର, ସେଇ ପୁଣି ୨୦୧୩ ମେ, ୧୩ରେ ଅନ୍ୟ ପ୍ରକାର ନିର୍ଦ୍ଦେଶ ଦେଲେ। ତିନିଜଣ ବିଚାରପତିଙ୍କ ମଧ୍ୟରୁ ଜଷ୍ଟିସ୍ ଏ.ଆର୍.ଡାଭେ 'କମନ୍ ଏଣ୍ଟ୍ରାନ୍‌ସ୍ ଟେଷ୍ଟ୍' ସପକ୍ଷରେ ତାଙ୍କ ମତ ରଖିଲେ। କିନ୍ତୁ ମୁଖ୍ୟ ବିଚାରପତି ଅଲତ୍‌ମାସ

କବୀର ତାଙ୍କ କାର୍ଯ୍ୟକାଳ ଶେଷ ଦିନରେ 'କମନ୍ ଏଣ୍ଟ୍ରାନ୍ସ୍ ଟେଷ୍ଟ୍' ବିରୋଧରେ ରାୟ ଦେଲେ। ତାଙ୍କ ସହ ଆଉ ଜଣେ ବିଚାରପତି ଥିଲେ ଶ୍ରୀ ବିକ୍ରମ୍‌ଜିତ୍ ସେନ୍। ସଂଖ୍ୟାଗରିଷ୍ଠ ରାୟରେ ଏଇ ନିଷ୍ପତ୍ତି ହେଲା ଯେ ସେ ବର୍ଷ ପାଇଁ ଘରୋଇ କଲେଜମାନେ ଯେଉଁ ପ୍ରବେଶିକା ପରୀକ୍ଷା କରାଇଛନ୍ତି ତାହା କାଏମ୍ ରହିବ। ସେତେଦିନ ପର୍ଯ୍ୟନ୍ତ, ୨୦୧୩ର ଅଲ୍ ଇଣ୍ଡିଆ ପି.ଜି. ଏଣ୍ଟ୍ରାନ୍ସ୍ ପରୀକ୍ଷାର ଫଳ ବାହାରି ନ ଥାଏ। ୧୩ ତାରିଖରେ ସୁପ୍ରିମ୍‌କୋର୍ଟ ରାୟ ବାହାରିବା ପରେ ଫଳ ବାହାରିଲା। ସେଇ ଅନୁସାରେ କାଉନ୍‌ସେଲିଂ ହୋଇଥାଏ। ତାହାରି ଫଳରେ ଗୌତମୀକୁ ବୁର୍ଲାରେ ସିଟ୍‌ଟାଏ ମିଳିଥାଏ।

ଏ ଦୀର୍ଘ ଅବତରଣିକାର କାରଣ ହେଉଛି, ଭାରତରେ ଡାକ୍ତରୀ ଶିକ୍ଷା ବ୍ୟବସ୍ଥା ସମ୍ପର୍କରେ ଦି'ପଦ ଜଣାଇବା। ଯେଉଁ ବିଚାରପତି ଦି'ଜଣ ରାୟ ଦେଲେ ଯେ ସାରା ଦେଶ ଲାଗି ଗୋଟିଏ ପ୍ରକାର ମେଡିକାଲ୍ ପି.ଜି. ପରୀକ୍ଷା ଯଥାର୍ଥ ହେବ ନାହିଁ, ସେମାନେ କ'ଣ ଜାଣନ୍ତି ନାହିଁ ଯେ ଏ ଦେଶରେ ବହୁ ପ୍ରକାର ଚାକିରି ଲାଗି ଗୋଟିଏ ପ୍ରକାର ପରୀକ୍ଷା ବ୍ୟବସ୍ଥା ରହିଛି। ଆଇ.ଏ.ଏସ୍, ଆଇ.ପି.ଏସ୍. ପରି ସର୍ବଭାରତୀୟ ପରୀକ୍ଷାରେ କୃତକାର୍ଯ୍ୟ ହେଉଥିବା ପ୍ରାର୍ଥୀମାନେ ତ ପୁଣି ଭିନ୍ନ ଭିନ୍ନ ରାଜ୍ୟରେ ଶାସନ କାର୍ଯ୍ୟ ପରିଚାଳନା କରୁଛନ୍ତି! ସାରା ଦେଶର ପି.ଜି. ପ୍ରାର୍ଥୀଙ୍କ ଲାଗି ଗୋଟିଏ ପ୍ରବେଶିକା ପରୀକ୍ଷା ହୋଇଥିଲେ କ୍ଷତି କଅଣ ହୋଇଥାଆନ୍ତା!

ଫୋନ୍ କରିବାର କିଛି ସମୟ ପରେ ଗୌତମୀ ଓ ତା' ସ୍ୱାମୀ ତାପସ ଉଭୟ ଆସି 'ସୋମାକ୍'ରେ ପହଞ୍ଚିଲେ। ଘର କମ୍ପ୍ୟୁଟରର ପ୍ରିଣ୍ଟର୍ ଖରାପ ଥିବାରୁ ସେମାନେ ଆଲଟ୍‌ମେଣ୍ଟ୍ ଲେଟର୍‌ର ନକଲଟିଏ ନେବେ। ମୁଁ କହିଲି, ଆସନ୍ତାକାଲି ଆମେ ବୁର୍ଲା ଯିବା। 'ସମ୍ବାଦ'ର ସମ୍ବଲପୁର ଜେନେରାଲ୍ ମ୍ୟାନେଜର୍ ଶ୍ରୀ ଅରବିନ୍ଦ ଦାସଙ୍କୁ ଫୋନ୍ କରି ଗେଷ୍ଟ୍ ହାଉସ୍‌ଟିଏ ଯୋଗାଡ଼ କରିଦେବା ପାଇଁ ଅନୁରୋଧ କଲି। ଟ୍ରାଭେଲ୍ ଏଜେଣ୍ଟ୍‌ଙ୍କୁ ଫୋନ୍ କରି ଟ୍ୟାକ୍ସିଟିଏ ବୁକ୍ କଲି। ବୁର୍ଲା ମେଡିକାଲ୍ କଲେଜର ଅଧ୍ୟକ୍ଷଙ୍କ ସହ ମଧ୍ୟ କଥା ହୋଇଗଲି। ତାଙ୍କୁ ହିଁ ଯାଇ ରିପୋର୍ଟ କରିବାକୁ ପଡ଼ିବ। ସେଦିନ ଆମ ଘରେ ସମସ୍ତେ ଖୁସି। ଗୌତମୀର ଆନନ୍ଦ ତ କହିଲେ ନ ସରେ। ଦୀର୍ଘ ପରିଶ୍ରମର ଫଳ ଯେ ସେ ପାଇଥାଏ!

ମାତ୍ର ଏ ଖୁସି ବେଶି ସମୟ ରହିଲା ନାହିଁ। ମାତ୍ର ତିନି ଚାରି ଘଣ୍ଟା ପରେ ଏନ୍.ଇ.ଇ.ଟି.-ପି.ଜି. ୱେବ୍‌ସାଇଟ୍‌ରେ ନାଲି ଅକ୍ଷରରେ ଖବର ପ୍ରସାରିତ ହେଲା ଯେ ପୂର୍ବରୁ ପ୍ରକାଶିତ ଆଲଟ୍‌ମେଣ୍ଟ୍‌ଗୁଡ଼ିକ ସବୁ ବାତିଲ୍। ପିଲାମାନଙ୍କ ମୁଣ୍ଡଉପରେ

ଚଡ଼କ ପଡ଼ିଗଲା । ଇଏ କଅଣ ? ଏତେ କଷ୍ଟ ବିନିମୟରେ ହାତକୁ ଆସିଥିବା ସିଟ୍‌ଟି ଚାଲିଗଲା ? ମୁଁ ଏ ବାତିଲ୍ ଖବର ଜାଣି ନ ଥାଏ । 'ସୋମାକ୍' କାମ ସାରି ମୁଁ 'ସମ୍ବାଦ'ର ରସୁଲଗଡ଼ ଦପ୍ତରକୁ ଚାଲିଯାଇଥାଏ । ରାତିରେ ଘରକୁ ଫେରି ଦେଖିଲି ପତ୍ନୀ ସଂଯୁକ୍ତା, ଗୌତମୀ କିମ୍ବା ତା' ସ୍ୱାମୀ ତାପସ କାହାରି ମୁହଁରେ ଖୁସି ନାହିଁ । ମୁଁ ପଚାରିଲି, 'କାଲି ସକାଳେ ବୁର୍ଲା ଯିବା ତ ?' ସେତିକିବେଳେ ମୁଁ ଉତ୍ତର ପାଇଲି- ଆଲଟ୍‌ମେଣ୍ଟ୍ ବାତିଲ୍ ।

ସେ ରାତିଟା ଆମେ କେହି ଶୋଇପାରିଲୁ ନାହିଁ । ସମସ୍ତେ ନିଜ ନିଜ କୋଠରିରେ ଉନ୍ନିଦ୍ର ରାତି ଯାପନ କଲୁ । ଝିଅ ଗୁମୁରି ଗୁମୁରି କାନ୍ଦୁଥାଏ । ମୁଁ ଭାବୁଥାଏ, ଏତେ କୋର୍ଟ କଚେରି ଓ ବିଚାର ବିମର୍ଷ ପରେ ଭାରତ ସରକାର ଫଳ ବାହାର କଲେ । ସେଇଟି ମଧ୍ୟ ତ୍ରୁଟିଶୂନ୍ୟ ହୋଇପାରିଲା ନାହିଁ ! ପିଲାମାନଙ୍କ ଭବିଷ୍ୟତ ସହ ବ୍ୟବସ୍ଥା ଏଭଳି ଖେଳ ଖେଳୁଛନ୍ତି କାହିଁକି । ତେବେ ମୋର ସବୁ କଥାରେ ଜଗନ୍ନାଥଙ୍କ ଉପରେ ଭରସା । ମୁଁ ମନେ ମନେ ତାଙ୍କୁ ହିଁ ଡାକୁଥାଏ । ମଝିରେ ମଝିରେ ଅଭିଯୋଗ ବି କରୁଥାଏ- ନ ଦେଇଥିଲ ନାହିଁ, ମାତ୍ର ସିଟ୍‌ଟି ଦେଇ ପୁଣି ନେଇଯାଉଛ କାହିଁକି ? ମନ ଖୁସିରେ ଗୌତମୀ କେତେଜଣଙ୍କୁ ଏକଥା ଜଣେଇ ସାରିଛି । ଏବେ ସେମାନଙ୍କୁ କିଭଳି ମୁହଁ ଦେଖାଇବ ? ପରଦିନ ୨୫ ତାରିଖ ଦିନଟି ବିଷାଦରେ ବିତିଲା । ବାରମ୍ବାର ୱେବ୍‌ସାଇଟ୍ ଖୋଲି ସମସ୍ତେ ଦେଖୁଥାଉ କାଳେ କିଛି ଖବର ମିଳିବ । ମାତ୍ର କିଛି ଖବର ଆସୁ ନ ଥାଏ । ଗୋଟିଏ ଗୋଟିଏ ମୁହୂର୍ତ୍ତ ଯୁଗ ପରି ଲାଗୁଥାଏ । ସେ ରାତିଟି ମଧ୍ୟ ଦୁଶ୍ଚିନ୍ତାରେ ବିତିଲା । ପରଦିନ ୨୬ ତାରିଖ । ଦଶଟା ପର୍ଯ୍ୟନ୍ତ ଘରେ ଅପେକ୍ଷା କରି ମନଦୁଃଖରେ ମୁଁ ଅଫିସ୍ ଆସିଲି ।

ମଧ୍ୟାହ୍ନ ବେଳକୁ ଗୌତମୀର ଫୋନ୍ ପାଇଲି । ଏଥର ସେ କହିଲା ଯେ ତାହାର ଅପ୍‌ଗ୍ରେଡେସନ୍ ହୋଇଛି । ଯେଉଁ ସିଟ୍ ବୁର୍ଲା ପାଇଁ ମିଳିଥିଲା ତାହା ଏବେ ବ୍ରହ୍ମପୁରରେ ମିଳିଛି । ସେ ବ୍ରହ୍ମପୁରରେ ଯାଇ ଆଡ୍‌ମିସନ୍ ନେବ । ସେତେବେଳେ ଆମ ଓଡ଼ିଶାରେ ତିନିଟି ମେଡିକାଲ୍ କଲେଜ । ତଳେ ବୁର୍ଲା, ତା' ଉପରକୁ ବ୍ରହ୍ମପୁର ଓ ସବା ଉପରେ କଟକ ଶ୍ରୀରାମଚନ୍ଦ୍ରଭଞ୍ଜ ମେଡିକାଲ୍ କଲେଜ ଥାଏ । ଏ ଖବର ପାଇ ମୁଁ ବାସ୍ତବରେ ବହୁତ ଖୁସି ହେଲି । ଜାଣିଲି, ଏହା ଜଗନ୍ନାଥଙ୍କର କୃପା । ବୁର୍ଲା ଭୁବନେଶ୍ୱରଠାରୁ ଦୂର । ତାହା ତୁଳନାରେ ବ୍ରହ୍ମପୁର ପାଖ । ତିନି ଘଣ୍ଟାରେ ଯାଇ ପହଞ୍ଚିହେବ । ଏଥର ପୁଣି ଦେହରେ ଜୀବନ ପଶିଲା । ତେବେ ଗତଥର ଅଭିଜ୍ଞତା ଦୃଷ୍ଟିରୁ ମୁଁ କହିଲି, ବେଶି ଖୁସି ହେବା

ନାହିଁ। ଚବିଶ ଘଣ୍ଟା ଅପେକ୍ଷା କରିବା। ଆରଥର ପରି ଇଏ ସିଟ୍ କାଳେ ପୁଣି ବାତିଲ୍ ହୋଇଯିବ। ତେବେ ସେଭଳି ହେଲା ନାହିଁ। ଆମେ ସମସ୍ତେ ୨୮ ତାରିଖରେ ଯାଇ ବ୍ରହ୍ମପୁରରେ ପହଞ୍ଚିଲୁ। ବ୍ରହ୍ମପୁରରୁ 'ସମ୍ବାଦ'ର ଗୋଟିଏ ସଂସ୍କରଣ ପ୍ରକାଶ ପାଏ। ସେଠିକାର ଡେପୁଟି ଜେନେରାଲ୍ ମ୍ୟାନେଜର୍ ଶ୍ରୀ ବିନୋଦ ପଣ୍ଡା ମୋର ପୁରୁଣା ସହଯୋଗୀ। ସିଏ ତାଙ୍କର ସହଯୋଗୀ ଦି'ଜଣଙ୍କୁ ମେଡିକାଲ୍ କଲେଜକୁ ପଠେଇଦେଲେ। ଗୌତମୀ ଯାଇ ଆଡ୍‌ମିସନ୍ ନେଲା। ଆମେ ସ୍ୱସ୍ତିର ନିଃଶ୍ୱାସ ନେଲୁ।

ତେବେ ସେଇଠି ମଧ୍ୟ ଛୋଟ ସମସ୍ୟାଟିଏ ଦେଖାଦେଲା। ଗୌତମୀ ପୂର୍ବରୁ କର୍ଣ୍ଣାଟକର ତୁମ୍‌କୁରର ମେଡିକାଲ୍ କଲେଜରେ ଏମ୍.ବି.ବି.ଏସ୍. ପଢୁଥିଲା। ସେ କଲେଜର ମୁଖ୍ୟ କିରାଣି ଜଣେ ଅଦ୍ଭୁତ ବ୍ୟକ୍ତି। ସେ ଆମକୁ ସବୁ କାଗଜପତ୍ର ଦେଇଥିଲେ ମଧ୍ୟ 'କଣ୍ଡକ୍ଟ ସାର୍ଟିଫିକେଟ୍' ଦେଇ ନ ଥିଲେ। ମୁଁ ଏହାର କାରଣ ପଚାରିଥିଲି। ସେ କହିଲେ ଯେ ଆମେ ତ କଲେଜ ଲିଭିଙ୍ଗ୍ ସାର୍ଟିଫିକେଟ୍‌ରେ ପିଲାର ଚରିତ୍ର ଭଲ ବୋଲି ଲେଖିଛୁ, ଫେର୍ ଆଉ ଗୋଟେ ସ୍ୱତନ୍ତ୍ର ସାର୍ଟିଫିକେଟ୍ କ'ଣ ଦରକାର ? ଲୋକଟି ଅତି ଅହଙ୍କାରୀ ଏବଂ ଦୁର୍ନୀତିଗ୍ରସ୍ତ। କର୍ଣ୍ଣାଟକ ବାହାରୁ ଯାଇଥିବା ପିଲାଙ୍କୁ ହଇରାଣ କରି ଅର୍ଥ ଉପାର୍ଜନ କରେ। ବ୍ରହ୍ମପୁର ମେଡିକାଲ୍ କଲେଜ ଗୌତମୀକୁ କଣ୍ଡକ୍ଟ ସାର୍ଟିଫିକେଟ୍ ମାଗିଲା। ଆଡ୍‌ମିସନ୍ ଦାୟିତ୍ୱରେ ଥିବା ଶ୍ରୀ ରାମାରାଓ ଟିକିଏ ଟାଣଗଳାରେ କି କଅଣ ଗୌତମୀକୁ କହିଲେ। ଇଏ ବାପାମାଆଙ୍କର ଗେହ୍ଲା ଝିଅ। ସେ ଭାବେ, ପୃଥିବୀର ସମସ୍ତେ ତାକୁ ବାପାମାଆ ପରି ସ୍ନେହ ଦୃଷ୍ଟିରେ ଦେଖିବେ। ସେଇଠି କାନ୍ଦିପକେଇଲା। ଯାହାହେଉ, କର୍ଣ୍ଣାଟକର ପୁଲିସ୍ ଆଇ.ଜି. ଶ୍ରୀ ପ୍ରଣବ ମହାନ୍ତିଙ୍କ ସାହାଯ୍ୟରେ ସେ ସାର୍ଟିଫିକେଟ୍ ମୁଁ ମଗାଇ ଆଣିଲି। ଶ୍ରୀ ମହାନ୍ତି ନ ଥିଲେ ତାହା ହୁଏତ ମିଳି ନ ଥା'ନ୍ତା!

ବ୍ରହ୍ମପୁରରୁ ଫେରି ଗୌତମୀ ହଷ୍ଟେଲ୍ ଉପଯୋଗୀ ଜିନିଷପତ୍ର କିଣିଲା। ପି.ଜି. ପଢ଼ିବାଲାଗି ହଷ୍ଟେଲ୍ ଯିବ ବୋଲି ଖୁସି ହେଉଥିଲେ ବି ମନ ଭିତରେ ଘର ଛାଡ଼ିବା ଲାଗି କୁଣ୍ଠା। ପାଞ୍ଚବର୍ଷ କାଳ ତୁମ୍‌କୁର ହଷ୍ଟେଲ୍‌ରେ ରହି ଫେରିଛି। ସବୁଦିନେ ଇଡ୍‌ଲି, ବରା ଓ ସମ୍ବର ଖାଇ ଏମିତି ଚିଡ଼ିଯାଇଥାଏ ଯେ ସେ ଶବ୍ଦଗୁଡ଼ିକ ଶୁଣିଲେ ବିଗିଡ଼ିଯାଏ। ଏବେ ବ୍ରହ୍ମପୁର ଯିବ। ଆଡ୍‌ମିସନ୍ ପାଇଁ ଦି' ତିନିଥର ଯିବା ଭିତରେ ବ୍ରହ୍ମପୁରର ଖାଦ୍ୟ ଚାଖିଲାଣି। ସେଗୁଡ଼ିକ ପାଟିକୁ ନେଉ ନେଉ ମୁହଁ ପିତାଳିଆ ହୋଇଯାଏ। ମୁଁ ବୁଝଉଥାଏ, ପ୍ରତି ସପ୍ତାହରେ ତ ଘରକୁ ଆସିବୁ, ଚିନ୍ତା କଅଣ ? ତା'ର ମାଆ ଆଗରୁ ତିନିବର୍ଷ ବ୍ରହ୍ମପୁରରେ ଥିଲେ। ସିଏ

କହୁଥାଆନ୍ତି, ''ମୁଁ ବସ୍ ଚିହ୍ନେଇ ଦେବି। ସିଧା ମେଡିକାଲ୍ ଛକରୁ ବାହାରିବୁ, ଏଠି ଆସି ବରମୁଣ୍ଡା ବସ୍‌ଷ୍ଟାଣ୍ଡରେ ପହଞ୍ଚିବୁ। ଅସୁବିଧା ହେବ ନାହିଁ।''

ଗୌତମୀର ଆଡ୍‌ମିସନ୍ ସରିଥିଲେ ମଧ୍ୟ କ୍ଲାସ୍ ଆରମ୍ଭ ହୋଇ ନ ଥାଏ। ଆମେ ଭୁବନେଶ୍ୱର ଫେରିଆସି ଅପେକ୍ଷା କରୁଥାଉ। ଏହା ଭିତରେ ଦିନେ ଖବର ଆସିଲା ଯେ, ଆଉ ଥରେ ପି.ଜି. କାଉନ୍‌ସେଲିଂ ହେବ। ଯିଏ ଚାହିବେ ସେ ଭାଗ ନେଇପାରିବେ। ଆଗଥର ପରି ଏଥର ସିଟ୍ ହରେଇବାର ଆଶଙ୍କା ଅବଶ୍ୟ ନ ଥାଏ, ମାତ୍ର ଅନିଶ୍ଚିତତା। ଅନ୍ୟ କୋଉ କଲେଜକୁ ଆଲଟ୍‌ମେଣ୍ଟ୍ ହୋଇପାରେ। କାରଣ ଆଡ୍‌ମିସନ୍ ପ୍ରକ୍ରିୟା ନ ସରିଲେ କ୍ଲାସ୍ ଆରମ୍ଭ ହେବ ନାହିଁ। ଏହା ଭିତରେ ବ୍ରହ୍ମପୁରରେ ହଷ୍ଟେଲ୍ ଆଡ୍‌ମିସନ୍ କାମ ସରିଥାଏ ଏବଂ ସେଠାରେ ଏକପ୍ରକାର ରହିବା ଗୌତମୀର ସ୍ଥିର ହୋଇସାରିଥାଏ। ଏମ୍.କେ.ସି.ଜି ମେଡିକାଲ୍ କଲେଜ ପାଥଲୋଜି ବିଭାଗର ମୁଖ୍ୟ ପ୍ରଫେସର ଦେବୀପ୍ରସାଦ ମିଶ୍ର ଅତ୍ୟନ୍ତ ଭଦ୍ରଲୋକ। ଡାକ୍ତର ଦଣ୍ଡେଶ୍ୱର ହୋତାଙ୍କ ବନ୍ଧୁ ବୋଲି ପରିଚୟ ଦେବାରୁ ସେ ମୋତେ ଅଧିକ ସମ୍ମାନ ଦେଖାଇଲେ। ବ୍ରହ୍ମପୁରରେ ପଢ଼ିଲେ ଗୌତମୀ ତାଙ୍କ ତତ୍ତ୍ୱାବଧାନରେ ପଢ଼ିବ - ଏକଥା ଜାଣି ଭଲ ଲାଗୁଥାଏ। ସେଠାରେ ଆଉ ଜଣେ ଡାକ୍ତର ଶ୍ରୀ ବୋଧିସତ୍ତ୍ୱ ବେହେରା ମୋର ଗାଳ୍ପିକ ବନ୍ଧୁ ଡାକ୍ତର ଶ୍ରୀପ୍ରସାଦ ମହାନ୍ତିଙ୍କର ପରିଚିତ। ସେ ଆମକୁ ବହୁ ସାହାଯ୍ୟ କରିଥିଲେ। ସେ ଗୌତମୀର ପାଥଲୋଜି ବିଭାଗର ସହଯୋଗୀ ପ୍ରଫେସର। ତେଣୁ ସେଠାକାର ପରିବେଶ ଅନୁକୂଳ ଜଣାପଡୁଥାଏ।

ତେବେ ଡାକ୍ତରୀ ପି.ଜି ସିଟ୍ ଆଡ୍‌ମିସନ୍ ତ କଚେରି ଓ ସରକାରଙ୍କ ଖେଳ। ଏଠି ମୋ ପରି ସାଧାରଣ ବ୍ୟକ୍ତିଟିଏ ବା କ'ଣ କରିପାରିବ! ମଝିରେ ମଝିରେ ଖବର ବାହାରୁଥାଏ, ଓଡ଼ିଶା ପି.ଜି ସିଟ୍‌କୁ ନେଇ ବାଦବିବାଦ। ଓଡ଼ିଶାରେ ସବୁବର୍ଷ ପି.ଜି ନାମଲେଖା ନେଇ ବିବାଦ ଚାଲେ। ଗତବର୍ଷ ଚାରି ଚାରିଥର କାଉନ୍‌ସେଲିଂ ହୋଇଥାଏ। ପ୍ରତିଥର ପୁରୁଣା ତାଲିକା ବଦଳି ନୂଆ ବାହାରେ, ଆଗଥରକୁ ସେଇଟି ବଦଳିଯାଏ। ରାଉରକେଲାର ଜଣେ ଡାକ୍ତରଙ୍କ ଝିଅ ହାଇଟେକ୍ ମେଡିକାଲ୍ କଲେଜରେ ଆଡ୍‌ମିସନ୍ ନେଇ ମାସଟେ ପଢ଼ିଥିଲା। ତା' ସିଟ୍ ବାତିଲ ହୋଇଗଲା। ଏମିତି ଅନେକଙ୍କର ହୋଇଥିବ। ସେପରି ପିଲାଙ୍କ ମାନସିକ ଆଘାତର କ୍ଷତିପୂରଣ କିଏ କରିବ - କୋର୍ଟ ନା ସରକାର? ଆମେ କମ୍ପ୍ୟୁଟରକୁ ଅନେଇ ରହିଲୁ, କେଉଁଦିନ ଚତୁର୍ଥ ରାଉଣ୍ଡ୍ କାଉନ୍‌ସେଲିଂର ଫଳାଫଳ ବାହାରିବ। ଗୌତମୀ ଏଥିରେ ଭାଗ ନେଇଛି, ହୁଏତ ତା'ର ସେଇ ବ୍ରହ୍ମପୁରରେ ସିଟ୍‌ଟି ରହିପାରେ ବା କଟକକୁ 'ଅପ୍‌ଗ୍ରେଡ୍' ହୋଇପାରେ। କଟକ

ଆଶା କ୍ଷୀଣ ଥାଏ, କାରଣ କଟକ ମେଡିକାଲ୍ କଲେଜ ପାଇଁ ପିଲାଙ୍କର ଚାହିଦା ବେଶି ।

ମାତ୍ର ଜଗନ୍ନାଥ ଯେତେବେଳେ ଦୟା କରିବେ ସେତେବେଳେ କ୍ଷୀଣ ଆଶା ମଧ୍ୟ ଉଜ୍ଜ୍ୱଳ ବାସ୍ତବତା ହୋଇଯିବ । ସେଇଆ ହେଲା । ଚତୁର୍ଥ ରାଉଣ୍ଡ୍ କାଉନ୍‌ସେଲିଂରେ ଗୌତମୀ କଟକ ଶ୍ରୀରାମଚନ୍ଦ୍ରଭଞ୍ଜ ମେଡିକାଲ୍ କଲେଜରେ ସିଟ୍ ପାଇଲା । ସେ ବୁଦ୍ଧିମାନର କାର୍ଯ୍ୟ କରି 'ଅଲ୍ଇଣ୍ଡିଆ କୋଟା' କାଉନ୍‌ସେଲିଂରେ ଭାଗ ନେଇଥିଲା, ଓଡ଼ିଶା କାଉନ୍‌ସେଲିଂରେ ଭାଗ ନେଇ ନ ଥିଲା । ଓଡ଼ିଶାର ସ୍ୱାସ୍ଥ୍ୟ ବିଭାଗ ପକ୍ଷରୁ ଥରେ ସେ କାଉନ୍‌ସେଲିଂରେ ଯୋଗ ଦେଇଥିଲା । ସେଠିକା କାରବାର ତାକୁ ଭଲ ଲାଗି ନ ଥିଲା । ପୁଣି ଓଡ଼ିଶା କୋଟା ପାଇଁ ବସି ରହିଥିଲେ ହାତକୁ ଆସିଥିଲା ଅଲ୍ଇଣ୍ଡିଆ ସିଟ୍ ଆଗେ ଛାଡ଼ିବାକୁ ପଡ଼ିଥାନ୍ତା । ସେ ସେପ୍ରକାର ବିପଦ ବରଣ କରିବାଲାଗି ଚାହି ନଥିଲା । ତା'ର ଭାଗ୍ୟ, ଅଲ୍ଇଣ୍ଡିଆ କାଉନ୍‌ସେଲିଂରେ ଭାଗ ନେଇ ମଧ୍ୟ ନିଜ ରାଜ୍ୟର ମେଡିକାଲ୍ କଲେଜ, ପୁଣି ସବୁଠାରୁ ଭଲ କଲେଜରେ ପଢ଼ିବାର ସୁଯୋଗ ପାଇଲା । ବ୍ରହ୍ମପୁରରୁ ଟ୍ରାନ୍‌ସ୍‌ଫର୍ ସାର୍ଟିଫିକେଟ୍ ଆଣି ଅଗଷ୍ଟ ୧୭ ତାରିଖରେ ଗୌତମୀ କଟକରେ ଆଡ୍‌ମିସନ୍ ନେଲା । ଏଠି ତ ଆମର ବନ୍ଧୁ ଡାକ୍ତର ହୋତା ଅଛନ୍ତି । ସେ ଗୌତମୀକୁ ସାଙ୍ଗରେ ନେଇ ଆଡ୍‌ମିସନ୍ କାମ କରେଇଦେଲେ । ବ୍ରହ୍ମପୁର ପରି ବାପମା' ଓ ଝିଅ ସମସ୍ତଙ୍କୁ ଦିନସାରା ବାରନ୍ଦାରେ ଛିଡ଼ା ହେବାକୁ ପଡ଼ିଲା ନାହିଁ ।

ମେଡିକାଲ୍ ପଢ଼ା ଯେମିତି ମହଙ୍ଗା ହେଉଛି, ସେମିତି ତା' ପ୍ରତି ଚାହିଦା ବଢୁଛି । ଏମ୍.ବି.ବି.ଏସ୍ ପଢ଼ା ବେଳକୁ ବାପା ମା' ତା'ର ଖର୍ଚ୍ଚାନ୍ତ ହୋଇଥିବାରୁ ଗୌତମୀର ସବୁବେଳେ ଇଚ୍ଛା, ସରକାରୀ କଲେଜରେ ପି.ଜି ସିଟ୍‌ଟିଏ ମିଳନ୍ତା କି ? ସିଏ ଜାଣିଥିଲା, ଘରୋଇ କଲେଜରେ ପି.ଜି. ସିଟ୍‌ଟାଏ ପାଇବା ପାଇଁ ହେଲେ ୨୫/୩୦ ଲକ୍ଷ ଟଙ୍କା ଖର୍ଚ୍ଚ କରିବାକୁ ପଡ଼ିବ । ତାହାଠାରୁ ବେଶି ଖର୍ଚ୍ଚ ପଡ଼ିବ ପଛକେ କମ୍ ନୁହେଁ । ସେ କର୍ଣ୍ଣାଟକରେ ପଢ଼ିଥିବାରୁ ଏ ଦିଗରେ ତାହାର କିଛି ଧାରଣା ଥିଲା । ଏବେ ଏବେ ବାପା-ମାଆ ଲକ୍ଷ ଲକ୍ଷ ଟଙ୍କା ଖର୍ଚ୍ଚ କରି ତା'ର ବାହାଘର ସାରିଛନ୍ତି । ପୁଣି ପି.ଜି. ପଢ଼ିବା ପାଇଁ ଟଙ୍କା କୁଆଡୁ ଆଣିବେ ? ଘରର ଏକମାତ୍ର ସନ୍ତାନ ଭାବେ ସେ ଏକଥା ସବୁ ବୁଝୁଥିଲା । ସୁତରାଂ ସେ ସରକାରୀ କଲେଜରେ ପଢ଼ିବା ପାଇଁ ସବୁବେଳେ ଇଚ୍ଛା ପ୍ରକାଶ କରୁଥିଲା । ମୋତେ କହୁଥିଲା ଯେ, ତୁମେ ଏମ୍.ବି.ବି.ଏସ୍. ପଢ଼େଇଲ, ଏବେ ପି.ଜି. ସିଟ୍

ପାଇବା ମୋ ଦାୟିତ୍ୱ। ସରକାରୀ କଲେଜରେ ପଢ଼ିଲେ ତାହାର ଦୁଇଟି ଲାଭ। ପ୍ରଥମତଃ ବାପାମାଆଙ୍କୁ ଆଦୌ ଖର୍ଚ୍ଚାନ୍ତ ହେବାକୁ ପଡ଼ିବ ନାହିଁ, ଓଲଟି ସେ ମାସକୁ ମାସ କିଛି ଷ୍ଟାଇପେଣ୍ଡ୍ ପାଇବ। ଦ୍ୱିତୀୟଟି ହେଲା, ଆଗରୁ ଘରୋଇ କଲେଜରେ ଏମ୍.ବି.ବି.ଏସ୍ ପଢ଼ିଛି। ସରକାରୀ କଲେଜରେ ପି.ଜି. କଲେ ପୂର୍ବ ଅପୂର୍ଣ୍ଣତା ପୂର୍ଣ୍ଣ ହୋଇଯିବ। କେହି ତାକୁ ନ୍ୟୂନ ବୋଲି ଭାବିବେ ନାହିଁ। ସେ ନିଜେ ଜାଣେ, ସେ କାହାଠାରୁ ନ୍ୟୂନ ନୁହେଁ, ମାତ୍ର ନିଜେ ଭାବିବା ଓ ଅନ୍ୟମାନେ ଭାବିବା ଦିଇଟା ଅଲଗା ଅଲଗା କଥା।

ଗୌତମୀ କଟକ ଶ୍ରୀରାମଚନ୍ଦ୍ରଭଞ୍ଜ ମେଡିକାଲ୍ କଲେଜରେ ପଢ଼ିଲା। ଜଗନ୍ନାଥଙ୍କ ଦୟାରୁ ସମସ୍ତେ ତାକୁ ଭଲ ପାଇଲେ, ସିନିଅର୍‌ମାନେ ତା' କାମର ପ୍ରଶଂସା କଲେ। ପାଥଲୋଜି ବିଷୟଟି ପ୍ରତି ତା'ର ଆଗ୍ରହ ଥିବାରୁ ଏ ପାଠ ତାକୁ ଭଲ ଲାଗିଲା। ତା'ପରେ ସାଙ୍ଗମାନଙ୍କ ସାଙ୍ଗରେ ଯାଇ ଔରଙ୍ଗାବାଦରେ ଗୋଟିଏ କନ୍‌ଫରେନ୍‌ସ୍‌ରେ ଯୋଗଦେଇ ଆସିଲା। ଏକା ଏକା ମୁମ୍ବାଇ ଯାଇ ଟାଟା ମେମୋରିଆଲ୍ ସେଣ୍ଟର୍‌ରେ ଆୟୋଜିତ ଏକ କନ୍‌ଫରେନ୍‌ସ୍‌ରେ ଯୋଗ ଦେଇ ଆସିଲା। ବାପାମାଆଙ୍କର ଗୋଟିଏ ପିଲା ବୋଲି ଆମେ ତାକୁ ଏକା ଏକା କିଛି କାମ କରିବାକୁ ଦେଇ ନଥିଲୁ। କେବଳ ଆମେ କାହିଁକି, ଆମ ପରି ଏଭଳି ଅନେକ ବାପାମାଆ ଏ ଦେଶରେ ଥିବେ। ଆମେ ଭଲ କରିବାକୁ ଯାଇ ପିଲାର ଖରାପ କରି ବସୁ। ଗୌତମୀ ଏକଥା ବୁଝେ। ତେଣୁ ସେ ମୋତେ ନ ଜଣାଇ ସ୍କୁଟର୍ ଚଳାଇ କଟକ ରାସ୍ତାରେ ଯା'ଆସ କରୁଥିଲା। ବାହାରକୁ ଯିବାର ଥିଲେ ନିଜେ ନିଜେ ଇଣ୍ଟରନେଟ୍‌ରେ ଟ୍ରେନ୍ କି ବିମାନ ଟିକେଟ୍ କିଣିଦିଏ। କହେ, ସବୁ କଥା ନିଜେ ଶିଖିବାକୁ ପଡ଼ିବ। ମୁଁ ତାକୁ ଉତ୍ତର ଦିଏ ନାହିଁ। ଆଖିବୁଜି ଜଗନ୍ନାଥଙ୍କୁ ଡାକେ, ତୁମେ ହିଁ ତା' କଥା ବୁଝିବ। ଆମର ବା ଶକ୍ତି କେତେ ?

ପଛକୁ ଫେରି ଚାହିଁଲେ ୨୦୧୩ ଜୁନ୍ ୨୪ ତାରିଖର ସେହି ଦୁଃଖଦାୟକ ଅଭିଜ୍ଞତା ମନେ ପଡୁଛି। ଗୋଟିଏ ଗୋଟିଏ ମୁହୂର୍ତ୍ତ କେତେ ଯନ୍ତ୍ରଣାଦାୟକ ଥିଲା ! ମନେପଡୁଛି ଚାର୍ଲି ଚାପ୍‌ଲିନ୍‌ଙ୍କ କଥା ଦି'ପଦ। ସେ କହିଥିଲେ, 'ପୃଥିବୀରେ କୌଣସି ଜିନିଷ ସ୍ଥାୟୀ ନୁହେଁ, ଏପରିକି ଆମର ସମସ୍ୟା।' ଆମେ କିଭଳି ଜାଣିଥାଆନ୍ତୁ, ଜଗନ୍ନାଥ ଆମ ଧୈର୍ଯ୍ୟର ପରୀକ୍ଷା କରୁଛନ୍ତି। ନ ହେଲେ ଦୂର ସମ୍ବଲପୁରରୁ, ଟିକିଏ ନିକଟ ବ୍ରହ୍ମପୁର ଏବଂ ତା'ପରେ ଅତି ନିକଟ କଟକକୁ କିଭଳି ତାହାର ଅପ୍‌ଗ୍ରେଡେସନ୍ ହୋଇଥାଆନ୍ତା। ମାତ୍ର ସେ ସମୟରେ ମୁଁ କିଛି ବୁଝି ନ ପାରି ନିଃଶବ୍ଦରେ ଅଶ୍ରୁପାତ କରୁଥିଲି। ଚାର୍ଲି ଚାପ୍‌ଲିନ୍ ଆଉ ପଦେ ବି

କହିଥିଲେ, 'ମୁଁ ବର୍ଷାରେ ଚାଲିବାକୁ ଭଲ ପାଏ, କାରଣ କେହି ମୋ ଆଖିର ଲୁହ ଦେଖିପାରିବେ ନାହିଁ।' ଶ୍ରୀଜଗନ୍ନାଥଙ୍କ ପାଖରେ ମୁଁ ପ୍ରାର୍ଥନା କରେ, 'ମୋ ଲୁହ କେହି ନ ଦେଖନ୍ତୁ। ମୁଁ ତାକୁ ମୋ ଭିତରେ ପିଇନିଏ। ମୋତେ କଷ୍ଟ ଦିଅ, ଯନ୍ତ୍ରଣା ଦିଅ, ଆପତ୍ତି ନାହିଁ। ମାତ୍ର ସେସବୁକୁ ଅତିକ୍ରମ କରିଯିବା ଲାଗି ଧୈର୍ଯ୍ୟ ମଧ୍ୟ ଦିଅ।' ମୁଁ ଜାଣିନି, ଜଗନ୍ନାଥଙ୍କ ପାଖେ ମୋ ଅନ୍ତରର କଥା ପହଞ୍ଚେ କି ନାହିଁ। ମାତ୍ର ପହଞ୍ଚିଥିବାର ଭରସା ଟିକକ ମୋ ଭିତରର ସ୍ୱପ୍ନ ଓ ସାହସକୁ ବଞ୍ଚେଇ ରଖେ। (୨୦୧୪)

ଭାବକୁ ନିକଟ

୨୦୧୫, ଜୁନ୍ ୨ ତାରିଖ, ସ୍ନାନପୂର୍ଣ୍ଣିମା।

ସେହିଦିନ ସ୍ନାନ ମଣ୍ଡପରେ ତିନି ଠାକୁରଙ୍କର ପୁରୁଣା ବିଗ୍ରହ ଦର୍ଶନ କରିବାର ଶେଷଦିନ। ତାହାପରେ ସେମାନେ ଅଣସର ଘରକୁ ଯିବେ। ସେଇ ବର୍ଷ ନବକଳେବର ବର୍ଷ। ନୂଆ ବିଗ୍ରହ ଗଢ଼ାଯିବେ ଏବଂ ଏହି ପୁରୁଣା ବିଗ୍ରହମାନେ ପାତାଳୀ ହେବେ। ଗତ ଉଣେଇଶ ବର୍ଷ ଧରି ଯେଉଁ ବିଗ୍ରହଙ୍କ ଆଗରେ ସୁଖଦୁଃଖ ପାଇଁ ପ୍ରାର୍ଥନା କରୁଥିଲି, ସିଏ ତାଙ୍କର ଲୀଳା ସାରି ବିଦାୟ ନେବେ। ତାଙ୍କ ସ୍ଥାନରେ ନୂଆ ବିଗ୍ରହ ଆସିବେ।

ନବକଳେବର ପାଇଁ ବନଯାଗ ଯାତ୍ରା ଆରମ୍ଭ ହେବାଠାରୁ ଗଣମାଧ୍ୟମରେ ଆଲୋଡ଼ନ। ଦାରୁ ଚିହ୍ନଟ, ଦାରୁ ଛେଦନ ଠାରୁ ଆରମ୍ଭ କରି ସେସବୁ ଚଉପଟ ହୋଇ ଶଗଡ଼ିରେ ଶ୍ରୀକ୍ଷେତ୍ରକୁ ନିଆଯିବା ଘଟଣା ସବୁଦିନ ଖବରକାଗଜ ଓ ଟେଲିଭିଜନ୍ ଚ୍ୟାନେଲ୍‌ରେ ପ୍ରସାରିତ ହେଉଥାଏ। ସେସବୁ ଦେଖି-ଶୁଣି, ସମୟେ ସମୟେ ଇଚ୍ଛା ହେଉଥାଏ, ଅନ୍ୟ ଅନେକଙ୍କ ପରି ମୁଁ ବି ଯାଇ ଦାରୁଦର୍ଶନ କରନ୍ତି। ମାତ୍ର ପରମୁହୂର୍ତ୍ତରେ ସେ ସ୍ଥାନରେ ଦେଖା ଦେଉଥିବା ଭିଡ଼, ଗହଳଚହଳ ଓ ଠେଲାପେଲା କଥା ମନେପକାଇ ତୁନି ପଡ଼ିଯାଏ, ଯିବାକୁ ମନ ବଳେ ନାହିଁ। ସବୁଦିନେ ମୁଁ ଭିଡ଼ ଓ ଗୋଳଚହଳଠାରୁ ଦୂରରେ ରହିବାକୁ ଚେଷ୍ଟା କରିଆସିଛି। ସେଭଳି ପରିବେଶରେ ନିଜର ନିରାପତ୍ତା ବଡ଼ ପ୍ରଶ୍ନ ହୋଇଯାଏ, ଦିଅଁ ଦର୍ଶନର ଏକାଗ୍ରତା ରହେ ନାହିଁ। ସେହିବର୍ଷ ଓଡ଼ିଶାର ପୂର୍ବତନ ମୁଖ୍ୟମନ୍ତ୍ରୀ ଜାନକୀବଲ୍ଲଭ ପଟ୍ଟନାୟକଙ୍କର ଅକ୍ଷୟତୃତୀୟା ତିଥିରେ ପରଲୋକ ହୋଇଗଲା। ତାଙ୍କ ମୃତଦେହକୁ ତାଙ୍କ ଗାଁ ରାମେଶ୍ୱରରୁ ଜଗନ୍ନାଥ ସଡ଼କରେ ପୁରୀ ନିଆଯାଇ

ସ୍ୱର୍ଗଦ୍ୱାରରେ ଦାହସଂସ୍କାର କରାଗଲା। ସେଦିନ ମୁଁ କେତେଜଣ ବନ୍ଧୁଙ୍କ ସହ ପୁରୀ ଯାଇଥିଲି। ବାଟରେ ଦାରୁଶଗଡ଼ି ଦର୍ଶନର ସଂକ୍ଷିପ୍ତ ସୁଯୋଗ ଜୁଟିଥିଲା। ହେଲେ ତହିଁରେ ମନ ପୂରଣ ହୋଇ ନ ଥିଲା। ମନ ଭିତରେ କଳ୍ପନା ଥିଲା, ସ୍ନାନପୂର୍ଣ୍ଣିମାରେ ଯାଇ ବଡ଼ଠାକୁରଙ୍କୁ ଦର୍ଶନ କରିପାରନ୍ତି କି ?

ପିଲାଦିନୁ ଜଗନ୍ନାଥଙ୍କ ଉପରେ ଅଖଣ୍ଡ ଭରସା। ଲକ୍ଷ ଲକ୍ଷ ଓଡ଼ିଆଙ୍କ ପରି ସିଏ ମଧ୍ୟ ମୋର ଶେଷ ଅବଲମ୍ବନ। ହେତୁବାଦୀମାନେ ଦିଅଁଦେବତାଙ୍କୁ ସ୍ୱୀକାର କରନ୍ତି ନାହିଁ। ମୁଁ ମଧ୍ୟ ସେମାନଙ୍କ ସହ ଅନେକାଂଶରେ ସହମତ। ରଜନୀଶଙ୍କ ଯୁକ୍ତି 'ମଣିଷର ଭୟରୁ ହିଁ ଈଶ୍ୱରଙ୍କ ଜନ୍ମ' କଥାଟି ମୋତେ ଯଥାର୍ଥ ଲାଗେ। ତାହା ସତ୍ତ୍ୱେ ଭାବେ ଧର୍ମ ଏକ ପ୍ରୟୋଜନୀୟ ପ୍ରସଙ୍ଗ। ମଣିଷର ଏତେ ଦୁଃଖ ଆଉ ଅସହାୟତା ଯେ ତା' ପାଇଁ ଈଶ୍ୱରଟିଏ ପ୍ରୟୋଜନ କାରଣ ସବୁକଥା ପାଇଁ ସେ ଯୁକ୍ତି ଖୋଜି ପାଏ ନାହିଁ। କାହିଁକି ବିନା ଦୋଷରେ ଗରିବ ଲୋକଟିଏ କଷ୍ଟ ଭୋଗୁଛି ? କାହିଁକି ପିଲାଟିଏ ଜନ୍ମ ହେଉ ନହେଉଣୁ ମରିଯାଉଛି ବା କାହିଁକି ବିନା ଦୋଷରେ କାହାର କୁନିଛୁଆଟିକୁ କିଏ ଅପହରଣ କରି ନେଲାଣ ଇତ୍ୟାଦି ଏହିଭଳି କିଛି ପ୍ରଶ୍ନ। ଏହାଠାରୁ ଅନେକ ଅଧିକ ଜଟିଳ ପ୍ରଶ୍ନ ମଧ୍ୟ ରହିଛି। ତେଣୁ ମଣିଷର ଈଶ୍ୱର ପ୍ରୟୋଜନ। ସେ ତାଙ୍କ ପାଖରେ ଦୁଃଖ ଜଣାଇଦେଇ ମନକୁ ହାଲୁକା କରିନିଏ, ନିଜକୁ ନିଜେ ବୁଝାଇଦିଏ ଯେ କର୍ମରେ ଏକା ତାହାର ଅଧିକାର, ଫଳରେ ନୁହେଁ। ପ୍ରଭୁ ଇଚ୍ଛାରେ ହିଁ ସବୁକିଛି ଚାଲିଛି। ଜଗନ୍ନାଥ ମୋ ପାଇଁ ସେହି ନିର୍ଭରଯୋଗ୍ୟ କାନ୍ଧ, ଯାହା ଉପରେ ମୁଣ୍ଡରଖି ମୁଁ କାନ୍ଦିପାରେ।

ସେଇ ୨ ତାରିଖ ଦିନ 'ସେମାକ୍' (ସମ୍ବାଦ ସ୍କୁଲ୍ ଅଫ୍ ମିଡିଆ ଆଣ୍ଡ୍ କଲ୍‌ଚର)ର ପ୍ରବେଶିକା ପରୀକ୍ଷା ଥିଲା। ଅନୁଷ୍ଠାନର ଅଧ୍ୟକ୍ଷ ଭାବେ ମୁଁ ପରୀକ୍ଷା ଶେଷ ପର୍ଯ୍ୟନ୍ତ ରହି ରସୁଲଗଡ଼ 'ସମ୍ବାଦ ଭବନ' ଆସିଲି। 'ଆମ ଓଡ଼ିଶା' ପ୍ରକାଶ କରିଥିବା 'ନବକଳେବର' ବହିଟି ସେଦିନ ଉନ୍ମୋଚିତ ହେଲା। ଏହାର ସମ୍ପାଦନା କରିଥିଲେ ଶ୍ରୀମନ୍ଦିରର ପୂର୍ବ ପ୍ରଶାସକ ଶ୍ରୀ ମହୀମୋହନ ତ୍ରିପାଠୀ ଏବଂ ଜଗନ୍ନାଥ ସଂସ୍କୃତିରେ ବିଶେଷ ଆଗ୍ରହ ରଖୁଥିବା ସତୀର୍ଥ, 'ପୌରୁଷ' ସମ୍ପାଦକ ଶ୍ରୀ ଅସିତ ମହାନ୍ତି। ବହିଟିକୁ 'ସମ୍ବାଦ' ସମ୍ପାଦକ ଶ୍ରୀ ସୌମ୍ୟରଞ୍ଜନ ପଟ୍ଟନାୟକ ଉନ୍ମୋଚନ କଲେ। ସେଇଠି କଥା ପ୍ରସଙ୍ଗରେ କହିଲେ, ସନ୍ଧ୍ୟାବେଳେ ସେ ପୁରୀ ଯିବେ। ତାହାପରେ ମୋତେ ପଚାରିଲେ, ତୁମେ ଯିବ କି ? ମୁଁ ମନକୁମନ କହିଲି, 'ପୁରୀ ଯିବାକୁ ନିମନ୍ତ୍ରଣ ମିଳିବ ଏବଂ ସିଏ ଯିବ ନାହିଁ, ଏମିତି ଓଡ଼ିଆ ଲୋକ ପ୍ରାୟ କେହି ନଥିବେ।' ଚାରିଟାବେଳ 'ସମ୍ବାଦ ଭବନ'ରେ ବହି ଉନ୍ମୋଚନ କାମ

ସରିବା ପରେ ଶ୍ରୀ ପଟ୍ଟନାୟକ ପୁରୀ ବାହାରିଲେ। ତାଙ୍କ ଗାଡ଼ିରେ ମୁଁ, ଶ୍ରୀ ଅସିତ ମହାନ୍ତି ଏବଂ ଶ୍ରୀ ସ୍ୱରାଜ ମିଶ୍ର ବସିଲୁ। ଶ୍ରୀ ସ୍ୱରାଜ ମିଶ୍ରଙ୍କ ଘର ପୁରୀରେ ଏବଂ ସେ ଜଗନ୍ନାଥଙ୍କ ଭକ୍ତ। ଅସିତ ବାବୁଙ୍କ କଥା ଆଗରୁ କହିଛି। ବାଟସାରା ଆମେ ନାନା କଥା ଆଲୋଚନା କରି ଚାଲିଲୁ। ପୁରୀ ଜେଲ୍ ଛକ ପାଖେ ଆମ ଗାଡ଼ି ପହଞ୍ଚିବା ବେଳକୁ 'ସମ୍ବାଦ'ର ପୁରୀ ପ୍ରତିନିଧି ଗଜେନ୍ଦ୍ର ମହାରଣା, ଶୁଭ୍ରାଂଶୁ ପଣ୍ଡା ଏବଂ ଶ୍ୟାମକାହ୍ନା ପଟ୍ଟନାୟକ ଆସି ସେଠାରେ ପହଞ୍ଚି ସାରିଥାନ୍ତି। ଗଜେନ୍ଦ୍ର ବାବୁ ଦିଇଟି ବିକଳ୍ପ ରଖିଲେ - ଗୋଟିଏ ହେଉଛି ମେଡିକାଲ୍ ଛକରୁ ଚାଲି ଚାଲି ଯାଇ ବଡ଼ଦାଣ୍ଡରୁ ଠାକୁରଙ୍କ ଦର୍ଶନ କରିବା। ତହିଁରେ ସମସ୍ୟା ହେଉଛି, ଦୂରରୁ ଠାକୁରଙ୍କ ଦର୍ଶନ ମିଳିବ। ଲୋକଭିଡ଼ ପାରି ହୋଇ ଠାକୁରଙ୍କ ପାଖକୁ ଯିବା କଷ୍ଟକର ହୋଇପାରେ। ଦ୍ୱିତୀୟ ପ୍ରସ୍ତାବ ହେଲା, ପୁରୀ ସମୁଦ୍ରକୂଳ ଯାଇ ସେଠୁ ବଳିଆପଣ୍ଡା ଦେଇ ଲୋକନାଥ ମନ୍ଦିର ପଛପଟ ବୁଲାଣି ରାସ୍ତାରେ ଆସି ପଶ୍ଚିମଦ୍ୱାରରେ ପହଞ୍ଚିବା। ଶ୍ରୀ ପଟ୍ଟନାୟକ ସେମାନଙ୍କ ଉପରେ ନିଷ୍ପତ୍ତି ଛାଡ଼ିଲେ। ଆମ ଗାଡ଼ି ସମୁଦ୍ରକୂଳ ସ୍ୱର୍ଗଦ୍ୱାର ବାଟେ ପ୍ରାୟ ସାତ ଆଠ କିଲୋମିଟର ଘୂରି ଘୂରି ପଶ୍ଚିମଦ୍ୱାର ପାଖେ ଆସି ରହିଲା ! ଗାଡ଼ିରୁ ଓହ୍ଲେଇ ଆମେ ମନ୍ଦିର ଭିତରକୁ ଗଲୁ। ସେଇଠି ଆସି ପହଞ୍ଚିବା ପରେ ଆମେ ଅନୁଭବ କଲୁ ଯେ ଆମର ଏତେବାଟ ଘୂରି ଘୂରି ଆସିବା ଆଦୌ ଦରକାର ନଥିଲା। ଯେତିକି ସମୟ ବୁଲି ବୁଲି ଆସିବାରେ ଗଲା ସେତିକି ସମୟ ଆମେ ମେଡିକାଲ୍ ଛକରୁ ଚାଲିଚାଲି ଯାଇ ଦର୍ଶନ କରିପାରିଥାଆନ୍ତୁ। ସେତେବେଳକୁ ରାତି ନଅଟା ପାଖାପାଖି ହେଲାଣି। ଆମେ ଶ୍ରୀମନ୍ଦିରକୁ ପଶି ଖବର ପାଇଲୁ, ଭୋଗ ଲାଗିଥିବାରୁ ଏବେ ଦର୍ଶନ ବନ୍ଦ ଅଛି। ତେଣୁ ବାଇଶି ପାହାଚରେ ବସିରହି ଅପେକ୍ଷା କଲୁ। ସେତେବେଳକୁ ମନ୍ଦିର ଭିତରେ ହଜାରେରୁ ଊର୍ଦ୍ଧ୍ୱ ଭକ୍ତ ଦର୍ଶନ ଅପେକ୍ଷାରେ ବସି ରହିଥାନ୍ତି। ଆମେ ଅଧଘଣ୍ଟାଏରୁ ଊର୍ଦ୍ଧ୍ୱ ଅପେକ୍ଷା କଲାପରେ ଦର୍ଶନ ପାଇଁ ବାହାରିଲୁ। ମାତ୍ର ଭୋଗ କାମ ସରି ନଥାଏ। କ'ଣ କରାଯିବ ? ଶ୍ରୀ ପଟ୍ଟନାୟକ କ୍ଳାନ୍ତି ଅନୁଭବ କରୁଥିବାରୁ ବାଇଶି ପାହାଚରେ ବସି ଯାଇଥାଆନ୍ତି। ଆମର ପ୍ରତିନିଧି ଗଜେନ୍ଦ୍ର ମହାରଣା ସାନ୍ତ୍ୱନା ଦେଉଥାଆନ୍ତି, ଆଉ କିଛି ସମୟ ପରେ ଦର୍ଶନ ଆରମ୍ଭ ହେବ। ମୁଁ, ସ୍ୱରାଜ ବାବୁ ଓ ଅସିତ ବାବୁ ସେଇ ମୁହୂର୍ତ୍ତକୁ ଅପେକ୍ଷା କରୁଥାଉ। ମୁଁ ମନେ ମନେ ଭାବୁଥାଏ, କଷ୍ଟ ନ କଲେ ଦେବଦର୍ଶନ ମିଳେ ନାହିଁ ପରା !

ରାତି ବଢୁଥାଏ, ତାହା ସାଙ୍ଗରେ ତାଳଦେଲା ଭଳି ଭିଡ଼ ବି ବଢୁଥାଏ। ବଡ଼ଦାଣ୍ଡ, ବାଇଶି ପାହାଚ, ବେଢ଼ା ଓ ଆନନ୍ଦ ବଜାର ସବୁଆଡ଼ ଲୋକରଣ୍ୟ।

ଏହା ଦେଖି, ଠାକୁରଙ୍କ ଦର୍ଶନ ପାଇବାର ଆଶା ମୋର ମଉଳିବାରେ ଲାଗୁଥାଏ। କାରଣ ରାତି ସାଢ଼େ ନଅଟା ହେଲାଣି, ଆମେ ଯଦି ପାଳି ପଡ଼ିବା ଯାଏ ଅପେକ୍ଷା କରୁ ଏଇ ମନ୍ଦିର ଭିତରେ ବାରଟା ବାଜିଯିବ। ଭୁବନେଶ୍ୱର ଫେରିବୁ କେତେବେଳେ? ସ୍ୱରାଜ ବାବୁ ଓ ମୁଁ ନିଜ ନିଜ ଗାଡ଼ି ରସୁଲଗଡ଼ରେ ରଖିଦେଇ ଯାଇଥାଉ। ସେଠାରୁ ଗାଡ଼ି ନେଇ ଘରକୁ ଫେରିବୁ।

ମନ ଭିତରେ ଗୋଟେ ଚିନ୍ତା ଆସିଲା- ଆଜି ବୋଧହୁଏ ଜଗନ୍ନାଥଙ୍କ ଦର୍ଶନ ଯୋଗ ନାହିଁ। ତା' ନହେଲେ ବଡ଼ ଲୋକଙ୍କ ସାଙ୍ଗେ ଆସିବା ସତ୍ତ୍ୱେ ଏତେ ସମସ୍ୟା ହୁଅନ୍ତା କାହିଁକି? ଭୁଲି ଯାଇଥିଲି ଯେ ଠାକୁରଙ୍କ ଇଚ୍ଛା ଥିଲେ ଦୂର ଲୋକ ତାଙ୍କ ଦର୍ଶନ ପାଇପାରିବ ଓ ଇଚ୍ଛା ନ ଥିଲେ ପାଖରେ ଥିବା ଲୋକକୁ ତାଙ୍କ ଦର୍ଶନ ମିଳିବ ନାହିଁ। ଆଗରୁ ଏମିତି କିଛି ଅଭିଜ୍ଞତା ଥିଲା। ଭାବିଲି ଆଜି ତାହାର ପୁନରାବୃତ୍ତି ହେବାକୁ ଯାଉଛି। 'ସମ୍ବାଦ'ର ସମ୍ପାଦକ ପ୍ରଥମରୁ କହୁଥାନ୍ତି, ଆମେ ସାଧାରଣ ଦର୍ଶକ ବ୍ୟବସ୍ଥାରେ ଯିବା। ଦିଅଁ ଦର୍ଶନ ପାଇଁ ଭି.ଆଇ.ପି. ସୁବିଧାସୁଯୋଗ ଖୋଜିବା ଅନୁଚିତ। ଯେତେବେଳେ ସମୟ ଆସିବ, ସେତେବେଳେ ଦର୍ଶନ ମିଳିବ। ଏହା ଭିତରେ ଆମେ ବାଇଶି ପାହାଚରୁ ଆସି ଆନନ୍ଦ ବଜାର ପାଖ ବେଢ଼ାରେ ପହଞ୍ଚି ସାରିଥାଉ। ଶ୍ରୀ ପଟ୍ଟନାୟକ ନିଶ୍ଚିତ ହୋଇ ଚକାପକାଇ ବସି ଯାଇଥାନ୍ତି। ମୁଁ ମନେ ମନେ ବ୍ୟସ୍ତ ହେଉଥାଏ, କାରଣ ପୁରୀ ଆସିବି ବୋଲି ଘରେ କହି ନଥାଏ। ମୋର ଏହି ଯାତ୍ରା ସମ୍ପୂର୍ଣ୍ଣ ଅପ୍ରତ୍ୟାଶିତ ଥିଲା। ମୋବାଇଲ୍‌ରେ ଖବର ଦେଲେ ହୁଅନ୍ତା, କିନ୍ତୁ ଆମର ଫୋନ୍‌ଗୁଡ଼ିକ ଗାଡ଼ି ଭିତରେ ରହିଲାଣି। ମନେ ମନେ ବ୍ୟସ୍ତ ହେଇ ଠାକୁରଙ୍କୁ ଡାକୁଥାଏ, ପ୍ରଭୁ! ଆମକୁ ଦର୍ଶନ ମିଳୁ। ଏତେ ବାଟ ଆସି ଦର୍ଶନ ନପାଇ ଫେରିଗଲେ ମନରେ ଗ୍ଳାନି ରହିଯିବ।

ଭକ୍ତଙ୍କର ଭିଡ଼ ବଢୁଥାଏ। ଗହଳଚହଳ ବଢୁଥାଏ। ଆକାଶ ପୃଷ୍ଠରୁ ପୂର୍ଣ୍ଣମୀର ଜହ୍ନ ଶ୍ରୀଜଗନ୍ନାଥଙ୍କୁ ମନଭରି ଦର୍ଶନ କରୁଥାଏ। ଚନ୍ଦ୍ରର କି ସୌଭାଗ୍ୟ! ଆମେ ଭାବୁଥାଉ ଆମକୁ ଦର୍ଶନର ସୁଯୋଗ ମିଳିବ ନା ବୃଥା ମନରେ ଫେରିବାକୁ ହେବ ଜଗନ୍ନାଥେ ଜାଣନ୍ତି। ସେତିକିବେଳେ ଭିଡ଼ ଭିତରେ ଟିକିଏ ଚଞ୍ଚଳତା ପ୍ରକାଶ ପାଇଲା। ମୁଁ ଦେଖିଲି କେତେଜଣ ଗୁରୁତ୍ୱପୂର୍ଣ୍ଣ ବ୍ୟକ୍ତି ଜଗନ୍ନାଥଙ୍କ ପାଖରୁ ଦର୍ଶନ ସାରି ଫେରୁଥାନ୍ତି। ଶ୍ରୀମନ୍ଦିର ସୁରକ୍ଷା କର୍ମଚାରୀ ଭିଡ଼ କାଟି ସେମାନଙ୍କ ବାହାରିବାର ବ୍ୟବସ୍ଥା କରୁଥାନ୍ତି। ହଠାତ୍ ନଜର ପଡ଼ିଲା ତାଙ୍କ ଭିତରେ ଖାଦ୍ୟ ଯୋଗାଣ ଓ ବୈଷୟିକ ଶିକ୍ଷା ମନ୍ତ୍ରୀ ଶ୍ରୀ ସଞ୍ଜୟ ଦାସବର୍ମା ବାହାରି ଯାଉଛନ୍ତି।

ବାଟ ମୁହଁରେ ମୁଁ ଛିଡ଼ା ହୋଇଥିବାରୁ ତାଙ୍କ ନଜର ମୋ ଉପରେ ପଡ଼ିଲା । ସେ ବୁଦ୍ଧିମାନ ଲୋକ। ମୋର ଦଶା ଦେଖି ସମସ୍ୟା ବୁଝିଯାଇଥିଲେ। ହୁଏତ ସୌଜନ୍ୟମୂଳକ ହସଟିଏ ହସି ସେ ତାଙ୍କ ରାସ୍ତାରେ ଚାଲିଯାଇଥାନ୍ତେ। ମୁଁ ତାଙ୍କୁ କହିଲି, ଏଇଠି ଏମ୍.ଡି ବସିଛନ୍ତି। ଶ୍ରୀ ସୌମ୍ୟରଞ୍ଜନ ପଟ୍ଟନାୟକ 'ସମ୍ବାଦ'ର ସମ୍ପାଦକ ତଥା ଇଷ୍ଟର୍ଣ୍ଣ ମିଡିଆର ଅଧ୍ୟକ୍ଷ ହେଲେ ମଧ୍ୟ ଏବେ ବି ପୁରୁଣା ସହଯୋଗୀ ଓ ପରିଚିତ ଲୋକ ତାଙ୍କୁ ମ୍ୟାନେଜିଂ ଡାଇରେକ୍ଟର ଓ ସଂକ୍ଷେପରେ ଏମ୍.ଡି ବୋଲି ସମ୍ବୋଧନ କରିଥାନ୍ତି। କାରଣ ସେ ପ୍ରଥମେ କମ୍ପାନିର ଏମ୍.ଡି ଥିଲେ। ଶ୍ରୀ ସଞ୍ଜୟ ଦାସବର୍ମା ଓ ଶ୍ରୀ ପଟ୍ଟନାୟକଙ୍କ ପରିଚୟ ଅନେକ ଦିନର। ୧୯୮୫-୮୬ ମସିହା ବେଳକୁ ଶ୍ରୀ ଜାନକୀବଲ୍ଲଭ ପଟ୍ଟନାୟକ ମୁଖ୍ୟମନ୍ତ୍ରୀ ଥିବା ବେଳେ ଶ୍ରୀ ଦାସବର୍ମା ଚନ୍ଦନେଶ୍ୱରରେ ପଢୁଥିଲେ ଓ 'ଓଡ଼ିଶା ଲେଦର ଟେକ୍‌ନୋଲଜିଷ୍ଟ୍ ଆସୋସିଏନ୍'ର ସମ୍ପାଦକ ଥିଲେ। ଶ୍ରୀ ପଟ୍ଟନାୟକ ଥିଲେ ସେ ଅନୁଷ୍ଠାନର ସଭାପତି। ସେତେବେଳେ ତାଙ୍କ ସଂଘକୁ ବହୁ ଭାବେ ଶ୍ରୀ ପଟ୍ଟନାୟକ ସାହାଯ୍ୟ କରିଥିବା ଶ୍ରୀ ଦାସବର୍ମା ସ୍ୱୀକାର କରିଥାନ୍ତି। ଏହାଛଡ଼ା ଜଣେ ପ୍ରତିଷ୍ଠିତ ଯୁବ ନେତା ଭାବରେ 'ସମ୍ବାଦ' ସହ ତାଙ୍କ ସମ୍ପର୍କ ଭଲ। ସୌମ୍ୟବାବୁ ସେଠାରେ ଅପେକ୍ଷା କରିଥିବା ଶୁଣି ସେ ତାଙ୍କ ପାଖକୁ ଗଲେ ଓ ତାଙ୍କ ପାଖରେ ଚକା ପକେଇ ବସିପଡ଼ିଲେ। ପଚାରିଲେ, ଆପଣଙ୍କର ଦର୍ଶନ ହେଲା ନା ନାହିଁ ? ଆମେ ଅପେକ୍ଷା କରିଥିବା ଶୁଣିବା କ୍ଷଣି ଶ୍ରୀ ଦାସବର୍ମା ତାଙ୍କର ସହାୟକମାନଙ୍କୁ ନିର୍ଦ୍ଦେଶ ଦେଲେ- 'ଏମ୍.ଡି ଦର୍ଶନ ପାଇଁ ଯିବେ, ବ୍ୟବସ୍ଥା କର।' ଏହାପରେ ସେ ନିଜେ ଆମମାନଙ୍କୁ ସାଙ୍ଗରେ ନେଇ ଭିଡ଼ କାଟି ସ୍ନାନ ମଣ୍ଡପକୁ ନେଇଗଲେ। ଶ୍ରୀ ଦାସବର୍ମାଙ୍କ ସହ ମୋର ଏବଂ ଅସିତ ବାବୁଙ୍କର ଭଲ ପରିଚୟ। ସେ ପୂର୍ବରୁ 'କ୍ରାନ୍ତିଧାରା' ସାହିତ୍ୟ ପତ୍ରିକା ପ୍ରକାଶ କରୁଥିଲେ ଓ ଏବେ 'ସର୍ବସାଧାରଣ' ସମ୍ବାଦପତ୍ର ପ୍ରକାଶ କରୁଛନ୍ତି। ଏକଦା ଶ୍ରୀ ଦାସବର୍ମା ପୁଣି ଓଡ଼ିଆ ଯୁବକ ଲେଖକ ସମ୍ମିଳନୀର ସଭାପତି ଥିଲେ ଓ ସବୁବେଳେ କବି, ଲେଖକ ଓ ସାମ୍ବାଦିକଙ୍କ ସହ ଉତ୍ତମ ସମ୍ପର୍କ ରକ୍ଷା କରିଥା'ନ୍ତି। ୨୦୦୦ ମସିହାରେ ଆମେ ସାଥୀହୋଇ ଆମେରିକାରେ ଅନୁଷ୍ଠିତ 'ଓସା' ସମ୍ମିଳନୀରେ ଯୋଗ ଦେବାକୁ ଯାଇଥିଲୁ। ମୁଁ କେନ୍ଦ୍ର ସାହିତ୍ୟ ଅକାଦେମି ପୁରସ୍କାର ପାଇବା ପରେ ମନ୍ତ୍ରୀ ଶ୍ରୀ ଦାସବର୍ମା ମୋ ପାଇଁ ଏକ ସ୍ୱତନ୍ତ୍ର ଓ ଭବ୍ୟ ସମ୍ବର୍ଦ୍ଧନା ସଭା ଆୟୋଜନ କରିଥିଲେ। ସେ ପରମ ଆଗ୍ରହରେ ଆମମାନଙ୍କୁ ତାଙ୍କ ସାଥିରେ ନେଇଗଲେ ଓ ସ୍ନାନମଣ୍ଡପ ପାଖରେ ପହଞ୍ଚାଇଦେଲେ। ସ୍ନାନମଣ୍ଡପ ନିକଟରେ ପୁଲିସ ଡିଜି ସଞ୍ଜିବ ମାରିକ୍ ଉପସ୍ଥିତ

ଥାଇ ଆଇନ ଶୃଙ୍ଖଳା ପରିସ୍ଥିତି ତଦାରଖ କରୁଥାନ୍ତି। ଆମେମାନେ ସୁରୁଖୁରୁରେ ଯାଇ ତିନି ଠାକୁରଙ୍କୁ ଦର୍ଶନ କଲୁ ଓ ତୁଳସୀ ଧରି ଫେରିଲୁ। ମନ୍ଦିରକୁ ଯିବା ପୂର୍ବରୁ କଥା ଥିଲା ଗଜେନ୍ଦ୍ର ବାବୁ ଆମ ପାଇଁ ଅଭଡ଼ା ଅନ୍ନର ବ୍ୟବସ୍ଥା କରିବେ ଓ ଆମେମାନେ ତାହା ଆମ ପୁରୀ କାର୍ଯ୍ୟାଳୟରେ ସେବନ କରି ଭୁବନେଶ୍ୱର ଫେରିବୁ। କିନ୍ତୁ ମୋର କିଭଳି ଗୋଟେ ଧାରଣା ହେଉଥାଏ ଯେ ସେଦିନ ଆମକୁ ଅଭଡ଼ା ମିଳିବ ନାହିଁ। ସେଇଆ ହେଲା। ଆମେ ସେ ଭିଡ଼ ଭିତରେ ଗଜେନ୍ଦ୍ର ବାବୁଙ୍କୁ ଅପେକ୍ଷା କରି ଅଧଘଣ୍ଟାଏ ପାଖାପାଖି ବେଢ଼ା ଭିତରେ ବୁଲିଲୁ। ଶେଷ ପର୍ଯ୍ୟନ୍ତ କିନ୍ତୁ ତାଙ୍କର ସାକ୍ଷାତ ପାଇଲୁ ନାହିଁ। ବାଧହୋଇ ମନ୍ଦିରରୁ ବାହାରି ଆସି ଶ୍ରୀ ପଟ୍ଟନାୟକଙ୍କ କାର୍ ପାଖକୁ ଆସିଲୁ ଓ ତାହାପରେ ଚନ୍ଦନପୁର ଦେଇ ଭୁବନେଶ୍ୱର। ଚନ୍ଦନପୁରରେ ମଧ୍ୟ ଖାଦ୍ୟ ମିଳିଲା ନାହିଁ। ଯେନେତେନ ପ୍ରକାରେଣ ତୁଣ୍ଡରେ କ'ଣ ଟିକିଏ ଦେଇ ଫେରିଲୁ।

ଆଗରୁ କହିଛି ମଣିଷ ଯେମିତି ଯୋଜନା କରିଥାଏ ଜଗନ୍ନାଥ ସେମିତି କାର୍ଯ୍ୟକାରୀ କରନ୍ତି ନାହିଁ। ତାଙ୍କର କାର୍ଯ୍ୟକାରୀ କରିବାର ମୁଦ୍ରା ଭିନ୍ନ। ଗଜେନ୍ଦ୍ର ବାବୁଙ୍କ ସହ ଦେଖାହେଲା ନାହିଁ ବୋଲି ଯେ ଆମେ ସେଦିନ ଶ୍ରୀଜଗନ୍ନାଥଙ୍କ ପ୍ରସାଦ ସେବନରୁ ସମ୍ପୂର୍ଣ୍ଣ ବଞ୍ଚିତ ହେଲୁ ତାହା ଠିକ୍ ନୁହେଁ। କାରଣ ବାଇଶି ପାହାଚ ପାଖରେ କେହି ଜଣେ ଶ୍ରୀ ପଟ୍ଟନାୟକଙ୍କୁ ଚିହ୍ନି ତାଙ୍କ ହାତରେ କିଛି ମିଠା ଅନ୍ନ ଧରେଇ ଦେଇଥିଲେ। ଆମେ ତିନିହେଁ ତାଙ୍କ ସାଙ୍ଗରେ ଥିବା ଜାଣି ଆମ ହାତରେ ମଧ୍ୟ ଆଉ କିଛି କିଛି ଭୋଗ ଦେଇଥିଲେ ଏବଂ ଆମେ ତାହା ସେବନ କରିଥିଲୁ। ମୁଁ ଲକ୍ଷ୍ୟ କରିଥିଲି ଯେ ସେହି ଅଧମୁଠା ଅନ୍ନ ଭିତରୁ ଛୋଟ ବାଟୁଳାଏ ଅସିତ ବାବୁ ଧରିଥାନ୍ତି। ତାହା ସେ ଆମ ଡ୍ରାଇଭରକୁ ଆଣି ଦେଲେ। ଆମେ ଦେବଦର୍ଶନ କରିବାର ସନ୍ତୋଷ ନେଇ ଫେରିଲୁ। ଘରେ ପହଞ୍ଚିଲା ବେଳକୁ ରାତି ଦି'ଟା କି ତିନିଟା ହେବ ବୋଲି ଯାହା ଆଶଙ୍କା ଥିଲା ତାହା ଅମୂଳକ ଥିଲା କାରଣ ରାତି ୧୧ଟା ବେଳକୁ ଆମେ ନିଜ ନିଜ ଘରେ ପହଞ୍ଚି ପାରିଥିଲୁ। ହଁ, ଏକଥା ସତ ଯେ ସେଦିନ ସେହି ସମୟରେ ଯଦି ମନ୍ତ୍ରୀ ଶ୍ରୀ ଦାସବର୍ମାଙ୍କ ସହ ଭେଟ ହୋଇ ନଥାନ୍ତା ତା'ହେଲେ ଭୁବନେଶ୍ୱରରେ ଆସି ପହଞ୍ଚିଲା ବେଳକୁ କେତେ ରାତି ହୋଇଥାଆନ୍ତା ତାହା କହିହେବ ନାହିଁ। ମୋର ଧାରଣା ହେଲା ଜଗନ୍ନାଥ ହିଁ ଯେପରି ସେଇ ମୁହୂର୍ତ୍ତରେ ତାଙ୍କୁ ଆମ ପାଖକୁ ପଠେଇଥିଲେ। କାରଣ ଆମେ ବାଇଶି ପାହାଚରେ ଅପେକ୍ଷା କରିଥିଲୁ ଏବଂ ଗଜେନ୍ଦ୍ର ବାବୁ ସେଇଠି ଅପେକ୍ଷା କରିବାକୁ ଆମକୁ କହିଥିଲେ। ଯଦି ଶେଷ ପର୍ଯ୍ୟନ୍ତ ସେଇଠି

ବସିଥାଆନ୍ତି ତାହାହେଲେ ଶ୍ରୀ ଦାସବର୍ମାଙ୍କ ସହ ଦେଖା ହୋଇନଥାନ୍ତା। କାହିଁକି କେଜାଣି, ଅଧଘଣ୍ଟାଏ ପାଖାପାଖି ବସିବା ପରେ ଆମେ ସେଠୁ ମନକୁ ମନ ଉଠି ବେଢ଼ାକୁ ଚାଲିଯାଇଥିଲୁ ବୋଧହୁଏ। ଜଗନ୍ନାଥ ଆମକୁ ସେଭଳି ନିର୍ଦ୍ଦେଶ ଦେଇଥିଲେ। (୨୦୧୫)

■

ଜଗନ୍ନାଥ ଆମ ଦୁଶ୍ଚିନ୍ତା ଦୂର କଲେ

ନୂଆଦିଲ୍ଲୀର 'ମେକ୍ ମାଇଁ ଟ୍ରିପ୍' ଟ୍ରାଭେଲ୍ ଏଜେନ୍ସିର ଆକାଉଣ୍ଟ୍ସ ବିଭାଗ କର୍ମଚାରୀ ଅଙ୍କିତ ଦେଓ୍ୱାନ୍ ଫୋନ୍‌ରେ ସଫା ସଫା କହିଦେଲେ, ''ଆପଣ ପୂରା ଟଙ୍କା ଜମା ନ କଲେ ପୂର୍ବରୁ ଜମା କରିଥିବା ୬୦ ହଜାର ଟଙ୍କା କଟିଯିବ, ତାହାଛଡ଼ା ଆପଣଙ୍କୁ ଆମେ ୟୁରୋପ ଭ୍ରମଣ ଦଳରେ ସାମିଲ କରିପାରିବୁ ନାହିଁ।''

ମୁଁ ଉତ୍ତର ଦେଲି, ''ଆମେ ସ୍ୱାମୀ-ସ୍ତ୍ରୀ ଦିହେଁ ୟୁରୋପ ବୁଲିବାକୁ ଯିବୁ ବୋଲି ତ ଷାଠିଏ ହଜାର ଟଙ୍କା ଦେଇ ବୁକିଂ କରିଛୁ। ଅବଶିଷ୍ଟ ଟଙ୍କା ମଧ୍ୟ ଜମା କରିଦେବୁ। ତେବେ ଏପର୍ଯ୍ୟନ୍ତ ଇଟାଲିର ଭିସା ଆସିନାହିଁ, ଆଉ ଇଟାଲି ଭିସା ନ ଆସିଲେ ଆମେ ତ ଯାଇ ପାରିବୁ ନାହିଁ। ଏବେ ଯଦି ଆପଣଙ୍କ ନିୟମ ଅନୁସାରେ ମୋଟ ଟଙ୍କା ଜମା କରିଦେଉ, ଭିସା ନ ମିଳିଲେ ଆମ ଟଙ୍କା ଆମକୁ ଫେରେଇ ଦେବେ ତ?''

ହଁ, ମାତ୍ର ପଚିଶ ପ୍ରତିଶତ ଫେରେଇବୁ। ବାକି ୭୫ ପ୍ରତିଶତ କଟିଯିବ!

ମୋ ଦେହରୁ ଅତଡ଼ାଟାଏ ଖସିପଡ଼ିଲା। ଏହାର ଅର୍ଥ ଆମେ ଯଦି ଦିହିଙ୍କ ଲାଗି ୪ ଲକ୍ଷ ଲେଖାଏଁ ଟଙ୍କା ଜମା କରିଥିବୁ ତାହାହେଲେ ୩ ଲକ୍ଷ ଟଙ୍କା କଟିଯିବ, ଆମକୁ ଫେରେଇବେ ମାତ୍ର ଲକ୍ଷେ ଟଙ୍କା! ମୁଁ ପ୍ରତିବାଦ କରି କହିଲି, ''ଇଏ ତ ଅନ୍ୟାୟ। ଷାଠିଏ ହଜାର ଟଙ୍କା ପଛେ ଯାଉ, ମାତ୍ର ସେତକ ବଞ୍ଚେଇବାକୁ ଯାଇ ଆମେ ଲକ୍ଷ ଲକ୍ଷ ଟଙ୍କାର ବିପଦ କାହିଁକି ନେବୁ? ତା'ପରେ ପଚାରିଲି, "ଆମକୁ ଇଟାଲି ଭିସା ମିଳିବା ଦିଗରେ ଆପଣ କିଛି ସାହାଯ୍ୟ କରିପାରିବେ କି?"

'ମେକ୍ ମାଇଁ ଟ୍ରିପ୍'ର ସେହି ହୃଦୟହୀନ ଯୁବକ ଅଙ୍କିତ ଦେଓ୍ୱାନ୍ କହିଲେ, "ନା, ସେ ଦାୟିତ୍ୱ ଆମ କମ୍ପାନି ନେଇ ପାରିବ ନାହିଁ।" ମୁଁ କହିଲି, "ମୋତେ ଟିକେ ସମୟ ଦିଅନ୍ତୁ, ମୁଁ ଭାବିକି କହିବି।" ଯୁବକ ଜଣକ କାବୁଲିବାଲା ସ୍ୱରରେ

କହିଲେ, "ମୁଁ ଚାରିଘଣ୍ଟା ସମୟ ଦେଉଛି, ନ ହେଲେ ଆପଣ ଆମକୁ ଦୋଷ ଦେବେ ନାହିଁ। ଆପଣଙ୍କ ଟଙ୍କାତକ ବୁଡ଼ିଯିବ ଓ ଆପଣ ଆଉ ୟୁରୋପ ଯାଇପାରିବେ ନାହିଁ।''

ଏସବୁ ଆଲୋଚନାର ସମୟ ୨୦୧୬ ମେ ମାସ। ସେଇ ବର୍ଷ ଏପ୍ରିଲ୍ ମାସରେ ଝିଅ ଗୌତମୀ ମୋତେ ପ୍ରସ୍ତାବ ଦେଲା, "ମାଆକୁ ନେଇ ଟିକେ ୟୁରୋପ ବୁଲେଇଆଣ। ତାହାର ବହୁତ ଆଗ୍ରହ। ତୁମେ ଦି' ଦି'ଥର ଆମେରିକା ଏବଂ ଚୀନ୍, ସୁଇଡେନ୍ ଓ ଜର୍ମାନ୍ ଯାଇ ବୁଲିଆସିଲଣି, ତା' ପାସ୍‌ପୋର୍ଟରେ ଏପର୍ଯ୍ୟନ୍ତ ଷ୍ଟାମ୍ପଟିଏ ବାଜିଲା ନାହିଁ। ଆଉ କିଛି ମାସ ପରେ ତାକୁ ୬୦ ବର୍ଷ ହୋଇଯିବ, ନାନାଦି ସମସ୍ୟା ବାହାରିବ। ମୁଁ 'ମେକ୍ ମାଇଁ ଟ୍ରିପ୍' ୱେବ୍‌ସାଇଟ୍‌ରେ ଦେଖିଛି, ସେମାନେ ଟଙ୍କା ସାଢ଼େ ପାଞ୍ଚଲକ୍ଷ ଭିତରେ ତୁମ ଦି'ଜଣଙ୍କୁ ୟୁରୋପ ବୁଲେଇ ଆଣିବେ। ୧୮ ରାତି ୧୯ ଦିନ ଭିତରେ ତୁମେମାନେ ୟୁନାଇଟେଡ୍ କିଙ୍ଗ୍‌ଡମ୍, ନେଦରଲ୍ୟାଣ୍ଡ୍, ଫ୍ରାନ୍ସ, ଜର୍ମାନୀ, ଚେକ୍, ସ୍ଲୋଭାକିଆ, ଅଷ୍ଟ୍ରିୟା, ଇଟାଲି ଓ ସୁଇଜରଲାଣ୍ଡ୍ ପ୍ରଭୃତି ବୁଲିଆସିବ।" ଏକଥା ଶୁଣି ତା' ମାଆ ଖୁସି ହେଲା। ତାହାର ସବୁ ସାଙ୍ଗ ବହୁବାର ବିଦେଶ ବୁଲିଆସିଲେଣି, ଇଏ ଥରକ ପାଇଁ ଦେଶ ବାହାରକୁ ଯାଇନାହାନ୍ତି। ଦ୍ୱିତୀୟ କଥା, ଆଗରୁ ନାନାଦି ସମସ୍ୟା ଥିଲା- ଝିଅର ପାଠପଢ଼ା, ଘର ତିଆରି, ଝିଅ ବାହାଘର। ସେସବୁ ଜଞ୍ଜାଳ ଯାହା ଯେମିତି ସରିଛି। ଆଉ ଯାହା ଅଛି ସିଏ ସବୁବେଳ ପାଇଁ ରହିବ। ମଣିଷର ଚିନ୍ତା ମଶାଣି ଚିତାରେ ଯାଇ ସରେ। ମୁଁ ପ୍ରଥମେ ଅମଙ୍ଗ ହେଉଥିଲି। କାରଣ ଏପ୍ରିଲ୍ ମାସରେ ଆମେ ଏସବୁ କଥାବାର୍ତ୍ତା ହେଉଥିଲୁ ଏବଂ ଆମ ଭ୍ରମଣ ଆରମ୍ଭ ସମୟ ଥିଲା ୨୧ ଜୁନ୍। ଏତେ କମ୍ ସମୟ ଭିତରେ ଭିସା କାମ ହୋଇପାରିବ କି ନାହିଁ ସେ ନେଇ ସନ୍ଦେହ ଥିଲା। ଦ୍ୱିତୀୟ କଥା ଥିଲା ଏତେଗୁଡ଼ିଏ ଅର୍ଥର ଯୋଗାଡ଼। ମୁଁ ଆଗରୁ ଯେତେଥର ବୁଲିବାକୁ ଯାଇଛି ସେସବୁ ଆୟୋଜକମାନଙ୍କ ଖର୍ଚ୍ଚରେ ନତୁବା ସରକାରୀ ବ୍ୟୟରେ। ମାତ୍ର ଝିଅ ଗୌତମୀ ସେ କଥା ପ୍ରତି ଧ୍ୟାନ ଦେଲାନାହିଁ। ସେ ସବୁଦିନେ ଏକଜିଦିଆ। ଏ କଥାବାର୍ତ୍ତାର ପରଦିନ ଏପ୍ରିଲ୍ ୭ ତାରିଖରେ ସେ ନନ୍‌ରିଫଣ୍ଡେବଲ୍ ବୁକିଂ ଆମାଉଣ୍ଟ୍ ୬୦ ହଜାର ଟଙ୍କା ତା' ଆକାଉଣ୍ଟ୍‌ରୁ ଜମା କରିଦେଇ ମୋ ହାତରେ ରସିଦ୍ ଧରେଇଦେଲା। କହିଲା, ଏଣିକି ବାକୀ କାମ ତୁମର। ଯିବାର ଥିଲେ ଯାଅ, ନ ହେଲେ ମୋ ଟଙ୍କାତକ ଯିବ ଆଉ କ'ଣ?

ତାହାର ଏ ରୋକ୍‌ଠୋକ୍ କଥା ଶୁଣି ମୁଁ ତା' ମୁହଁକୁ ବଲବଲ କରି ଅନେଇଲି। ଷାଠିଏ ହଜାର ଟଙ୍କା କ'ଣ ମାଟିଗୋଡ଼ି? ଆଜିକା ପିଲାମାନେ ପଇସାକୁ କ'ଣ ଭାବୁଛନ୍ତି? ପୁଣି ଭାବିଲି, ଗୌତମୀ ମଧ୍ୟ ପଇସାକୁ ଗୁରୁତ୍ୱ ଦିଏ, ମାତ୍ର ଏବେ ସେ ତା' ବାପାମାଆଙ୍କ ବିଦେଶ ଭ୍ରମଣ ପ୍ରସଙ୍ଗକୁ ଟଙ୍କାଠାରୁ ଅଧିକ ଗୁରୁତ୍ୱ ଦେଉଛି।

ସେଦିନ ଘରେ ଟିକେ ଉଚ୍ଚବାଚ ହେଲା। ଭଲକରି ଚିନ୍ତାକରି ଟଙ୍କା ଜମା କରିଥିଲେ ଉଚିତ ହୋଇଥାଆନ୍ତା ବୋଲି କହିଲି। ଏକଥା ଶୁଣି ମାଆଝିଅ ଉଭୟେ ଆଡ଼ରୁଷା ଦେଲେ। ସେଇ ସପ୍ତାହରେ ଜ୍ୱାଇଁ ତାପସଙ୍କ ଗାଁକୁ ଗୋଟେ ଶୁଦ୍ଧିକାମରେ ଯିବାର ଥାଏ। ଭଦ୍ରକ ପାଖ ସେ ଗାଁରେ ବସି ଖାଉଛି, ଦିଲ୍ଲୀରୁ ପୁଲକେଶ (ସେଇ ମେକ୍ ମାଇଁ ଟ୍ରିପ୍‌ର ଆଉଜଣେ) ଫୋନ୍ କଲେ, ଅମୁକ ଦିନ ଆପଣ ୟୁକେ ଭିସା ପାଇଁ କଲିକତା ଯିବେ। ମୁଁ ଦରଖାସ୍ତ ଫର୍ମ ମେଲ୍ କରିଦେଇଛି, ଆପଣ ପ୍ରିଣ୍ଟ୍‌ଆଉଟ୍ ବାହାର କରି ଦେଖିନିଅନ୍ତୁ। ନିର୍ଦ୍ଦିଷ୍ଟ ଦିନ, ୨୨ ଅପ୍ରେଲରେ ଆମେ କଲିକତା ଗଲୁ। ଦୁଇ ସପ୍ତାହ ଭିତରେ ୟୁକେ ଭିସା ଆସିଗଲା। ମୁଁ ଉତ୍ସାହିତ ହୋଇପଡ଼ିଲି।

ୟୁରୋପ ଭ୍ରମଣରେ ଯିବାକୁ ହେଲେ ୟୁକେ ସାଙ୍ଗକୁ କୌଣସି ସେଞ୍ଜେନ୍ ଭିସା ମଧ୍ୟ ନେବାକୁ ପଡ଼ିବ। ସେଞ୍ଜେନ୍ ଏରିଆ ହେଲା ପାଖାପାଖି ସୀମାରେଖା ରଖୁଥିବା ୨୬ଟି ୟୁରୋପୀୟ ଦେଶଙ୍କର ୟୁନିଅନ୍। ସେଇ ୨୬ଟି ଦେଶ ଭିତରୁ ଯେକୌଣସି ଗୋଟିଏ ଦେଶର ଭିସା ମିଳିଗଲେ କାମ ଚଳିଯାଏ। ୟୁକେ ତାହାର ସଭ୍ୟ ନୁହେଁ। ଇଂଲଣ୍ଡରେ ପହଞ୍ଚିବାଲାଗି ୟୁକେ ଭିସା ଲୋଡ଼ା, ଅବଶିଷ୍ଟ ଦେଶ ଭ୍ରମଣ ପାଇଁ ସେଞ୍ଜେନ୍ ଭିସା ଦରକାର। ଟ୍ରାଭେଲ୍ ଏଜେନ୍ସି କହିଲା, "ଆମେ ଆପଣଙ୍କ ଲାଗି ଇଟାଲିର ଭିସା ପାଇଁ ଫର୍ମ ଆଦି ପୂରଣ କରି ଇମେଲ୍‌ରେ ପଠେଇଦେବୁ। ଆପଣ ଯାଇ କଲିକତାରେ ଭିଏସ୍‌ଏଫ୍ (ୟୁରୋପୀୟ ଦେଶମାନଙ୍କ ତରଫରୁ ଭିସା କଥା ବୁଝୁଥିବା ଏଜେନ୍ସି) ଅଫିସ୍‌ରେ ତାହା ଦେଇଆସିବେ।"

ଭୁବନେଶ୍ୱରରେ ରହୁଥିବା ଆମ ପରି ଲୋକଙ୍କ ପାଇଁ କଲିକତା ଯିବା ସମସ୍ୟା ନ ହେଲେ ବି ସହସା ଡକରା ପାଇ ଯିବା ସମସ୍ୟା। ଉଡ଼ାଜାହାଜ ଟିକେଟ୍ ପଛେ ମିଳିଯିବ, ଟ୍ରେନ୍ ଟିକେଟ୍ ମିଳିବ ନାହିଁ। ସେଠାରେ ପୁଣି ରହିବାଲାଗି ହୋଟେଲ୍ ବ୍ୟବସ୍ଥା ଦରକାର। ମେ ମାସ ୧୩ ତାରିଖରେ ଇଟାଲି ଭିସା ଆବେଦନ ଲାଗି ଗଲୁ। ଭାବିଲୁ, ଆମ ଭିସା ଡାକରେ ଆସି ପହଞ୍ଚିଯିବ। ମାତ୍ର ଡାକରେ ଭିସା ପହଞ୍ଚିଲା ନାହିଁ, ଖବର ଆସିଲା, ଇଟାଲିର ଦୂତାବାସରେ ମୋତେ ଯାଇ ବ୍ୟକ୍ତିଗତ ଭାବେ ହାଜିରା ଦେବାକୁ ପଡ଼ିବ। ତା'ପରେ 'ଭିସା' ମିଳିପାରେ! ଏଥର ଭିଏସ୍‌ଏଫ୍ ଅଫିସ୍‌କୁ ନୁହେଁ, ଇଟାଲି ଦୂତାବାସକୁ ଯିବାକୁ ପଡ଼ିବ, ମଇ ୩୦ ତାରିଖରେ।

ଲେଖିଲାବେଳକୁ ଏସବୁ କଥା ସିନା ସହଜରେ ଲେଖିଦେଉଛି, ମାତ୍ର ଏପ୍ରିଲ୍-ମେ ଖରାଦିନରେ ଧାଁଦଉଡ଼ ଭୀଷଣ କଷ୍ଟ। ମନଟା ଦୁଃଖ ହେଲା। ଆଶଙ୍କା କଲି, ଭିସା ମିଳିବ ନାହିଁ କି? ସେତେବେଳେ ଦୁଇଜଣ ଇଟାଲି ନୌସେନା କର୍ମଚାରୀଙ୍କୁ ଭାରତରେ ଗିରଫ କରାଯାଇଥାଏ। ଭାରତ-ଇଟାଲି ସମ୍ପର୍କ ଟିକେ ଖରାପ

ହୋଇପଡ଼ିଥାଏ। ଖବରକାଗଜର ଲୋକ ହୋଇଥିବାରୁ ଭାବୁଥାଏ, ସେଇ ଘଟଣା କାଳେ ମୋର ଭିସା ପ୍ରସଙ୍ଗକୁ ପ୍ରଭାବିତ କରିବ ! ମୋ ଆଶଙ୍କା ଶୁଣି ପତ୍ନୀ ସଂଯୁକ୍ତା କିଛୁ କହୁ ନ ଥାନ୍ତି, ମନକୁ ମନ ଦୁଃଖ କରୁଥାଆନ୍ତି, ତାଙ୍କ ଯୋଗୁ ଏତେ ସବୁ ସମସ୍ୟା !

'ମେକ୍ ମାଇଁ ଟ୍ରିପ୍' ସହ କଥାବାର୍ତ୍ତାବେଳେ ତାହାର ମୀନାକ୍ଷୀ ଚନ୍ଦ୍ରନ, ପୁଲକେଶ କୁମାର ପ୍ରମୁଖ ମହୁଝରା କଣ୍ଠରେ ପ୍ରତିଶ୍ରୁତି ଦେଇଥିଲେ, 'ଆମେ ସବୁ ବୁଝିଦେବୁ, ଆପଣଙ୍କୁ କିଛି ସମସ୍ୟା ହେବ ନାହିଁ।' ତାଙ୍କ ସହ ରାଜିନାମାର ସର୍ତ୍ତ ଥିଲା ଭ୍ରମଣ ଆରମ୍ଭର ଏକ ମାସ ଆଗରୁ ସବୁ ଟଙ୍କା ପଇଠ କରିବାକୁ ହେବ। ସେତେବେଳେ ମୁଁ ଭାବିଥିଲି, ଆମେ ୧୨ ମେରେ ଇଟାଲି ଭିସା ପାଇଁ ଆବେଦନ କରୁଥିବାରୁ ତାହା ୨୧ ମେ ସୁଦ୍ଧା ପହଞ୍ଚିଯିବ, ଆମେ ମଇ ୨୩ ତାରିଖ ସୁଦ୍ଧା ଟଙ୍କା ଦେଇଦେବୁ। ମାତ୍ର ଆଉ ଥରେ ମୋତେ ଡକରା ପଡ଼ିବ ବୋଲି ମୁଁ ଭାବି ନ ଥିଲି କି ଏ ପ୍ରକାର ସମ୍ଭାବନା କଥା 'ଏମ୍ଏମ୍‌ଟି' (ମେକ୍ ମାଇଁ ଟ୍ରିପ୍) କହି ନ ଥିଲା। ଏଣୁ ମୁଁ ଦୁଃଶ୍ଚିନ୍ତାରେ ଥାଏ, କାଳେ ଭିସା ନ ମିଳିଲେ ମୋର ଦି' ମାସର ଧାଁଦଉଡ଼, କାଗଜପତ୍ର ଯୋଗାଡ଼ କାମ ଓ ଷାଠିଏ ହଜାର ଟଙ୍କା ବ୍ୟର୍ଥ ହୋଇଯିବ। ତା' ସାଙ୍ଗକୁ ୟୁରୋପ ଭ୍ରମଣର ସଉକ। ସେତିକିବେଳେ ଅଙ୍କିତ ଦେଓ୍ୱାନ୍‌ଙ୍କର ବାରମ୍ବାର ଧମକପୂର୍ଣ୍ଣ ଫୋନ୍ - ତୁରନ୍ତ ଟଙ୍କା ଜମାକର, ନ ହେଲେ ୟୁରୋପ ଭ୍ରମଣ କଥା ଭୁଲିଯାଅ। ତା' ସହ ଜମା ଦେଇଥିବା ଟଙ୍କା କଥା। ପ୍ରଥମ ଥର କହିଥିଲି, ମୋତେ ଟିକେ ସମୟ ଦିଅ। ଭଦ୍ରଲୋକ ଠିକ୍ ତା' ପରିଦିନ ପୁଣି ଧମକପୂର୍ଣ୍ଣ ଫୋନ୍ କରିଥିଲେ- କ'ଣ ହେଲା, ଆପଣ ଏପର୍ଯ୍ୟନ୍ତ ଟଙ୍କା ଜମା କରିନାହାନ୍ତି ଦେଖୁଛି। ମୁଁ ତାଙ୍କୁ କହିଲି, ମୁଁ ତ ୩୦ ତାରିଖରେ ଇଟାଲି ଦୂତାବାସକୁ ଯିବି। ସେମାନେ ଭିସା ପଠେଇବାକୁ ଅନ୍ୟୂନ ୧୦ ଦିନ ଲାଗିବ। ଭିସା ପାଇବା ଆଗରୁ ମୁଁ କେମିତି ଆପଣଙ୍କୁ ଟଙ୍କା ଦେବି ? ଯଦି ମୁଁ ଭିସା ନ ପାଏ, ଆପଣ କ'ଣ ଆମ ଟଙ୍କା ଫେରାଇଦେବେ। ପ୍ରସେସିଂ ଚାର୍ଜ ବାବଦକୁ ହୁଏତ ଦଶ ପନ୍ଦର ହଜାର ଟଙ୍କା କାଟିପାରନ୍ତି, ମାତ୍ର ଅବଶିଷ୍ଟ ଅର୍ଥର କ'ଣ ଭାଗ୍ୟ ! ଏହାର ଉତ୍ତରରେ ସେ ଅତି ଶୀତଳ ସ୍ୱରରେ ଯାହା କହିଥିଲେ ମୁଁ ପ୍ରଥମରେ ଲେଖିଛି, 'ଆମ କଂପାନିର ଏଇଆ ହିଁ ନିୟମ। କେହି ଆମ ଭ୍ରମଣ ସୁଯୋଗର ଉପଯୋଗ ନ କରିପାରିଲେ ମୋଟ ପରିମାଣର ତିନି ଚତୁର୍ଥାଂଶ କଟିଯିବ।

ଏପ୍ରକାର ଫୋନ୍ ପାଇବା ପରେ, ମୁଁ 'ଏମ୍ଏମ୍‌ଟି'ର ମୀନାକ୍ଷୀଙ୍କ ସହ ଯୋଗାଯୋଗ କଲି। ସିଏ ଆମକୁ ଏଇ 'ୟୁରୋପ ଗ୍ରାଣ୍ଡ୍ ଟୁର୍' ପ୍ରସ୍ତାବ ବିକିଥିଲେ। ସେତେବେଳେ ଖୁବ୍ ମିଠା କଥା କହୁଥିଲେ। ବିପଦରେ ପଡ଼ି ଫୋନ୍ କଲାରୁ

କହିଲେ, 'ମୋର ସେଲସ୍' ବିଭାଗ ଦାୟିତ୍ୱ, ମୁଁ କିପରି 'ଆକାଉଣ୍ଟସ' କାମରେ ହସ୍ତକ୍ଷେପ କରିବି ! ମୁଁ ତାଙ୍କ ଉତ୍ତର ଶୁଣି ଆଶ୍ଚର୍ଯ୍ୟ ହେଲି । ଏଣୁଅ ବି ଏତେ କମ୍ ସମୟରେ ରଙ୍ଗ ବଦଳାଇ ପାରି ନ ଥାନ୍ତା ! କି ବିଚିତ୍ର ଏହି ସଂସ୍ଥାର କର୍ମଚାରୀଙ୍କ ବ୍ୟବହାର !

ମନେପଡୁଛି, ମେ ମାସର ୨୩-୨୪-୨୫ ଏହି ତିନିଦିନ ମୁଁ ଶାନ୍ତିରେ ଶୋଇପାରି ନ ଥିଲି । ଏପଟେ ଚିନ୍ତା ଇଟାଲି ଭିସା ପାଇଁ ଯିବି, ତାହା ମିଳିବ କି ନାହିଁ । ସେପଟେ ଚିନ୍ତା, ଯାଙ୍କୁ ପଇସା ନ ଦେଲେ ଇଏ ଆମର ଭ୍ରମଣ ବାତିଲ୍ କରିଦେବେ । ଶେଷକୁ ସ୍ଥିର କଲି ୬୦ ହଜାର ପଛକେ ଯାଉ, ମାତ୍ର ତାଙ୍କ ଧମକ ଯୋଗୁଁ ମୁଁ ଆଉ ଲକ୍ଷ ଲକ୍ଷ ଟଙ୍କା ପାଣିରେ ପକେଇପାରିବି ନାହିଁ । ଯଦି ଭିସା ନ ମିଳେ, ଆମେ ଯାଇପାରିବୁ ନାହିଁ । 'ଏମ୍‌ଏମ୍‌ଟି' ୩ ଲକ୍ଷ ଟଙ୍କା ଲେଖାଏଁ କାଟି ରଖିଦେବ । ଆମେ ସେ ଧକ୍କା ସହିପାରିବୁନାହିଁ । ଏକଥା ଗୌତମୀ ଏବଂ ତା' ମାଆଙ୍କୁ କହିଲି । ସେମାନେ ମୋର ମାନସିକ ଅବସ୍ଥା ବୁଝିପାରୁଥିଲେ । ଗୌତମୀ ନିଜକୁ ଅପରାଧୀ ମଣୁଥିଲା । ଆଗପଛ ଚିନ୍ତା ନ କରି କେବଳ ଉତ୍ସାହରେ ମାଡ଼ିଯାଇଥିଲା ସିଏ । ସେଥିଲାଗି ସେ ମଧ୍ୟ ଥରେ ଦି'ଥର 'ଏମ୍‌ଏମ୍‌ଟି' କର୍ମଚାରୀଙ୍କ ସହ କଥା ହେଇଥିଲା, ମାତ୍ର ସେମାନେ ତ କଂସାରୀ ଘରର ପାରା !

ସେତିକିବେଳେ ମୁଁ ଭାବିଲି, ମୁଁ ୟୁରୋପ ଭ୍ରମଣରେ ଯାଏ କି ନ ଯାଏ ଏହି ସଂସ୍ଥାର ମନମୁଖୀ କାରବାର ବିଷୟରେ ସମସ୍ତଙ୍କୁ ଜଣାଇବି । ମୁଁ ଜଣେ ଲେଖକ ଓ ସାମ୍ବାଦିକ ହୋଇ ଯଦି ଏହି ଅନ୍ୟାୟକୁ ସହିଯିବି ତାହାହେଲେ ଅନ୍ୟମାନେ କିପରି ପ୍ରତିବାଦ କରିବେ ? ଆଜିକାଲି ପିଲାଏ ବଡ଼ ବଡ଼ ଚାକିରି କଲା ପରେ ବୁଢ଼ା ବାପାମାଆଙ୍କୁ ବୁଲିଯିବା ଲାଗି ଟଙ୍କା ଦେଉଛନ୍ତି । କିଛି କିଛି ଚାକିରିଜୀବୀ ଅବସର ନେବା ଆଗରୁ ଏଭଳି ବିଦେଶ ଭ୍ରମଣରେ ଯାଉଛନ୍ତି । ମିଠାମିଠା କଥା କହି ଏପରି ସଂସ୍ଥାଗୁଡ଼ିଏ ତାଙ୍କୁ ଠକୁଥିବେ । ଏହି ପ୍ରକାର ମାନସିକ ନିର୍ଯାତନା ଦେଉଥିବେ- ଏସବୁ ଅନ୍ୟାୟ । ମୋ ମନରୁ ୟୁରୋପ ଭ୍ରମଣର ଆଗ୍ରହ ମରିସାରିଥାଏ । ଭାବୁଥାଏ, କାହାକୁ କହିବି ।

ଦିଲ୍ଲୀରେ ଶ୍ରୀ ଅମରେନ୍ଦ୍ର ଖଟୁଆ ଇଣ୍ଡିଆନ୍ ଫରେନ୍ ସର୍ଭିସ୍‌ର ଅଧିକାରୀ । ସେ ସେତେବେଳେ ଫରେନ୍ ସର୍ଭିସ୍ ଇନ୍‌ଷ୍ଟିଚ୍ୟୁଟ୍‌ର ଡାଇରେକ୍ଟର । ତାଙ୍କୁ ଗୋଟେ ଇ-ମେଲ୍ ମଠେଇଲି । ମାତ୍ର ତହିଁରେ ବେଶି ଫଳ ମିଳିବ ବୋଲି ଆଶା ନ ଥାଏ । ମୋର ଆଶଙ୍କା ସତ ପ୍ରମାଣିତ ହେଲା । ଏକଥା ଭାବୁଥିବାବେଳେ ମୋ ନଜର ଗୋଟେ ଅଭିନନ୍ଦନପତ୍ର (ଗ୍ରିଟିଂସ୍ କାର୍ଡ) ଉପରେ ପଡ଼ିଲା ତହିଁରେ ପୁରୀ ରଥଯାତ୍ରାର ଚିତ୍ର

ଥାଏ। ସେଇଟିକୁ କେନ୍ଦ୍ରମନ୍ତ୍ରୀ ଧର୍ମେନ୍ଦ୍ର ପ୍ରଧାନ ପଠାଇଥିଲେ। ବେଶ୍ କିଛି ବର୍ଷ ହେଲା ସେ ରଥଯାତ୍ରା ସମୟରେ ଏଭଳି କାର୍ଡ ପଠାଇଆସୁଥାନ୍ତି। ଭାବିଲି, ସିଏ କେନ୍ଦ୍ରମନ୍ତ୍ରୀ। ତାଙ୍କୁ କହିଲେ ନିଶ୍ଚୟ ସେ ସାହାଯ୍ୟ କରିବେ। ତେବେ ସମସ୍ୟା ହେଲା, ମୋର ତାଙ୍କ ସହ ବ୍ୟକ୍ତିଗତ ସମ୍ପର୍କ ନ ଥାଏ। ତାଙ୍କ ଫୋନ୍ ନମ୍ବର ମଧ୍ୟ ମୋ ପାଖରେ ନଥାଏ। ମୋର ସାମ୍ବାଦିକ ବନ୍ଧୁ 'ନିର୍ଭୟ'ର ସଂପାଦକ ନବୀନ ଦାସ। ତାଙ୍କର ସବୁ ବଡ଼ ବଡ଼ ନେତାଙ୍କ ସହ ପରିଚୟ। ତାଙ୍କଠାରୁ ମନ୍ତ୍ରୀ ଶ୍ରୀ ପ୍ରଧାନଙ୍କର ଜଣେ ବ୍ୟକ୍ତିଗତ ସହକାରୀଙ୍କ ନମ୍ବର ଆଣି ରାତି ୧୦ଟାବେଳକୁ ଫୋନ୍ କଲି। ମନରେ କୁଣ୍ଠା, କାରଣ ମୁଁ ଆଗରୁ କେତେଥର ମନ୍ତ୍ରୀ ଧର୍ମେନ୍ଦ୍ର ପ୍ରଧାନଙ୍କୁ ଭଲ ନ ଲାଗିବା ଖବର ଲେଖିଛି। ଥରେ ତ 'ରାଜଧାନୀ ରାଜନୀତି'ରେ ଲେଖିଥିବା ଖବର ତଥ୍ୟାଶ୍ରିତ ନ ଥିଲା ବୋଲି ତାଙ୍କର ସହକାରୀ ପାର୍ଥବାବୁ ଜଣାଇଥିଲେ। ତଥାପି ଥରେ କହେ, ତେଣିକି ତାଙ୍କ ଇଚ୍ଛା। ମୋ ଫୋନ୍ ମନ୍ତ୍ରୀଙ୍କ ବାସଭବନର ଜଣେ କର୍ମଚାରୀ ଧରି କହିଲେ, "ମନ୍ତ୍ରୀ ଦିଲ୍ଲୀରେ ଅଛନ୍ତି, ତେବେ ତାଙ୍କ ସହ ଯୋଗାଯୋଗ ହୋଇପାରିବ ନାହିଁ।'' ଏହାପରେ ମୁଁ କିଛି କିଛି ସମୟ ଛାଡ଼ି ଆଉ ଦି' ତିନି ଥର ଫୋନ୍ କଲି, ସେଇ ଏକା ଉତ୍ତର। ଶେଷକୁ ବ୍ୟସ୍ତ ହୋଇ କହିଲି, ଯେତେ ରାତି ହେଉ ପଛେ ମନ୍ତ୍ରୀ ତାଙ୍କ ବାସଭବନକୁ ଫେରିବେ। ଆପଣ କହିବେ ଏଇ ନମ୍ବରରୁ ଜଣେ ଓଡ଼ିଆ ସାମ୍ବାଦିକ ଜରୁରୀ କାମରେ ତାଙ୍କୁ ଖୋଜୁଥିଲେ। ତେଣିକି ତାଙ୍କ ଇଚ୍ଛା। ସେ ଭଦ୍ରଲୋକ ନମ୍ବରଟି ଟିପି ରଖିଲେ। ମୁଁ ଶୋଇବାକୁ ଚାଲିଗଲି। ସକାଳ ହେଲେ ପୁଣି 'କାବୁଲିବାଲା'ର ଫୋନ୍ ଆସିବ। ବ୍ୟସ୍ତ ଲାଗୁଥାଏ।

ରାତି ପ୍ରାୟ ବାରଟା ପାଖାପାଖି ଦିଲ୍ଲୀରୁ ଫୋନ୍ ଆସିଲା। ମୁଁ ଶୋଇବାଘରୁ ଉଠି ବାହାରକୁ ଚାଲିଆସିଲି। ସଂଯୁକ୍ତାଙ୍କୁ ମୋର ବ୍ୟସ୍ତତା କଥା ଜଣାଇବାକୁ ଚାହୁଁ ନ ଥାଏ। ମୋ ଦୁର୍ଦ୍ଦଶା ଦେଖି ସେ ନିଜକୁ ଦୋଷ ଦେଉଥାଆନ୍ତି। ବରାବର କହୁଥାଆନ୍ତି, ଷାଠିଏ ହଜାର ଗଲେ ଯାଉ, ତୁମେ ଆଉ ବ୍ୟସ୍ତ ହୁଅ ନାହିଁ। ମାତ୍ର କରିଦେଲେ ତ ସବୁକଥା ଭୁଲିହୁଏ ନାହିଁ। ମସେପଟୁ ମନ୍ତ୍ରୀ ଶ୍ରୀ ଧର୍ମେନ୍ଦ୍ର ପ୍ରଧାନ ଫୋନ୍ କରିଥିଲେ।

ମୁଁ କହିଲି, "ଏତେ ରାତିରେ ଆପଣଙ୍କୁ ହଇରାଣରେ ପକେଇଲି। ଖୁବ୍ ଦୁଃଖିତ।" ସେ ଉତ୍ତର ଦେଲେ, "ନା, ନା, ମୁଁ ବରଂ ଆପଣଙ୍କୁ ଏତେ ସମୟ ଅପେକ୍ଷା କରାଇଲି। ସମସ୍ୟା କ'ଣ?" ମୁଁ କହିଲି, "ସେଇଟା କହିବାକୁ ବହୁତ ସମୟ ଲାଗିବ। ମୋତେ ଆପଣଙ୍କ ଇ-ମେଲ୍ ଆଇଡି କୁହନ୍ତୁ, ମୁଁ ତହିଁରେ ମୋ ଦରଖାସ୍ତ ପଠେଇଦେବି। ଆପଣ ହସ୍ତକ୍ଷେପ କଲେ ସେ ସଂସ୍ଥା ତାଙ୍କର ତ୍ରୁଟି ବୁଝନ୍ତେ। ଆମେ ତ ବୁଲିଯିବାଲାଗି ଟଙ୍କା ଯୋଗାଡ଼ କରି ରଖିଛୁ। 'ଭିସା' ପାଇଯିବା କ୍ଷଣି

ଅନ୍‌ଲାଇନ ପେମେଣ୍ଟ୍ ପଇଠ କରିଦେବୁ। ସେ 'ଦେଖିବି' କହି ରଖିଦେଲେ। ତାଙ୍କର ସେତିକି କଥା ମଧ୍ୟ ମୋତେ ବେଶ୍ ସାହସ ଦେଲା।

ଏହାପର କଥା ନ କହିଲେ ବି ବୁଝିହୁଅନ୍ତା। ତଥାପି କହିଦିଏ। ପରଦିନ ମନ୍ତ୍ରୀ ଶ୍ରୀ ପ୍ରଧାନ ମୋର ଇ-ମେଲ୍ ପାଇ ତାଙ୍କ ବ୍ୟକ୍ତିଗତ ସଚିବଙ୍କୁ ଘଟଣାର ବିବରଣୀ ସଂଗ୍ରହ କରିବାକୁ ନିର୍ଦ୍ଦେଶ ଦେଇଥିଲେ। ସେ ମହାଶୟ ମୋତେ ଫୋନ୍ କରି ସବୁକଥା ଜାଣିଲା ପରେ 'ଏମ୍‌ଏମ୍‌ଟି'ର କାରବାରରେ ଆଶ୍ଚର୍ଯ୍ୟ ପ୍ରକଟ କରିଥିଲେ। ସେ ନିଶ୍ଚୟ ସେ ସଂସ୍ଥାକୁ ଟାଣ କରି ତାଙ୍କ ଭୁଲ୍ ଦେଖାଇଦେଇଥିବେ, କାରଣ ସେହିଦିନଠାରୁ ଆଉ ତାଗିଦା ଫୋନ୍ ଆସିଲା ନାହିଁ। ମୁଁ ମଇ ୩୦ରେ କଲିକତା ଯାଇ ଇଟାଲି ଭିସା ପାଇଁ ବ୍ୟକ୍ତିଗତ ସାକ୍ଷାତକାର ଦେଲି। ଭିସା ଅଫିସର୍ ଜଣକ ତାଙ୍କ ଅଫିସ୍‌ରେ ଟି-ସାର୍ଟ ପିନ୍ଧି ବସିଥାଆନ୍ତି। ସାଧାରଣତଃ ଦୂତାବାସର ଅଫିସରମାନଙ୍କୁ ଯେମିତି ଫର୍ମାଲ୍ ପୋଷାକରେ ଦେଖିବାକୁ ମିଳେ ସେ ସେମିତି ପୋଷାକ ପିନ୍ଧି ନ ଥିଲେ। ମୁଁ ଜଣେ ଲେଖକ ବୋଲି ଜାଣି ସେ ଖୁସିହେଲେ। ପଚାରିଲେ ଆପଣ ତ ଏତେ ବହି ଲେଖୁଛନ୍ତି, ପୁଣି ଖବରକାଗଜ ଅଫିସ୍‌ରେ ଚାକିରି କରୁଛନ୍ତି କାହିଁକି ? ହାୟ, ଭଦ୍ରଲୋକ ଯଦି ଓଡ଼ିଆ ଲେଖକଙ୍କର ରୟାଲଟି ହିସାବ ବାବଦରେ ଜାଣିଥାଆନ୍ତେ, ଏ ପ୍ରଶ୍ନ କେବେ ପଚାରି ନ ଥାଆନ୍ତେ। ମୁଁ କହିଲି, 'ଏମ୍‌ଏମ୍‌ଟି' ଟଙ୍କା ପାଇଁ ତାଗିଦା କରୁଛି, ଆପଣ ସାତଦିନ ଭିତରେ ଆପଣଙ୍କର ନିଷ୍ପତ୍ତି ଜଣାଇଦେଲେ ମୁଁ ଯାହା କରିବାର କରନ୍ତି। ସେ ହସି ହସି କହିଲେ, "ଏତେ ଡେରି ହେବ ନାହିଁ। ଦି'ଦିନ ଭିତରେ ଆପଣଙ୍କୁ ଆମ ନିଷ୍ପତ୍ତି ଜଣାଇ ଦେବୁ।"

'ଦି'ଦିନ' ଶବ୍ଦ ଦିଇଟି ଶୁଣି ମୁଁ ଅନୁମାନ କରି 'ଭିସା' ମିଳିଯିବ। ଖୁସି ମନରେ କଲିକତାରୁ ଫେରି ଆସିଲି। ୯ ଜୁନ୍ ପର୍ଯ୍ୟନ୍ତ 'ଏମ୍‌ଏମ୍‌ଟି' ବାଲାଙ୍କ ଫୋନ୍ ଆସୁ ନ ଥାଏ। ମୁଁ ମୋଆଡୁ ୧୦ ଜୁନ୍‌ରେ ୪ ଲକ୍ଷ ୫୩ ହଜାର ଟଙ୍କା ଜମା କରି ଇ-ମେଲ୍‌ରେ ଜଣାଇଦେଲି।

'ଏମ୍‌ଏମଟି'ର ଦୁର୍ବ୍ୟବହାର ସେଇଠି ସରି ନ ଥିଲା। ଶେଷଦିନ ପର୍ଯ୍ୟନ୍ତ ସେମାନେ ଟିକେଟ୍ କିମ୍ବା କୋଉ କୋଉ ହୋଟେଲ୍‌ରେ ରହିବୁ ତାହାର ବିବରଣୀ ପଠାଉ ନ ଥାନ୍ତି। ଦିଲ୍ଲୀର ଲୋକ ଚବିଶ ଘଣ୍ଟା ଆଗରୁ ଏସବୁ ଜାଣିଲେ ଚଳିବ। ମାତ୍ର ଆମେ ତ ଭୁବନେଶ୍ୱରରୁ ଯିବୁ। ସେ ଯାହାହେଉ, ବାରମ୍ବାର ଫୋନ୍ କରି ସେସବୁ ମଗେଇଲି। ତହିଁରେ ପୁଣି ଲଣ୍ଡନରେ ଯାଇ ପ୍ରଥମେ ଯୋଉ ହୋଟେଲ୍‌ରେ ରହିବୁ ବୋଲି ଆମକୁ କହିଥିଲେ, ସେଠି ଯାଇ ଦେଖିଲୁ ତାହା ବଦଳିଯାଇଛି। ଆମ ଦଳରେ ଆମେ ୩୦ ଜଣ ପର୍ଯ୍ୟଟକ ଥିଲୁ। କେତେକ ଏଥିପାଇଁ ଖୁବ୍ ପାଟିତୁଣ୍ଡ କରିଥିଲେ।

ତେବେ ଭାରତରେ '[illegible]' ସଂସ୍ଥା ଥିଲା। ଆମକୁ ହଇରାଣ କଲା, ମାତ୍ର ସେମାନେ ୟୁରୋପ ଭ୍ରମଣ ଲାଗି ସେଠାରେ ଯୋଉ ଜିଟିଟି ସଂସ୍ଥାକୁ ଦାୟିତ୍ୱ ଦେଇଥିଲେ ତାହା ଖୁବ୍ ଭଲ ସଂସ୍ଥା। ୨୫ ଜୁନ୍‌ରେ ଲଣ୍ଡନରେ ପହଞ୍ଚିବାଠାରୁ ପୁଣି ଫେରିଆସି ୧୪ ତାରିଖରେ ଦିଲ୍ଲୀରେ ପହଞ୍ଚିବା ପର୍ଯ୍ୟନ୍ତ ଆମର ଆଉ କୌଣସି ଅସୁବିଧା ହୋଇ ନାହିଁ। ଟୁର୍ ଗାଇଡ୍ ଥିଲେ ମିସେସ ରେମି ପୁରୀ। ଖୁବ୍ ଭଦ୍ର ଏବଂ ଆତ୍ମବିଶ୍ୱାସୀ। ସେ ଆମମାନଙ୍କର ଭଲ ଯତ୍ନ ନେଇଥିଲେ। ସେସବୁ କଥା ଏଠି ଅପ୍ରାସଙ୍ଗିକ।

ଏବେ ବି ମୁଁ ୨୦୧୬ ମଇ ମାସ ୨୬ ତାରିଖ ରାତିର କଥା ମନେପକଉଛି ଏବଂ ଭାବୁଛି ଶ୍ରୀଜଗନ୍ନାଥଙ୍କ ନନ୍ଦିଘୋଷ ରଥର ଚିତ୍ର ଥିବା ସେଇ ଗ୍ରିଟିଂସ୍ କାର୍ଡଟିର କଥା। ମନେହେଉଛି, ଶ୍ରୀଜଗନ୍ନାଥ ସାହସ ଦେଉଥିଲେ, ମୋ ଉପରେ ଭରସା ରଖ, ସବୁକଥା ଠିକଣା ହୋଇଯିବ। ସତରେ ସବୁ ଠିକଣା ହୋଇଗଲା। ଆମ ଦି'ଜଣଙ୍କୁ ଜଗନ୍ନାଥ ହିଁ ୟୁରୋପ ଭ୍ରମଣ କରାଇ ନିରାପଦରେ ଘରେ ଆଣି ପହଞ୍ଚାଇ ଦେଲେ! (୨୦୧୭)

ଅପରିଚିତ ବନ୍ଧୁ

୨୦୧୯ ଡିସେମ୍ବରର ପ୍ରଥମ ସପ୍ତାହ। କୁଆଲାଲୁମ୍ପୁରରେ ପହଞ୍ଚିବା ପରେ ମୋର ଦେହ ଏତେ ଖରାପ ହୋଇଯିବ ବୋଲି ଆଶଙ୍କା କରି ନ ଥିଲି। ଗତବର୍ଷ ମାସାଧିକ କାଳ ଅସୁସ୍ଥ ଥିଲି। ତା'ପରେ ଡାକ୍ତର ଇନ୍ଦ୍ରମଣି ଜେନାଙ୍କ ଚିକିତ୍ସାରେ ସୁସ୍ଥ ହୋଇଯାଇଥିଲି। ଏବେ ପୁଣି ଅସୁସ୍ଥ ହୋଇପଡ଼ିବା ଅନୁଭବ କରି ମନ ମରିଗଲା। ଭାବିଲି, ମୁଁ ତ ବୁଲାବୁଲି କରିପାରିବି ନାହିଁ। ମୋ ଯୋଗୁଁ ସଂଯୁକ୍ତା ମଧ୍ୟ ଏତେ ବାଟ ଆସି ନିରାଶ ହେବେ।

ପୂର୍ବରୁ ଅପ୍ରେଲ ପହିଲାରେ ଦି'ଦିନ ଲାଗି କୁଆଲାଲୁମ୍ପୁର ଯାଇଥିଲି। ସାଙ୍ଗରେ ଥିଲେ ବିଶିଷ୍ଟ ଲେଖକ ବିଭୂତି ପଟ୍ଟନାୟକ, ପ୍ରଫେସର ଯତୀନ୍ଦ୍ର କୁମାର ନାୟକ ଏବଂ ଶିକ୍ଷା ଓ ଅନୁସନ୍ଧାନ ବିଶ୍ୱବିଦ୍ୟାଳୟର ନିର୍ଦ୍ଦେଶକ ଡକ୍ଟର ମହେନ୍ଦ୍ର ପ୍ରସାଦ। ଉତ୍କଳ ଦିବସ ପାଳନ ସଭାରେ ଭାଷଣ ଦେଇ ପରଦିନ ଫେରିଆସିଥିଲୁ। ବିଶେଷ ବୁଲାବୁଲିର ସୁଯୋଗ ନ ଥିଲା। ତେଣୁ ଏଥର କୁଆଲାଲୁମ୍ପୁର ସହ ଲଙ୍କାବୀ ବୁଲି ଦେଖିବୁ ଓ ମାଲୟେସିଆରୁ ସିଙ୍ଗାପୁର ଯିବୁ, ଏଇ ଥିଲା ଯୋଜନା ମାତ୍ର ଦେହମୁଣ୍ଡ ବିନ୍ଧୁଥାଏ, ଉଠିବାଲାଗି ବଳ ପାଉ ନ ଥାଏ। ଏଥିରେ ବୁଲାବୁଲି କରିବି କିପରି ?

କୁଆଲାଲୁମ୍ପୁରରେ ରହିବାଲାଗି ହୋଟେଲ୍ ବ୍ୟବସ୍ଥା କରି ନ ଥାଏ। ବନ୍ଧୁ ଶ୍ରୀମାନ ସତ୍ୟବ୍ରତ ନାୟକଙ୍କ ଘରେ ରହିବା କଥା ସ୍ଥିର ହୋଇଥାଏ। ଏହି ବ୍ୟବସ୍ଥା ନେଇ ପତ୍ନୀ ସଂଯୁକ୍ତା ଆଦୌ ଉତ୍ସାହିତ ନ ଥାନ୍ତି। କାରଣ ସିଏ ଆଗରୁ ସତ୍ୟବ୍ରତଙ୍କୁ କିମ୍ବା ତାଙ୍କର ପତ୍ନୀ ବୀଣାପାଣିଙ୍କୁ ଦେଖି ନ ଥାନ୍ତି। ମୋର ମଧ୍ୟ ସେମାନଙ୍କ ସହ ସମ୍ପର୍କ ତିନି ଚାରି ଘଣ୍ଟାର। ଉତ୍କଳ ଦିବସ ପାଳନ ମଞ୍ଚରେ ଯାହା ଦେଖା

ହୋଇଥିଲା। ସେଇଠୁ ଜାଣିଥିଲି, ସେମାନେ ମୋର ସହଯୋଗୀ ତଥା ଗୀତିକାର ସୁବ୍ରତ ସ୍ୱାଇଁଙ୍କର ସମ୍ପର୍କୀୟ। ଏତକ ସମ୍ପର୍କକୁ ଆଶ୍ରାକରି ତାଙ୍କ ଘରେ ପହଞ୍ଚିଯିବା ସଂଯୁକ୍ତାଙ୍କୁ ଯୁକ୍ତିଯୁକ୍ତ ଲାଗୁ ନ ଥାଏ। ମାତ୍ର ମୁଁ ଭରସା ଦେଉଥାଏ, ଆମେ ତ ରାତି ଦିଇଟା ରହିବା କୁଆଲାଲୁମ୍ପୁରରେ, ତେଣୁ ସମସ୍ୟା ହେବ ନାହିଁ। ତା'ପରେ ଆମ ଲଙ୍କାବୀ ଯିବା, ସେଠାରେ ହୋଟେଲ୍ ବ୍ୟବସ୍ଥା ହୋଇଛି, ସେଠୁ ସିଙ୍ଗାପୁର ଚାଲିଯିବା।

ସତ୍ୟବ୍ରତଙ୍କ ଘରେ ରହିବାର ନିଷ୍ପତ୍ତି ହିଁ ମୋତେ ସାହାଯ୍ୟ କଲା। କୁଆଲାଲୁମ୍ପୁରରେ ଯାଇ ପହଞ୍ଚିବାପରଠାରୁ ସିଙ୍ଗାପୁର ଯିବା ପର୍ଯ୍ୟନ୍ତ ସତ୍ୟବ୍ରତ ଓ ବୀଣାପାଣି ଆମର ଯେଉଁ ପ୍ରକାର ଯତ୍ନ ନେଲେ ତାହା ଆମର ନିଜ ଝିଅ ଓ ଜ୍ୱାଇଁଙ୍କ ସେବାଯତ୍ନ ପରି ଥିଲା। ସଂଯୋଗବଶତଃ ବୀଣାପାଣିଙ୍କ ଜନ୍ମ ୧୯୮୬ରେ, ମୋ ଝିଅ ଗୌତମୀର ସେ ସମବୟସ୍କା।

ଆମେ କୁଆଲାଲୁମ୍ପୁର ଏୟାର୍‌ପୋର୍ଟରେ ଇମିଗ୍ରେସନ୍ କାମ ସାରି ବାହାରିବାବେଳକୁ ସତ୍ୟବ୍ରତ ଆମକୁ ଆଣିବାଲାଗି ପହଞ୍ଚି ସାରିଥାନ୍ତି। ସମୟ ହିସାବ କରି ଦେଖିଲି, ସେ ରାତି ଦୁଇଟାରୁ ଉଠି ତାଙ୍କ ଘରୁ ବାହାରିଥିବେ। ଆମ ପାଇଁ ବିଚରାଙ୍କ ସେଦିନ ରାତି ଶୋଇବା ହୋଇପାରି ନ ଥିବ।

ବୀଣାପାଣି ମୋର ଦେହ ଖରାପ କଥା ଶୁଣି ବ୍ୟସ୍ତ ହେଲେ। ଔଷଧ ଦେଲେ, ତା' ସାଙ୍ଗକୁ ଅଦା, ଗୋଲମରିଚ ପକେଇ କପେ କଡ଼ା ପାଚନ। ସେତେବେଳକୁ ଗୋଟିଏ ଦିନ ବିତିଗଲାଣି। ମୁଁ ଜଗନ୍ନାଥଙ୍କୁ ଡାକି ରାତିରେ ଶୋଇପଡ଼ିଲି। ସକାଳକୁ ଚଉଦଅଣା ସୁସ୍ଥ। ମୋର ସୁସ୍ଥତା ଦେଖି ସଭିଙ୍କ ମୁହଁରେ ହସ ଫୁଟିଲା।

ଆମେ ଲଙ୍କାବୀ ବାହାରିଲୁ। ଯେଉଁମାନେ ମାଲୟେସିଆ ବୁଲି ଯାଉଛନ୍ତି ସେମାନେ ଲଙ୍କାବୀ ଅବଶ୍ୟ ଯିବା କଥା। ଏହା ଆଗରୁ ମୁଁ ଆଣ୍ଡାମାନର ହାଭେଲକ୍ ଯାଇଥିଲି। ନିର୍ଜନତା ଓ ଶାନ୍ତ ପରିବେଶ ଯୋଗୁଁ ସମୁଦ୍ରକୂଳରେ ସେ ଜାଗାଟି ମୋତେ ଖୁବ୍ ଭଲ ଲାଗିଥିଲା। ମାତ୍ର ଲଙ୍କାବୀର ଆକର୍ଷଣ ଭିନ୍ନ ପ୍ରକାର। ମୁଁ ଏହି ଦ୍ୱୀପ ବିଷୟରେ ଦୁଇପଦ କହେ।

ମାଲୟେସିଆର କେଡା ରାଜ୍ୟର ଗୋଟେ ଜିଲ୍ଲା ଲଙ୍କାବୀ। ଏହା ମଧ୍ୟ ଗୋଟେ ସଂସଦୀୟ କ୍ଷେତ୍ର। ଏହାର ସାଂସଦ ମାଲୟେସିଆର ତତ୍କାଳୀନ ପ୍ରଧାନମନ୍ତ୍ରୀ (ତତ୍କାଳୀନ) ମହାଥୀର ବିନ୍ ମହମ୍ମଦ। ଗୋଟେ ଲୋକସଭା ନିର୍ବାଚନମଣ୍ଡଳୀର ପ୍ରତିନିଧି ସେ ଦେଶର ପ୍ରଧାନମନ୍ତ୍ରୀ ରହିଲେ ତା'ର କି ଧରଣର

ବିକାଶ ହୁଏ, ଲଙ୍କାବୀ ତାହାର ଏକ ଉଦାହରଣ। ଲଙ୍କାବୀ ୯୯ଟି ଦ୍ୱୀପକୁ ନେଇ ଗଠିତ ଏକ ଦ୍ୱୀପସମୂହ। ଏଠିକାର ଜିନିଷପତ୍ର ସବୁ ଶୁଳ୍କ ରହିତ, ତେଣୁ ସୁଲଭ୍ୟ। ଏ ଦ୍ୱୀପର ନାମକରଣ ଶଙ୍ଖଚିଲ ପରି ଦିଶୁଥିବା ଇଗଲ ପ୍ରଜାତିର ଏକ ପକ୍ଷୀର ନାମକୁ ନେଇ ହୋଇଥିବା ଲୋକମାନେ କହନ୍ତି। କେହି କେହି ଲଙ୍କାବୀକୁ ରାମାୟଣର ଲଙ୍କା ବୋଲି ମଧ୍ୟ କହିଥାଆନ୍ତି। ତେବେ ଏହା ସପକ୍ଷରେ ବିଶେଷ ପ୍ରମାଣ ମିଳେ ନାହିଁ। କିମ୍ବଦନ୍ତୀ ଅନୁସାରେ ଏ ଦ୍ୱୀପର ମାଲିକ ହେଉଛି ଉଲାରବେସର ସର୍ପ। ତେଣୁ ଗୋଟେ ସମୟରେ କେଡା ରାଜ୍ୟର ନୂଆ ସୁଲତାନଙ୍କୁ ଏହି ସର୍ପ ପାଇଁ ନିଜର ଅବିବାହିତା କନ୍ୟାକୁ ସମର୍ପଣ କରିବାକୁ ପଡୁଥିଲା।

ଲଙ୍କାବୀର ଅର୍ଥନୀତିର ମୂଳସୂତ୍ର ପର୍ଯ୍ୟଟନ। ସମୁଦ୍ରକୂଳଗୁଡ଼ିକ ବେଶ୍ ପରିଚ୍ଛନ୍ନ, ଦିନରେ ପର୍ଯ୍ୟଟକମାନେ ବୋଟ୍‌ରେ ଭିନ୍ନ ଭିନ୍ନ ଦ୍ୱୀପ ବୁଲିଯାଆନ୍ତି, ରାତିରେ ସମୁଦ୍ରକୂଳରେ ମଧ୍ୟରାତ୍ରି ପର୍ଯ୍ୟନ୍ତ ବିଭିନ୍ନ ସାଂସ୍କୃତିକ କାର୍ଯ୍ୟକ୍ରମ ଉପଭୋଗ କରନ୍ତି। ମରୁଭୂମିର ନିଆଁ ଖେଳ ଏଠି ଖୁବ୍ ଲୋକପ୍ରିୟ। କାହିଁ ଦୂରଦୂରାନ୍ତରୁ ଆସିଥିବା ପର୍ଯ୍ୟଟକମାନେ ନରମ ଚଉକି, ଗଦି କି ସୋଫାରେ ହାତରେ ପାନୀୟର ପିଆଲା ଓ ଓଠ ପାଖରେ ହୁକାର ପାଇପ୍ ଧରି ମଧ୍ୟଯୁଗୀୟ ସମ୍ରାଟଙ୍କ ପରି ସମୟ ବିତଉଥାଆନ୍ତି। ଆଇନଶୃଙ୍ଖଳା ପରିସ୍ଥିତି ଭଲ ଥିବାରୁ କାହାରି ମନରେ କୌଣସି ବିପଦର ଆଶଙ୍କା ନ ଥାଏ। ଆମେମାନେ ଦିନରେ ବିଭିନ୍ନ ଦ୍ୱୀପ ବୁଲି ଦେଖିଲୁ, ଢେଉ ଉଠୁଥିବା ସମୁଦ୍ରରେ ଯିବାବେଳେ ପ୍ରଥମେ ପ୍ରଥମେ ଡର ମାଡୁଥିଲା, ପରେ ଅଭ୍ୟାସରେ ପଡ଼ିଗଲା।

ସତ୍ୟବ୍ରତ ଓ ବୀଣାପାଣି ଦିହେଁ ସାହିତ୍ୟମନସ୍କ। ଦିହେଁ କେଉଁଝରର ପିଲା। ସତ୍ୟବ୍ରତ ମାଲୟେସିଆ ପେଟ୍ରୋ କେମିକାଲ୍‌ସରେ ଜିଓଲଜିଷ୍ଟ୍। ବୀଣାପାଣି ପିଏଚ୍.ଡି. କରୁଛନ୍ତି। ଦିହେଁ ମାଲେୟେସିଆ ଓଡ଼ିଆ ଆସୋସିଏସନ୍‌ର ସକ୍ରିୟ ସଭ୍ୟ। ସେମାନଙ୍କ ଉଦ୍ୟମରେ ପ୍ରକାଶିତ ସ୍ମରଣିକା ଦେଖି ଖୁବ୍ ଖୁସି ହେଲି। ସାହିତ୍ୟ-ଅନୁରାଗ ନ ଥିଲେ ମୋ ପକ୍ଷେ କାହା ସହ ବେଶି ସମୟ ଗପସପ କରିବା କଷ୍ଟକର। ଅନୁଭବ କଲି, ଏତିକି ସମୟ ଭିତରେ ସେ ଦିହେଁ ମୋଠାରୁ ଅଧିକ ସଂଯୁକ୍ତାଙ୍କର ପ୍ରିୟ ପାଲଟିସାରିଥାନ୍ତି। ତାଙ୍କର ପିଲା ଦିହେଁ ପୁଣି ଆମର ଆସରକୁ ଅଧିକ ମଧୁର କରୁଥାନ୍ତି। ମୋ ଦେହ ସମ୍ପୂର୍ଣ୍ଣ ସୁସ୍ଥ ହୋଇଯାଇଥାଏ। ଲାଗୁ ନ ଥାଏ ଯେ କିଛି ଘଣ୍ଟା ପୂର୍ବରୁ ମୁଁ ବସିବା ଜାଗାରୁ ଉଠିପାରୁ ନ ଥିଲି।

ଲଙ୍କାବୀ ଏକ କ୍ଷୁଦ୍ର ଦ୍ୱୀପସମୂହ ହୋଇଥିଲେ ସୁଦ୍ଧା ତାହାର ଏୟାର୍‌ପୋର୍ଟ ଭୁବନେଶ୍ୱର ଏୟାର୍‌ପୋର୍ଟଠାରୁ ଯଥେଷ୍ଟ ବ୍ୟସ୍ତ। ଦୈନିକ ଖୁବ୍ କମ୍‌ରେ ଏୟାର

ଏସିଆର ତିରିଶଟି ବିମାନ ଏଠୁ ଯାଆ-ଆସ କରୁଥିବ। ରାସ୍ତାଘାଟରେ ଦାମୀ ଟ୍ୟାକ୍ସି। ଲଙ୍କାବୀରେ ପବ୍ଲିକ୍ ଟ୍ରାନ୍ସପୋର୍ଟ ବ୍ୟବସ୍ଥା ନାହିଁ। ଯିବାକୁ ହେଲେ ଟ୍ୟାକ୍ସି ବୁକ୍ କରିବାକୁ ପଡ଼େ। ଏଠିକାର ସମୁଦ୍ରକୂଳରେ ନାନାପ୍ରକାର ଜଳଖିଆ ଦୋକାନ- ଆମିଷ, ନିରାମିଷ। ପଇଡ଼ଗୁଡ଼ିକ ବହୁତ ବଡ଼ ବଡ଼। ଲଙ୍କାବୀର ଗୋଟିଏ ପଇଡ଼ର ଆକାର ପାଇଁ ପୁରୀର ତିନିଟି କି ଚାରିଟି ପଇଡ଼ ମିଶାଇବାକୁ ପଡ଼ିବ। ଲଙ୍କାବୀର ଜିନିଷପତ୍ର ଶସ୍ତା ହୋଇଥିବାରୁ ସତ୍ୟଙ୍କ ପରିବାର ଓ ସଂଯୁକ୍ତା ଢେର୍ କିଣାକିଣି କଲେ। ଏଇଥିରେ ବ୍ୟସ୍ତ ରହି ଫେରିବା ଦିନ ବେଶ୍ ଡେରି ହୋଇଥିଲା। ଆଉ ପନ୍ଦର ମିନିଟ୍ ବିଳମ୍ବ ହୋଇଥିଲେ ଫ୍ଲାଇଟ୍ ଚାଲିଆସିଥାନ୍ତା, ଆମେ ସମସ୍ତେ ରହିଯାଇଥାଆନ୍ତୁ ଲଙ୍କାବୀରେ।

ଦୁଇ ତିନି ଦିନ ତଳେ ଆମ ପାଇଁ ଅପରିଚିତ ଥିବା ସତ୍ୟ ଓ ବୀଣା ଏଭଳି ଭାବେ ଆମ ମନକୁ କିଣିନେଇଥିଲେ ଯେ ସେମାନଙ୍କ ଘରୁ ଆସିବା ସମୟରେ ସଂଯୁକ୍ତା କାନ୍ଦି ପକେଇଲେ। ସେ ଦୃଶ୍ୟ ଦେଖି ମୋର ଅନେକ ବର୍ଷ ତଳେ ମୁମ୍ବାଇରେ ଅନୁଭବ କରିଥିବା ଅନୁରୂପ ଏକ ଅନୁଭୂତି ମନେପଡ଼ିଲା। ସେତେବେଳେଆମେ ମୁମ୍ବାଇରେ ରହୁଥିବା ଲେଖକ ଶ୍ରୀ ପୀତବାସ ରାଉତରାୟଙ୍କ ଘରେ ଆମେ ଯାଇ ରହିଥିଲୁ।

ସଂଯୁକ୍ତା ଏବଂ ମୁଁ କୁଆଲାଲୁମ୍ପୁରରୁ ସିଙ୍ଗାପୁର ଯିବା ପାଇଁ ଏୟାର୍‌ପୋର୍ଟକୁ ଆସିଲୁ। ସେଠିକାର ଏୟାର୍‌ପୋର୍ଟ ଏବେ ସବୁ କମ୍ପ୍ୟୁଟର ଚାଳିତ। ଚେକ୍‌ଇନ୍ କାଉଣ୍ଟରରେ କେହି କ୍ଲର୍କ ନାହାନ୍ତି। ଆମମାନଙ୍କର ଟିକେଟ୍ ସତ୍ୟବ୍ରତ ବୁକ୍ କରିଥିଲେ। ବୁକିଂ ସମୟରେ ଲଗେଜ୍‌ର ଓଜନ ଯେତିକି ଲେଖିଥିବେ ତାହାଠାରୁ ଅଧକିଲୋ ଅଧିକ ହେଲେ ବି କମ୍ପ୍ୟୁଟର ଗ୍ରହଣ କରିବ ନାହିଁ। ଏହା ପୂର୍ବରୁ ପୁଣି ଭିସା ତନଖି ହେବା ଦରକାର। ଆମେ ଭାରତରୁ ମାଲୟେସିଆ ଆସି ସିଙ୍ଗାପୁର ଯାଉଛୁ। ମୋର ସୀମିତ ବିଦ୍ୟାରେ ମୁଁ ପାସ୍‌ପୋର୍ଟ ଓ ଭିସା ସହ ଟିକେଟ୍‌ର ତନଖି ପାଇଁ କିଛି କସରତ କଲି। ମାତ୍ର ସଫଳ ହେଲି ନାହିଁ। କରିବି କ’ଣ? କୋଉଠି ସେ ତନଖି କାଉଣ୍ଟର?

ମୁଁ ହତାଶ ହୋଇପଡୁଥାଏ। ସଂଯୁକ୍ତା ମୋ ପାଖରେ ବ୍ୟାଗ୍‌ପତ୍ର ଛାଡ଼ି ପାଖଦେଇ ଯାଉଥିବା ଜଣେ ଯୁବକଙ୍କୁ ଡାକିଲେ। ଅଜାତଶ୍ମଶ୍ରୁ ଯୁବକ ଜଣକ ଜାଣିଲେ, ଆମେ ଭାରତରୁ ମାଲୟେସିଆ ଆସିଥିଲୁ ଓ ଏବେ ଯିବୁ ସିଙ୍ଗାପୁର। ସେ ତାଙ୍କର କାମ ଛାଡ଼ି ନିର୍ଦ୍ଦିଷ୍ଟ କାଉଣ୍ଟରକୁ ଆସିଲେ ଏବଂ ଆମକୁ ସାହାଯ୍ୟ କଲେ। ଭିସା ତନଖି ସରିବା ପରେ ଆମେ କାଉଣ୍ଟରକୁ ଯାଇ ବ୍ୟାଗ୍‌ପତ୍ର

ଜମାଦେଲୁ। ସଂଯୁକ୍ତା ଯୁବକଙ୍କ ନାମ ପଚାରିଲେ। ସେ ମୁସଲିମ୍ ଯୁବକଙ୍କ ନାମ ହନିଫ୍, ତାଙ୍କ ଘର ପାକିସ୍ତାନ। ହନିଫ୍ କହିଲେ, ମୋର ଫ୍ଲାଇଟ୍ ଟାଇମ୍ ହେଇଯାଉଛି। ନ ହେଲେ ମୁଁ ଆପଣମାନଙ୍କ ଚେକ୍ଇନ୍ କାମ ସରିବା ପର୍ଯ୍ୟନ୍ତ ଅପେକ୍ଷା କରିଥାନ୍ତି। ତାଙ୍କ କଥା ଶୁଣି ମୁଁ ମନେ ମନେ ଭାବିଲି, ଇଏ ବି ଜଗନ୍ନାଥଙ୍କ ଲୀଳା।

ତା'ପରେ ଅବଶ୍ୟ ବେଶି ସମସ୍ୟା ହେଲାନାହିଁ। ଆମେମାନେ ସିଙ୍ଗାପୁରରେ ଗୋଟିଏ ହୋଟେଲ୍‌ରେ ରହଣି ବ୍ୟବସ୍ଥା କରିଥିଲୁ। ସେଇ ହୋଟେଲ୍‌ର ଗାଡ଼ି ଆସି ଆମକୁ ଏୟାର୍‌ପୋର୍ଟରୁ ନେବା କଥା। ଆମେ ପହଞ୍ଚିବା ବେଳକୁ ଗାଡ଼ି ଆସି ନ ଥିଲା। ପ୍ରାୟ ଘଣ୍ଟାଏ ପାଖାପାଖି ଆମକୁ ଏପଟସେପଟ ହେବାକୁ ପଡ଼ିଲା। ସିଙ୍ଗାପୁରର ଚାଙ୍ଗି ଏୟାର୍‌ପୋର୍ଟଟି ଏକ ପର୍ଯ୍ୟଟନ ସ୍ଥାନ। ଏଠି ସମୟ କେତେବେଳେ ଉଡ଼ିଯିବ ଜଣାପଡ଼ିବ ନାହିଁ। ଫେରିବା ଦିନ ଆମେ ତାହା ବୁଲି ଦେଖିଥିଲୁ।

ସତ୍ୟ ତାଙ୍କର ପରିଚିତ ବନ୍ଧୁ ସନ୍ଦୀପ କୁଣ୍ଡୁଙ୍କୁ ଆମର ସିଙ୍ଗାପୁର ଯିବା କଥା କହିଥାଆନ୍ତି। ସେ ଅଧ୍ୟାପକ ମନ୍ମଥ କୁଣ୍ଡୁଙ୍କର ପୁଅ। ତାଙ୍କ ବାପାଙ୍କ ସାଙ୍ଗେ ମୋର ଭଲ ପରିଚୟ, ତାଙ୍କ ମାଆ ବିନୋଦିନୀ ଦେବୀ ଜଣେ କବି। ପରଦିନ ସିଙ୍ଗାପୁର ଓଡ଼ିଶା ଆସୋସିଏସନ୍‌ର ସଭାପତି ଆଲୋକ ପଣ୍ଡା, ଉପସଭାପତି ଶରତ ମହାନ୍ତି ପ୍ରମୁଖ ଆସିଲେ। ଆମେମାନେ ପାଖରେ ଥିବା ଗୋଟେ ଭାରତୀୟ ରେସ୍ତୋରାଁରେ ଯାଇ ଡିନର ଖାଇଲୁ।

ସିଙ୍ଗାପୁର ବୁଲି ଦେଖିବା ପାଇଁ ଅନ୍ତତଃ ତିନିଦିନ ଦରକାର। ଆମେ ଦି'ଦିନ ପାଇଁ ବ୍ୟବସ୍ଥା କରିଥିଲୁ। ତେଣୁ ଧାଁଦଉଡ଼ରେ ଯାହା ଯାହା ଦେଖିବା କଥା ଦେଖି ମନକୁ ଶାନ୍ତ କଲୁ। ସିଙ୍ଗାପୁରର ସବୁଆଡ଼ ଚିକ୍‌ଚାକ୍। ଏସିଆର ୟୁରୋପ ବୋଲି ମିଛରେ ଏହାକୁ କୁହାଯାଇନାହିଁ। ସମୁଦ୍ରକୂଳର ଏହି ସହରଟି ମଣିଷ ହାତ ତିଆରି ଏକ ଚମତ୍କାର ଭୂଗୋଳ। ଏଠାରେ ଅନେକ କଥା ଦେଖିବା ଲାଗି ଅଛି। ମାରିନା ବେ ସ୍ୟାଣ୍ଡ୍‌ସ, ସ୍କାଇପାର୍କ, ଚାଇନା ଟାଉନ୍, ସାଣ୍ଟୋସା ଆଇଲ୍ୟାଣ୍ଡ ଇତ୍ୟାଦି ସୁନ୍ଦର ଜାଗା। କ୍ଲାଉଡ୍ ଫରେଷ୍ଟ୍ ଏବଂ ଜୁରଙ୍ଗ ପକ୍ଷୀ ଉଦ୍ୟାନରୁ ଆସିବାଲାଗି ଇଚ୍ଛା ହେବ ନାହିଁ। ଘରକୁ ଫେରିବା ସମୟ ଆସିଯାଇଥିଲା। ଆମେ ସିଙ୍ଗାପୁରରୁ କଲିକତା ଦେଇ ଫେରିଲୁ।

ଆଗରୁ ଆହୁରି ଅନେକ ଦେଶ ବୁଲିବାର ସୁଯୋଗ ମୋର ହୋଇଛି। ସେସବୁ ଭ୍ରମଣ ପୂର୍ବରୁ ମୁଁ ବେଶ୍ ପ୍ରସ୍ତୁତି କରିଥାଏ। ଏଥର କିନ୍ତୁ ସେଭଳି ପ୍ରସ୍ତୁତି

ନ ଥିଲା। ମହେନ୍ଦ୍ର ପ୍ରସାଦ ମୋତେ ଟ୍ରପିକାଲ୍ ଭୋକେସନ୍‌ର ସଂଯୋଜକଙ୍କ ସହ ପରିଚୟ କରାଇ ଦେଇଥିଲେ। ସିଏ ଆମର ସିଙ୍ଗାପୁର ଭ୍ରମଣର ବ୍ୟବସ୍ଥା କରିଦେଇଥିଲେ। ମୋର ବିଶେଷ ପ୍ରସ୍ତୁତି ନ କରିବାର କାରଣ ହେଲା, ମୁଁ ଚାହୁଁଥିଲି ଆସନ୍ତା ବର୍ଷ ଅର୍ଥାତ୍ ୨୦୨୦ରେ ଏ ଦୁଇ ଦେଶ ବୁଲି ଯିବୁ। ୨୦୧୮ରେ ଜାପାନ ଯାଇଥିଲୁ, ପୁଣି ୨୦୧୯ରେ ଦି'ଦିନ ପାଇଁ ହେଉ ପଛକେ ମୁଁ ଯାଇ କୁଆଲାଲୁମ୍ପୁର ବୁଲି ଆସିଥିବାରୁ ଆଉ ଥରେ ଯିବାଲାଗି ମୋର ବିଶେଷ ଆଗ୍ରହ ନ ଥିଲା। ତାହାଛଡ଼ା ଆମର ନାତୁଣୀ ଅନ୍ୱେଷାକୁ ଦି'ବର୍ଷ ହୋଇଥାଏ। ଏତେ ସାନ ପିଲାକୁ ଛାଡ଼ି ବିଦେଶ ଯିବାଲାଗି ତା' ଆଈ ନାରାଜ ଥିଲେ। ମାତ୍ର ଝିଅ ଗୌତମୀ ବାଧ୍ୟ କଲା। ଯଦି ୨୦୧୯ରେ ଯାଇ ନ ଥାନ୍ତୁ, ୨୦୨୦ରେ ଯେମିତି କରୋନା ବ୍ୟାଧି ବ୍ୟାପିଲା, ଆଉ ମାଲୟେସିଆ କି ସିଙ୍ଗାପୁର ଯାଇ ହୋଇ ନ ଥାନ୍ତା। ୨୦୨୦ର ପରିସ୍ଥିତି ଯାହା, ତିନି ଚାରି ବର୍ଷ ପର୍ଯ୍ୟନ୍ତ ଘରୁ ବାହାରକୁ ଗୋଡ଼ କାଢ଼ିବା ଲାଗି ଗୌତମୀ ଅନୁମତି ଦେବ ନାହିଁ। ସବୁଠୁ ବଡ଼ କଥା ସତ୍ୟବ୍ରତଙ୍କ ସହ ପରିଚୟ ହୋଇ ନ ଥିଲେ ଆମେ ଲଙ୍କାବୀ ଯିବା କଥା ଭାବିପାରି ନ ଥାନ୍ତୁ। କାରଣ ଟ୍ରାଭେଲ୍ ଏଜେଣ୍ଟମାନେ କେବଳ କୁଆଲାଲୁମ୍ପୁରର ପେଟ୍ରୋନାସ୍ ଟୁଇନ୍ ଟାୱାର୍ସ, ବିରାଟ କାର୍ତ୍ତିକେୟ ମୂର୍ତ୍ତି ଥିବା ବାଟୁ କେଭ୍‌ସ, ଆକ୍ୱାରିୟମ୍ ପରି ଜାଗା ବୁଲେଇ ନିଅନ୍ତି। ଲଙ୍କାବୀ ପୁଣି କୁଆଲାଲୁମ୍ପୁରରୁ ଘଣ୍ଟାକର ବିମାନ-ଦୂରତାରେ ଅବସ୍ଥିତ।

ଆମର ଏହି ଭ୍ରମଣ କଥା ମନେପଡ଼ିଲେ ଜଗନ୍ନାଥଙ୍କୁ କୃତଜ୍ଞତା ଜଣାଇବାକୁ ମନହୁଏ। ବିଦେଶ ଭୂଇଁରେ ଅପରିଚିତ ଦିଇଟି ପୁଅ-ଝିଅ ସତ୍ୟବ୍ରତ ଓ ବୀଣାପାଣି ନିଜ ପିଲାଙ୍କ ପରି ଆମର ଯତ୍ନ ନେବେ ଏକଥା ମୁଁ ଭାବି ପାରି ନ ଥାନ୍ତି। ଖାଲି ମାଲୟେସିଆରେ ନୁହେଁ ସିଙ୍ଗାପୁରରେ ଥିବା ବେଳେ ମଧ୍ୟ ବରାବର ସତ୍ୟ ଓ ବୀଣା ଫୋନ୍ କରି ଆମର ଭଲମନ୍ଦ ବୁଝୁଥାଆନ୍ତି। 'ଭଲ ମନ୍ଦ' ଏହି ଦୁଇଟି ଶବ୍ଦ ଭିତରେ କେତେ ଯେ କଥା ରହିଛି ତାହା ବର୍ଣ୍ଣନା କରି ସେମାନଙ୍କୁ ଅପ୍ରସ୍ତୁତ କରିବାକୁ ଚାହୁଁନାହିଁ। ଉଭୟଙ୍କର ସଂସ୍କାର ଆଦର୍ଶ ସ୍ଥାନୀୟ। ନ ହେଲେ ଅପରିଚିତ ଲୋକକୁ କିଏ ଏତେ ସ୍ନେହଶ୍ରଦ୍ଧା କରିପାରେ!

ଜୀବନରେ ମୁଁ ପରିଚିତ ଲୋକଙ୍କଠାରୁ ପ୍ରଚୁର ଅନାଦର ପାଇଛି, ମାତ୍ର ତା' ତୁଳନାରେ ଅପରିଚିତଙ୍କର ଆଦରର ଓଜନ ବେଶି। କୋଉଠି ରାତି ଦିଇଟା ତିନିଟା ବେଳେ ଅପରିଚିତ ଲୋକ ଏୟାର୍‌ପୋର୍ଟରେ କାର୍ ଧରି ଅପେକ୍ଷା କରିଛନ୍ତି ତ କୋଉଠି ଓଡ଼ିଆ ଘରର ଖାଇବା ପରଷିବା ଲାଗି ଦେଢ଼ଶହ କିଲୋମିଟର

ଯାତ୍ରା କରି ଭଦ୍ରଲୋକ ରୋହୀ, ଚିଙ୍ଗୁଡ଼ି କିଣି ଆଣିଛନ୍ତି। କୋଉଠି ମୋଲାଗି ହାତରୁ ହଜାର ହଜାର ଡଲାର ଖର୍ଚ୍ଚ କରିଛନ୍ତି ମୋର ବନ୍ଧୁ। ସେହି ଅପରିଚିତ ବନ୍ଧୁମାନଙ୍କର ଋଣ ପରିଶୋଧ ଅସମ୍ଭବ। ସେଥିପାଇଁ ମୋର ହୃଦ୍‌ବୋଧ ହୋଇଛି, ଏସବୁ ଜଗନ୍ନାଥଙ୍କର କରୁଣା। (୨୦୨୦)

■

ରଥଯାତ୍ରାର ଧାରାବିବରଣୀ ଅଭିଜ୍ଞତା

୨୦୧୦ ରଥଯାତ୍ରା। କିଛି ମାସ ଆଗରୁ ମୋତେ କନକ ଟି.ଭି.ର ନିର୍ଦ୍ଦେଶକ (ବାର୍ତ୍ତା) ଦାୟିତ୍ୱ ଦିଆଯାଇଥାଏ। ସେ ବର୍ଷ ସ୍ଥିର ହେଲା, କନକ ଟି.ଭି ପୁରୀ ରଥଯାତ୍ରାର ଧାରାବିବରଣୀ ପ୍ରସାରଣ କରିବ। ସେତେବେଳେ ଯେଉଁମାନେ ଧାରାବିବରଣୀ ପ୍ରସାରଣ କରିବାକୁ ଚାହୁଁଥିଲେ ସେମାନେ ପୁରୀ ଯାଇ ସେଇଠାରୁ ନିଜ ବ୍ୟବସ୍ଥାରେ ଚିତ୍ରଉତ୍ତୋଳନ କରୁଥିଲେ। ଆଜିକାଲି ବ୍ୟବସ୍ଥା ବଦଳିଗଲାଣି। ସମସ୍ତେ ଆଉ ଏତେ ପଇସା ଖର୍ଚ୍ଚ କରୁନାହାନ୍ତି। ଅନ୍ୟଠାରୁ ଭିଡିଓ ଫୁଟେଜ୍ ଆଣି ନିଜ ଚ୍ୟାନେଲ୍‌ରେ ପ୍ରସାରଣ କରୁଛନ୍ତି। ୨୦୨୦ କରୋନା ସମୟରେ, କେବଳ ଭାରତ ସରକାରଙ୍କ ଦୂରଦର୍ଶନକୁ ରଥଯାତ୍ରାର ପ୍ରସାରଣ ଦାୟିତ୍ୱ ମିଳିଥିଲା। ସେ ଯାହାହେଉ, ୨୦୧୦ରେ ଆମେ ସ୍ଥିର କଲୁ, କନକ ଟିଭି ନିଜ ଆୟୋଜନରେ ରଥଯାତ୍ରାର ଧାରାବିବରଣୀ ପ୍ରସାରଣ କରିବ। ସେତେବେଳେ ମୋର ଦୁଇ ସହଯୋଗୀ ଥାଆନ୍ତି ଶ୍ରୀ ସନ୍ତୋଷ ସାହୁ ଏବଂ ଶ୍ରୀ ଆଲୋକ ସ୍ୱାଇଁ। କଲିକତାରୁ ଆମେମାନେ କେବଲ୍ ବିଛାଇବା ଲୋକଙ୍କୁ ଆଣିଲୁ, ସେ କାମ କରିବା ଲୋକ ସେତେବେଳେ ଭୁବନେଶ୍ୱରରେ ନ ଥାନ୍ତି। ତା'ପରେ ଯାଇ ବଡ଼ଦାଣ୍ଡରେ ଜାଗା ଦେଖିବା କଥା। ରଥଯାତ୍ରା ସମୟରେ, ବଡ଼ଦାଣ୍ଡରେ ହାତେ ଜାଗା ପାଇଁ ଯାହାକୁ କହନ୍ତି ହଜାରେ ଟଙ୍କା! ବଡ଼ କଷ୍ଟରେ ଗୋଟିଏ ଘରର ଉପର ମହଲାର ଛୋଟ କୋଠରିଟିଏ ପାଇଲୁ। ଧାରାବିବରଣୀ ଦେବା ପାଇଁ ବିଶିଷ୍ଟ ବ୍ୟକ୍ତିମାନଙ୍କୁ ଆମନ୍ତ୍ରଣ କଲୁ। ମୋର ଯାହା ମନେପଡୁଛି ସେ ବର୍ଷ ସର୍ବଶ୍ରୀ ରଜତ କର, ରବି ନାରାୟଣ ମିଶ୍ର, ହରିହର କାନୁନ୍‌ଗୋ, ତରୁଣ ଭାଷ୍ୟକାରଙ୍କ ମଧ୍ୟରେ ଖୁବ୍ ଭଲ ଭାଷଣ ଦେଉଥିବା ଡକ୍ଟର ମୃତ୍ୟୁଞ୍ଜୟ ରଥ ଏବଂ ଡକ୍ଟର ତୁଳସୀ ଓଝା ପ୍ରମୁଖ ଆମକୁ ସହଯୋଗ କରିଥିଲେ। ଆମେମାନେ ରଥଯାତ୍ରା ପୂର୍ବଦିନ ପୁରୀରେ

ପହଞ୍ଚି ପ୍ରସ୍ତୁତି ଚଳାଇଲୁ। କିଭଳି ଭଲ ଭାବେ ଏହି କାର୍ଯ୍ୟଟି ଶେଷ ହେବ - ସେଥିପାଇଁ ମୁଁ ଠାକୁରଙ୍କୁ ମନେ ମନେ ପ୍ରାର୍ଥନା କରୁଥାଏ।

ସକାଳୁ ଧାରାବିବରଣୀ ଆରମ୍ଭ ହେଲା। ଦେଖାଗଲା ପାଳିକରି ସବୁ ବକ୍ତା କହିବା ସତ୍ତ୍ୱେ ମଝିରେ କିଛି ସମୟ ଫାଙ୍କା ରହିଯାଉଥାଏ। ବକ୍ତାମାନେ ଯାହା ତଥ୍ୟ ସାଙ୍ଗରେ ନେଇଥାଆନ୍ତି ସେସବୁ ସରିଯାଉଥାଏ। ଏମିତି ସମୟରେ କେହି ଜଣେ ମୋତେ କହିଲେ, 'ମଝିରେ ମଝିରେ ଆପଣ କିଛି ସମୟ କୁହନ୍ତୁ।' ମୁଁ କାର୍ଯ୍ୟକ୍ରମର ପରିଚାଳନା କଥା ବୁଝୁଥାଏ। ରଥଯାତ୍ରା ବିବରଣୀ ପଢ଼ିବା ପ୍ରଦାନ କାର୍ଯ୍ୟକ୍ରମ ପରି ଉଜ୍ଜ୍ୱଳ ବ୍ୟବସ୍ଥା ପଛରେ ନାନା ଧୂସର ଯୋଗାଡ଼ଯନ୍ତ୍ରର ପ୍ରୟୋଜନ ମଧ୍ୟ ଥାଏ। ସେସବୁ ପ୍ରତି ଧ୍ୟାନ ନ ଦେଲେ କାମ ଠିକଣା ଢଙ୍ଗରେ ଉଠିବା କଷ୍ଟ। ତଥାପି ବରିଷ୍ଠ ବକ୍ତାଙ୍କ ଏହି ପରାମର୍ଶକୁ ମୁଁ ଗ୍ରହଣ କଲି।

ପ୍ରଥମେ ଭାବିଲି, 'ସମ୍ବାଦ'ରେ ରଥଯାତ୍ରା ସମ୍ପର୍କରେ ଅନେକ ତଥ୍ୟ ବାହାରିଛି, ତାହାକୁ ପଢ଼ିଦେଲେ କାମ ଚଳିଯିବ। ସେଠି ତ କେହି ମୋ ଚେହେରା ଦେଖୁନାହିଁ, ସ୍ୱର ଶୁଣୁଛି। ତେଣୁ ହାତରେ କାଗଜ ଧରି ପଢ଼ିଗଲେ କିଛି ଜଣାପଡ଼ିବ ନାହିଁ। ମୁଁ ରଥଯାତ୍ରାର ବିବରଣୀ ଆରମ୍ଭ କଲି। ପ୍ରଥମେ ରଥମାନଙ୍କର ବିବରଣୀ। ଯଥା:- ଶ୍ରୀଜଗନ୍ନାଥଙ୍କ ରଥର ନାମ ନନ୍ଦିଘୋଷ। ଏହି ରଥର ଅନ୍ୟନାମ ଗରୁଡ଼ଧ୍ୱଜ ଏବଂ କପିଧ୍ୱଜ। ୮୩୨ ଖଣ୍ଡ କାଠ ଓ ହଳଦିଆ-ଲାଲ ରଙ୍ଗ କନାରେ ଶୋଭିତ ଏହି ରଥ ଅତି ସୁନ୍ଦର ଦିଶୁଛି। ଏହି ରଥର ଶୁଆ ନାମ ଜୀବ ଓ ପରମ, ଦ୍ୱାରପାଳ ଗରୁଡ଼, ସାରଥି ଦାରୁକ। ଅଶ୍ୱମାନଙ୍କ ନାମ ଶଙ୍ଖ, ବଳାହକ, ଶ୍ୱେତ ଏବଂ ହରିଦାଶ୍ୱ। ରଥ ଦଉଡ଼ିକୁ ଶଙ୍ଖଚୂଡ଼ କୁହାଯାଏ। ପାର୍ଶ୍ୱଦେବତାମାନେ ହେଲେ ବରାହ, ଗୋବର୍ଦ୍ଧନ, କୃଷ୍ଣ, ନୃସିଂହ, ରାମ, ନାରାୟଣ, ତ୍ରିବିକ୍ରମ, ହନୁମାନ ଏବଂ ରୁଦ୍ର। ରଥର ଋଷିଗଣ ହେଉଛନ୍ତି ନାରଦ, ଦେବାଳ, ବ୍ୟାସ, ଶୁକ, ପରାଶର, ବଶିଷ୍ଠ, ବିଶ୍ୱାମିତ୍ର ଏବଂ ରୁଦ୍ର। ରଥର ଅଧିଶ୍ୱରୀ ହେଉଛନ୍ତି ଯୋଗମାୟା।

ଶ୍ରୀ ବଳଭଦ୍ରଙ୍କ ରଥର ନାମ ତାଳଧ୍ୱଜ। ୭୬୩ ଖଣ୍ଡ କାଠରେ ନିର୍ମିତ ଏହି ରଥରେ ଲାଲ ଏବଂ ସବୁଜ ରଙ୍ଗର କପଡ଼ା ବ୍ୟବହୃତ ହୋଇଥାଏ। ଏଥିରେ ଅଶ୍ୱ ସଂଖ୍ୟା ଚାରି ଓ ସେମାନଙ୍କ ରଙ୍ଗ କଳା। ଅଶ୍ୱମାନଙ୍କ ନାମ ହେଉଛି ତୀବ୍ର, ଘୋର, ଦୀର୍ଘଶ୍ରମ ଏବଂ ସ୍ୱର୍ଣ୍ଣନାଭ। ଚଉଦ ଚକ ବିଶିଷ୍ଟ ଏହି ରଥର ଉଚ୍ଚତା ହେଉଛି ୩୨ହାତ ୧୦ ଅଙ୍ଗୁଳ। ଚକର ବ୍ୟାସ ସାଢ଼େ ଛଅ ଫୁଟ୍। ରଥର ଦୈର୍ଘ୍ୟ ଓ ପ୍ରସ୍ଥ ୩୩ ଫୁଟ୍ ଲେଖାଏଁ। ରଥର ମୁଖ୍ୟ ଦେବତା ହେଉଛନ୍ତି ବାସୁଦେବ। ସାରଥୀ ହେଉଛନ୍ତି ମାତଳି ବା ସାତ୍ୟକୀ। ଦ୍ୱାରପାଳ ହେଉଛନ୍ତି ନନ୍ଦା ଓ ସୁନନ୍ଦା। ଶୁଆ ଦ୍ୱୟଙ୍କ ନାମ ଶ୍ରଦ୍ଧା ଓ

ବିଶ୍ୱାସ। ତାଳଧ୍ୱଜ ରଥର ଦଉଡ଼ିକୁ କୁହାଯାଏ ବାସୁକି। ରଥର ପାର୍ଶ୍ୱଦେବତାମାନେ ହେଲେ ଗଣେଶ, କାର୍ତ୍ତିକେୟ, ସର୍ବମଙ୍ଗଳା, ପ୍ରଳମ୍ବରୀ, ହଳାୟୁଧ, ମୃତ୍ୟୁଞ୍ଜୟ, ନାଟାମ୍ବର, ମହେଶ୍ୱର ଏବଂ ଶେଷଦେବ। ରଥର ଋଷିମାନେ ହେଲେ ଅଙ୍ଗିରା, ପୌଲସ୍ତ୍ୟ, ଅସସ୍ତି, କୃଷ୍ଣ, ମୁଦଗଲ, ଅତ୍ରେୟ ଏବଂ କାଶ୍ୟପ।

ଦେବୀ ସୁଭଦ୍ରାଙ୍କ ରଥ ଦେବଦଳନ। ଏହାକୁ ଦର୍ପଦଳନ ଏବଂ ପଦ୍ମଧ୍ୱଜ ବୋଲି ମଧ୍ୟ କୁହାଯାଇଥାଏ। ୫୯୩ ଖଣ୍ଡ କାଠରେ ନିର୍ମିତ ରଥରେ ଲାଲ ଏବଂ କଳା ରଙ୍ଗର କପଡ଼ା ଲାଗିଥାଏ। ରଥର ଉଚ୍ଚତା ୩୧ ହାତ ଏବଂ ଚକ ସଂଖ୍ୟା ୧୨। ରଥର ଦୈର୍ଘ୍ୟ ଓ ପ୍ରସ୍ଥ ୩୧ ଫୁଟ୍ ଛଅ ଇଞ୍ଚ୍ ଲେଖାଏଁ। ଚକର ବ୍ୟାସ ଛଅ ଫୁଟ୍। ରଥର ମୁଖ୍ୟ ଦେବତା ଜୟଦୁର୍ଗା ଏବଂ ସାରଥି ହେଉଛନ୍ତି ଅର୍ଜ୍ଜୁନ। ନେତର ନାଁ ନାଦମ୍ବିକା ଓ ତହିଁରେ ତ୍ରିପୁରା ସୁନ୍ଦରୀ ବିଦ୍ୟମାନ। ଅଶ୍ୱ ସଂଖ୍ୟା ଚାରି ଓ ସେମାନଙ୍କ ରଙ୍ଗ ଲାଲ। ଅଶ୍ୱମାନଙ୍କ ନାମ ହେଉଛି ରୋଚିକା, ମୋଚିକା, ଜିତା ଏବଂ ଅପରାଜିତା। ରଥ ଦଉଡ଼ିକୁ କୁହାଯାଏ ସ୍ୱର୍ଣ୍ଣଚୂଡ଼। ଏହି ରଥରେ ଶକ୍ତି ସୁଦର୍ଶନ ବିଦ୍ୟମାନ ହେଉଥିବାରୁ ଶକ୍ତିରଥ ବୋଲି କୁହାଯାଏ। ରଥର ପାର୍ଶ୍ୱଦେବୀମାନେ ହେଲେ ଚଣ୍ଡି, ଚାମୁଣ୍ଡା, ଉଗ୍ରତାରା, ବନଦୁର୍ଗା, ଶୂଳୀଦୁର୍ଗା, ବରାହୀ, ଶ୍ୟାମାକାଳୀ, ମଙ୍ଗଳା ଓ ବିମଳା।

ଏଭଳି କିଛି ସମୟ କହିସାରିବା ପରେ ଅନୁଭବ କଲି ମୋ ଭିତରେ ଉତ୍ସାହ ଆସୁନାହିଁ। କୌଣସି ଜଣା କଥାକୁ ଆଉ ଥରେ କହିବା ବା ପୁନରାବୃତ୍ତି କଲେ କ୍ଲାନ୍ତି ମାଡ଼ିଆସେ। ତେଣୁ ମୁଁ ଦ୍ୱିତୀୟ ପର୍ଯ୍ୟାୟ ବେଳକୁ ଆଉ କିଛି ନୂଆ ଭାବେ କହିବାଲାଗି ଚିନ୍ତା କଲି।

ରଥଯାତ୍ରାର ଧାରାବିବରଣୀର ପ୍ରୟୋଜନ ହେଉଛି, ଆଗରେ ଯାହା ଘଟୁଛି ତାହାର ବିବରଣୀ ଦେବା। ସମୟେ ସମୟେ ଅନେକ ସମୟ ପର୍ଯ୍ୟନ୍ତ କିଛି ଘଟଣା ଘଟେ ନାହିଁ। ପହଣ୍ଡି ବିଜେ ସରିବା ପରେ କିଛି ସମୟ କୌଣସି ଘଟଣା ଘଟେ ନାହିଁ, ଛେରାପହଁରା ପର୍ଯ୍ୟନ୍ତ। ମାତ୍ର ସେତେବେଳେ ସୁଦ୍ଧା ଭାଷ୍ୟକାରଙ୍କୁ କିଛି କହିବା ଲାଗି ପଡ଼ିବ। ତୁନି ପଡ଼ିଲେ ଚଳିବ ନାହିଁ; ମାତ୍ର ପୁରୁଣା କଥାଗୁଡ଼ାକୁ ଦୋହରାଇଲେ ଦର୍ଶକ-ଶ୍ରୋତାଙ୍କର ବିରକ୍ତି ଭାଜନ ହେବାର ଆଶଙ୍କା ରହିଛି।

ଜଣେ କବିଙ୍କର କବିତା ମନେପଡ଼ିଲା। ଗାଇଲି,

ରଥଯାତ୍ରା ଲୋକାରଣ୍ୟ ମହା ଧୁମଧାମ
ପଥରେ ଲୋଟନ୍ତି ଭକ୍ତେ କରନ୍ତି ପ୍ରଣାମ
ପଥ ଭାବେ ମୁହିଁ ଦେବ, ରଥ ଭାବେ ମୁଇଁ
ମୂର୍ତ୍ତି ଭାବେ 'ମୁହିଁ ଦେବ', ହସେ ଅନ୍ତର୍ଯ୍ୟାମୀ।

ରଥ ଅନେକ ପ୍ରକାର। ଦେବ ରଥ ବା ମରୁତ ରଥ, ପୁଷ୍ପ ରଥ ବା ଯାହା ଆମୋଦ ପ୍ରମୋଦ ପାଇଁ ବ୍ୟବହୃତ ହୋଇଥାଏ, ସଂଗ୍ରାମୀ ରଥ ବା ଯୁଦ୍ଧ ଲାଗି ବ୍ୟବହୃତ ରଥ, ଯୋଗ୍ୟ ରଥ ବା ନ୍ୟାୟାଧିକରଣଙ୍କ ଲାଗି ବ୍ୟବହୃତ ରଥ, ପର୍ଯ୍ୟଟନ ରଥ ବା ଭ୍ରମଣ ଲାଗି ନିୟୋଜିତ ରଥ, ଶିକ୍ଷାନବିସ ରଥ ବା ଶିକ୍ଷାର୍ଥୀଙ୍କ ପାଇଁ ବ୍ୟବହୃତ ରଥ - ଏମିତି ଅନେକ ପ୍ରକାର ରଥ ରହିଛି।

'ରଥ' ଶବ୍ଦର ଅର୍ଥ ନେଇ ମଧ୍ୟ ନାନା ମତ ରହିଛି। ରୁକୁଣା ରଥ ଫେରେ ନାହିଁ, ମାତ୍ର ଜଗନ୍ନାଥଙ୍କର ରଥ ଫେରେ। ଶ୍ରୀକ୍ଷେତ୍ରର ରଥଯାତ୍ରାକୁ ନବଦିନ ଯାତ୍ରା, ଘୋଷଯାତ୍ରା, ପତିତପାବନ ଯାତ୍ରା, ଦଶାବତାର ଯାତ୍ରା ବୋଲି କୁହାଯାଇଥାଏ। ଜଗନ୍ନାଥ ହେଉଛନ୍ତି ଗଣଦେବତା। ଆଜି ସେ ଗଣଦେବତା ବେଶରେ ବାହାରିଛନ୍ତି।

ଜୀବ ରଥକୁ ସ୍ପର୍ଶ କରିବା ମାତ୍ରେ ପରମର ଅନୁଭବ କରେ। ମନେପଡୁଛନ୍ତି ଶ୍ରୀ ଶଙ୍କରାଚାର୍ଯ୍ୟ ଏବଂ ସ୍ମୃତିକୁ ଆସୁଛି ତାଙ୍କର ସ୍ତବ।

କଦାଚିତ୍ କାଳିନ୍ଦୀ ତଟ ବିପିନ ସଙ୍ଗୀତ କରବୋ
ମୁଦାଭୀରୀ ନାରୀ ବଦନ କମଳାସ୍ୱାଦ ମଧୁପ
ରମାର୍ଶମ୍ଭୁ ବ୍ରହ୍ମା ସୁରପତି ଗଣେଶାର୍ଚ୍ଚିତ ପଦୋ
ଜଗନ୍ନାଥ ସ୍ୱାମୀ ନୟନପଥଗାମି ଭବତୁ ମେ।

ତାଳଧ୍ୱଜ ରଥ ଉପରକୁ ପହଣ୍ଡି ବିଜେ କରୁଛନ୍ତି ପ୍ରଭୁ ବଳଭଦ୍ର। ଲକ୍ଷେ ଆଖିରେ ତୁମର ଛବି ପ୍ରଭୋ। ଲକ୍ଷେ ମନରେ ତୁମକୁ ଛୁଇଁବାର ଆଗ୍ରହ। ଥରୁଟିଏ ତୁମର ଉଦାର ଦୃଷ୍ଟିର କରୁଣା ଛୁଇଁଦେଇଯାଉ ଆମର ଅସ୍ତିତ୍ୱକୁ- ମହିମାନ୍ୱିତ ହେଉ ଚେତନା, ଅର୍ଥମୟ ହୋଇଯାଉ ଆମର ଅସ୍ତିତ୍ୱ, ନିଉଛୁଣା ଜୀବନ ଧନ୍ୟ ହୋଇଯାଉ। ମହାପ୍ରଭୁ ଆଗପଛ ବାମ ଦକ୍ଷିଣକୁ ଚାହିଁ ଚାହିଁ ଆସୁଛନ୍ତି। ଥାଅ ହେ ଗୁଣ୍ଡିଚା ମନ୍ଦିରର ପ୍ରିୟଜନ, ପରିଚାରକ, ଆତ୍ମୀୟ, ଶରଧାବାଲିର ଶ୍ରଦ୍ଧାଳୁ, ଥାଅ ମୋର ସିଂହାସନ ଏବଂ ମୋର ଶୂନ୍ୟତା। ପୁଣି ଦେଖାହେବ। ସେତେଦିନ ପର୍ଯ୍ୟନ୍ତ ତୁମ ଭିତରେ ଥାଉ ଆଗ୍ରହୀ ଆକୁଳତା ମୋ ଭିତରେ ଆଉ ଥରେ ଭେଟିବାର ଇଚ୍ଛା।

ଜଗନ୍ନାଥ ମନ୍ଦିର ଓ ଜଗନ୍ନାଥ ତତ୍ତ୍ୱର ଆଜି ଉଜ୍ଜ୍ୱଳ ଉତ୍ସବ। ଏଠି ଧର୍ମବିଦ୍ୱେଷ ବାଲିରେ ମିଶିଯାଇଛି, ଏଠି ଜାତିବିଦ୍ୱେଷ ହଜିଯାଇଛି ଗଣଯାତ୍ରାର କୋଳାହଳ ଭିତରେ। ଶାକ୍ତ, ଗାଣପାତ୍ୟ, ସୌର, ବୈଷ୍ଣବ, ଶୈବ, ବଳଭଦ୍ର - ଶୈବ, ଜଗନ୍ନାଥ - ବୈଷ୍ଣବ ସବୁ ଆଜି ଏକାତ୍ମ, ଏକାକାର।

ଇଏ ଶ୍ରୀକ୍ଷେତ୍ର, ପୁରୁଷୋତ୍ତମ କ୍ଷେତ୍ର, ଦଶାବତାର କ୍ଷେତ୍ର, ଶଙ୍ଖକ୍ଷେତ୍ର। ଏକଦା ଶରଧାବାଲି ଥିଲା ବାଙ୍କିମୁହାଣ ନଈ, ମାଳିନୀ ନଈ। ନୀଳଗିରି ନାମକ ପର୍ବତ ଥିଲା

ଏଇଠି। ବର୍ତ୍ତମାନ ଯେଉଁଠି ଗୁଣ୍ଡିଚା ମନ୍ଦିର ଅଛି, ସେହି ସ୍ଥାନରେ ମହାରାଜା ଜନକ ଯଜ୍ଞ କରିଥିଲେ ଏବଂ ଏହି ଅଞ୍ଚଳର ଯଜ୍ଞଭୂମି ଚାଷ ହୋଇଥିଲା। ସୀତାଙ୍କର ଏହିଠାରେ ଆବିର୍ଭାବ ହୋଇଥିଲା ବୋଲି ମଧ୍ୟ ଏକ କିମ୍ବଦନ୍ତୀ ରହିଛି।

କିମ୍ବଦନ୍ତୀ ଅନୁସାରେ ମୂର୍ତ୍ତି ଗଢ଼ିବାଲାଗି ରାଜା ଇନ୍ଦ୍ରଦ୍ୟୁମ୍ନ ବଢ଼େଇ ନିଯୁକ୍ତ କଲେ। ଜଗନ୍ନାଥ ନିଜେ ବୃଦ୍ଧ ବଢ଼େଇ। କେତେକ କହନ୍ତି ବିଶ୍ୱକର୍ମା ଆସିଥିଲେ। ୨୧ ଦିନ ପରେ ଭିତରୁ ଠକ ଠକ ଶବ୍ଦ ନ ଶୁଭିବାରୁ ରାଣୀଙ୍କ ଆଗ୍ରହ କ୍ରମେ ରାଜା କବାଟ ଖୋଲାଇ ଦେଖିଲେ ମୂର୍ତ୍ତିଗଢ଼ଣ ଅସଂପୂର୍ଣ୍ଣ।

ମୁଦ ଭାଙ୍ଗିକରି ଯେ କବାଟେ ଦେଲା ହାତ
ଚତୁର୍ଦ୍ଧା ମୂରତି ହୋଇଛନ୍ତି ଜଗନ୍ନାଥ
ଦେଖି କରି ରାଜନ ଯେ ତବଦ ହୋଇଗଲା
ନିସ୍ତରିଲି ନିସ୍ତରିଲି ବୋଲିଣ ବୋଇଲା
କବାଟ ଫେଡ଼ିଣ ରାଜା ଭିତରକୁ ଗଲେ
ହସ୍ତରେ ଅଙ୍ଗୁଳିମାନ ନୋହିଛି ଦେଖିଲେ।

ଅପୂର୍ଣ୍ଣତାରେ ହିଁ ପୂର୍ଣ୍ଣତା। ଏହାର ଅନେକ ଅର୍ଥ ରହିଛି। ଦାର୍ଶନିକ ଦୃଷ୍ଟିରୁ ଦେଖିଲେ ପୃଥିବୀର କୌଣସି କଥା ସଂପୂର୍ଣ୍ଣ ନୁହେଁ, ଯାହା ପୂର୍ଣ୍ଣ ବୋଲି ଆଖିକୁ ଦିଶୁଛି ତାହା ମଧ୍ୟ ସଂପୂର୍ଣ୍ଣ ନୁହେଁ। ଯେଉଁ ମଣିଷ ଡଉଲଡାଉଲ ଦିଶୁଛି, ତା' ଭିତରେ ମଧ୍ୟ ଅପୂର୍ଣ୍ଣତା ରହିଛି।

ସ୍ଥାବର-ଜଙ୍ଗମ ସବୁଠି ଅପୂର୍ଣ୍ଣତା। ଲାଇଫ୍ ଇଜ୍ କମ୍ପ୍ଲିଟ୍ ଇନ୍ ଇଟ୍ସ ଇନ୍‌କମ୍ପ୍ଲିଟ୍‌ନେସ୍ ବୋଲି ଦାର୍ଶନିକ ଜିତେନ୍ଦ୍ରନାଥ ମହାନ୍ତି କହିଛନ୍ତି। ଜଗନ୍ନାଥଙ୍କ ପ୍ରତିମା ତାହାହିଁ ଜଣାଇ ଦେଉଛି। ପ୍ରଭୁ କହୁଛନ୍ତି- ତୁମେ ତୁମର ଛୋଟ ଛୋଟ ଅଭାବ, ଅକୁଳାଣ ଓ ଅପୂର୍ଣ୍ଣତାର ଅଭିଯୋଗ ନେଇ ମୋ ନିକଟକୁ ଆସୁଛ। ମୋତେ ଦେଖ, ମୁଁ ନିଜେ ଅପୂର୍ଣ୍ଣ, ଅସଂପୂର୍ଣ୍ଣ।

ଓଡ଼ିଶାର ଲୋକକଥା, ପୁରାଣ ଓ କିମ୍ବଦନ୍ତୀରେ ଭିନ୍ନ କଥା। ରାଣୀ ତରବର ହୋଇ କବାଟ ଖୋଲିଦେବାରୁ ସେ ଅସଂପୂର୍ଣ୍ଣ ରହିଗଲେ।

ଜଗନ୍ନାଥ ମନ୍ଦିରକୁ ଦେଖିଲେ ଆଉ ଗୋଟିଏ କଥା ମନକୁ ଆସେ। ଏ କଥାଟି ଓଡ଼ିଶା ସାରା ପୃଥିବୀକୁ ଶିକ୍ଷା ଦେଇଥାଏ ଯେ ତ୍ୟାଗ ହିଁ ବଡ଼, ଭୋଗ ନୁହେଁ। ଶ୍ରୀମନ୍ଦିର ପ୍ରତିଷ୍ଠା କରିଥିବା ହେତୁ ପ୍ରଭୁ ନିଜେ ରାଜା ଇନ୍ଦ୍ରଦ୍ୟୁମ୍ନଙ୍କୁ ବର ଯାଚିଥିଲେ- କି ବର ମାଗୁଛ ମାଗ। ତାହାର ଉତ୍ତରରେ ରାଜା ଯାହା କହିଥିଲେ ତାହା ଅଦ୍ଭୁତ। ଅବଶିଷ୍ଟ ପୃଥିବୀରେ ଏପରି ଉଦାହରଣ ଆଉ ଥିବ କି ନାହିଁ ସନ୍ଦେହ।

''ତୁମ୍ଭେ ଯେବେ ବର ଦେବ ମାଗୁଅଛି ମୁହିଁ
ମୋହ ବଂଶରେ କେହି ନ ଥିବେ ଗୋସାଇଁ
ଠାକୁର ବୋଇଲେ ଏହା ମାଗୁ କାହିଁ ପାଇଁ
ତୋତେ ଘେନି ଯୁଗ ରାଜ୍ୟ କରୁଥିବି ମୁଇଁ
ଇନ୍ଦ୍ରଦ୍ୟୁମ୍ନ ବୋଲେ ମୋରେ ତେଣେ କାର୍ଯ୍ୟ ନାହିଁ
ସବୁଦିନେ କୀରତି ମୋହର ଥିବ ରହି
ପୁତ୍ର ନାତି ବୋଲିବେ ଯେ ଦେଉଳ ଆମ୍ଭର
ଆମ୍ଭର ବୋଇଲେ ଧର୍ମ ଯିବ ଯେ ମୋହର।''

('ଦେଉଳତୋଳା' - କୃଷ୍ଣ ଦାସ)

ପ୍ରେମ ଓ ନମ୍ରତା ପ୍ରାର୍ଥନାର ପ୍ରଥମ ଲକ୍ଷଣ। ପ୍ରେମ ଯେମିତି ପ୍ରଥମ ଉଚ୍ଚାରଣ, ନମ୍ରତା ସେମିତି ପ୍ରଥମ ଭୂଷଣ। ଏହି ତ୍ୟାଗ ଓ ବିନମ୍ର ଭାବ ଶ୍ରୀମନ୍ଦିରର ସର୍ବତ୍ର ବିଦ୍ୟମାନ। ଗଜପତିଙ୍କ ଛେରାପହଁରା ବେଳେ ଏହି ନମ୍ରତା ପରିଲକ୍ଷିତ ହୁଏ। ମଣିଷର ମନକୁ ଅଧ୍ୟୟନ ଓ ଆରାଧନା ପରି ଚନ୍ଦନ ଓ ପୁଷ୍ପରେ ସଫା କରିବା ହିଁ ଛେରାପହଁରା। ଏହାର ଅର୍ଥ ବିଶୋଧନ।

ଦର୍ଶକ-ଶ୍ରୋତାବନ୍ଧୁ, ଆଜି ପୁରୀରେ ଦିଇଟି ସମୁଦ୍ର। ଏଠି ବଡ଼ଦାଣ୍ଡରେ ଜନ ସମୁଦ୍ର। ସେଠି ସ୍ୱର୍ଗଦ୍ୱାର ନିକଟରେ ଜଳ ସମୁଦ୍ର। ସବୁଦିନେ ପୁରୀର ଜଳ ସମୁଦ୍ର ଫୁଲେଇ ହୋଇ ବଡ଼ଦାଣ୍ଡକୁ କହେ- ଯେତେ ପାଖରେ ଥିଲେ କ'ଣ ହେବ, ତୋ ଦେହରେ କମ୍ପନ ନାହିଁ। ତୁ ସ୍ଥିର, ସ୍ଥବିର।

ବଡ଼ଦାଣ୍ଡ କହେ- ତୋ କଥା ଠିକ୍। ତୋ ଦେହରେ ଅନେକ ଉତ୍ତାଳ ଲହଡ଼ି। ମାତ୍ର ବର୍ଷର ଦୁଇଟି ଦିନରେ ମୋ ଦେହରେ ଜନ ସମୁଦ୍ରର ଯେଉଁ କମ୍ପନ ସୃଷ୍ଟି ହୁଏ ତାହାର ତୁଳନା ତୋ ପାଖରେ କାହିଁ ?

ସମୁଦ୍ର ମୁଣ୍ଡ ହଲାଏ। ସମ୍ମତି ଜଣାଏ।

ବଡ଼ଦାଣ୍ଡ ପାର୍ଶ୍ୱରେ ଟିକିଏ ଦୂରଛଡ଼ା ହୋଇ କେତୋଟି ନାରିକେଳ ବୃକ୍ଷ। ସେମାନେ ବି ମୁଣ୍ଡ ନୁଆଁଇ ଚାହୁଁଛନ୍ତି ରଥ ଉପରକୁ। ବାହୁଙ୍ଗା ଝୁଙ୍କି ଆସୁଛି ଆଗକୁ। ଉତ୍ସୁକ ସଂପର୍କୀୟ ପରି ରଥ କାନରେ କହିଦେଉଛି, ଶୀଘ୍ର ଆସିବ, ଫେରିଆସିବ ତୁମେ, ଆମ ଠାକୁରଙ୍କୁ ଫେରାଇ ଆଣିବ।

ସମୁଦ୍ର କଥାରୁ ମନେପଡୁଛି। ଏହା ଲକ୍ଷ୍ମୀଙ୍କର ବାପଘର ବା ଜଗନ୍ନାଥଙ୍କର ଶ୍ୱଶୁର ଘର। ଶ୍ୱଶୁର ଘର ପାଖରେ କାହିଁକି ପ୍ରଭୋ ଅଛନ୍ତି। ଆପଣମାନେ ଜାଣନ୍ତି; ଜ୍ୱାଇଁମାନଙ୍କ ସଂପର୍କରେ କୁହାଯାଇଛି-

''କ୍ଷଣେ ରୁଷ୍ଟଃ କ୍ଷଣେ ତୁଷ୍ଟଃ ରୁଷ୍ଟତୁଷ୍ଟଃ କ୍ଷଣେକ୍ଷଣେ

କନ୍ୟାରାଶୌ ସ୍ଥିତୋ ନିତ୍ୟଂ ଜାମାତା ଦଶମୋ ଗ୍ରହଃ ।''

ଅର୍ଥାତ୍ ଝିଅ ରାଶିରେ ଜ୍ୱାଇଁ ହେଉଛି ସ୍ଥାୟୀ ଦଶମ ଗ୍ରହ। ଯେତେ ଯାହା ଦେଲେ ଜ୍ୱାଇଁ ଅସନ୍ତୁଷ୍ଟ, ଏଇନେ ସନ୍ତୁଷ୍ଟ ହୋଇଥିଲେ ଆଉ ଘଡ଼ିଏକୁ ପୁଣି ରୁଷ୍ଟ। ତେବେ ଯେତେ ରଗାରଗି କଲେ ବି ଜ୍ୱାଇଁ ଶ୍ୱଶୁର ଘର ଛାଡ଼ି ଯାଆନ୍ତି ନାହିଁ। କାରଣ-

''ଅସାରେ ଖଲୁ ସଂସାରେ ସାରମ୍ ଶ୍ୱଶୁର ପୁରମ୍'' ।

ଜ୍ୱାଇଁମାନଙ୍କ ପାଇଁ ସବୁ ସ୍ଥାନଠାରୁ ଶ୍ୱଶୁର ଘର ଆରାମଦାୟକ। ସେଥିପାଇଁ ନାରାୟଣ ସମୁଦ୍ରରେ ଅନନ୍ତ ଶୟନ କରନ୍ତି। ଶିବଙ୍କ ପରି ଦେବତା ହିମାଳୟରେ ରହୁଛନ୍ତି।

ଧାରାବିବରଣୀ ଦେବାଲାଗି ଆମେ ଛଅଜଣ ଥିବାରୁ ମୋ ପାଳି ଢେର୍ ବ୍ୟବଧାନରେ ଆସୁଥିଲା। ପୁଣି ମଝିରେ ଅନେକ କଥା ରହିଯାଉଥିବାରୁ କେବଳ ମୋ ବିବରଣୀ ପଢୁଥିବା ପାଠକଙ୍କୁ ଏହା ଖାପଛଡ଼ା ଲାଗିପାରେ। ରଥଯାତ୍ରା ଦିନ ଆଉ ଅଧିକ କିଛି କହିବାର ଅବକାଶ ଜୁଟି ନ ଥିଲା। ଆଉ ଯାହା କହିଥିଲି ବାହୁଡ଼ା ଦିନ ଏବଂ ତା' ପରଦିନ ଅର୍ଥାତ୍ ସୁନାବେଶ ଦିନ। ତାହା ଏହିପରି:-

ଜଗନ୍ନାଥଙ୍କ ରଥ ରାଜାଙ୍କ ନଅର ସମ୍ମୁଖକୁ ଆସିବା ପୂର୍ବରୁ ବଳଭଦ୍ର ଓ ସୁଭଦ୍ରାଙ୍କ ରଥ ସିଂହଦ୍ୱାର ପାଖରେ ପହଞ୍ଚିଯାଇଛି।

ରାଜାଙ୍କ ନଅର ସାମ୍ନାରେ ଅଛି ଜଗନ୍ନାଥଙ୍କ ରଥ।

ଲକ୍ଷ୍ମୀ ଠାକୁରାଣୀ ପାଲିଙ୍କିରେ ଆସି ବଡ଼ଦେଉଳ ସ୍ନାନମଣ୍ଡପ ପାଖ ଚାହାଣି ମଣ୍ଡପ ପାଖରେ ପହଞ୍ଚିବେ। ଜଗନ୍ନାଥଙ୍କ ରଥକୁ ଚାହିଁଦେବେ। ତା'ପରେ ତାଙ୍କ ବିମାନ ଆସି ଜଗନ୍ନାଥଙ୍କ ରଥ ଚାରିପଟେ ଘେରାଏ ବୁଲିବ। ଏଇଠି ଦହିପତି ଭୋଗ ହେବ। ସେତିକିବେଳେ ପୁଣି ଆସିବେ ଗଜପତି ରାଜା। ଶ୍ରୀଜଗନ୍ନାଥଙ୍କ ଦଇତାମାନେ ଆଜ୍ଞାମାଳ ନେଇ ଦେଲା ପରେ ଲକ୍ଷ୍ମୀ ଠାକୁରାଣୀ ନିଜ ମନ୍ଦିରକୁ ଫେରିଯିବେ।

ଏହାପରେ ଜଗନ୍ନାଥଙ୍କ ରଥ ସିଂହଦ୍ୱାରକୁ ଯିବ। ଆଜି ଏଇଠି ରହିବେ ଠାକୁର। ଘର ପାଖେ ପହଞ୍ଚିଛନ୍ତି କିନ୍ତୁ ଭିତରକୁ ଯାଉନାହାନ୍ତି। ଆସନ୍ତା କାଲି ହେବ ସୁନାବେଶ। ତା'ପରେ ୨୩ ତାରିଖ ଶୁକ୍ରବାର ହେବ ନୀଳାଦ୍ରି ବିଜେ। ଠାକୁରମାନଙ୍କର ଗୋଟି ପହଣ୍ଡି ହେବ। ସେଦିନ ଲକ୍ଷ୍ମୀନାରାୟଣ ବାକ୍ୟବିନିମୟ ହେବ। ତା'ପରେ ଜଗନ୍ନାଥଙ୍କ ଲାଗି ଦ୍ୱାର ଫିଟିବ। ଜଗନ୍ନାଥ ଲକ୍ଷ୍ମୀଙ୍କ ପାଖରେ ବିଜେ ହେବା ପରେ 'ରୁକ୍ମିଣୀ ବିବାହ'ର ଗଇଁଠାଳ ଫିଟାଯିବ।

ଆଜି ୨୨ ଜୁଲାଇ ୨୦୧୦। ସୁନାବେଶ। ରଥ ଉପରେ ସୁନାବେଶ

ହୋଇଛନ୍ତି ଠାକୁରମାନେ। ଅନ୍ୟ ସୁନାବେଶ ଗୁଡ଼ିକ ମନ୍ଦିର ଭିତରେ ରତ୍ନ ସିଂହାସନରେ ହୁଏ। ଯଥା: ବିଜୟା ଦଶମୀ, କାର୍ତ୍ତିକ ପୂର୍ଣ୍ଣିମା, ପୌଷ ପୂର୍ଣ୍ଣିମା ଓ ଦୋଳ ପୂର୍ଣ୍ଣିମା।

ଶ୍ରୀମନ୍ଦିରର ନିର୍ମାତା ଗଙ୍ଗବଂଶୀ ରାଜା ତୃତୀୟ ଅନଙ୍ଗ ଭୀମଦେବ ଘୋଷଣା କରିଥିଲେ ଶ୍ରୀଜଗନ୍ନାଥ ହେଉଛନ୍ତି ଏ ରାଜ୍ୟର ରାଜା ଓ ସେ ହେଉଛନ୍ତି ତାଙ୍କର ଜଣେ ରାଉତ। ୧୨୩୨ରୁ ସୁନାବେଶ ବ୍ୟବସ୍ଥା ଆରମ୍ଭ ହୋଇଥିବା କୁହାଯାଏ। ଏହି ବେଶରେ ଠାକୁରମାନଙ୍କୁ ସୁନା, ରୁପା, ହୀରା, ନୀଳା, ମୋତି, ମାଣିକ୍ୟ ଆଦି ରତ୍ନ ଅଳଙ୍କାରରେ ରାଜରାଜେଶ୍ୱର ବେଶରେ ସଜେଇ ଦିଆଯାଏ।

ଅନଙ୍ଗ ଭୀମଦେବ ୨,୫୦,୦୦୦ ମାଢ଼ ସୁନା ଅର୍ପଣ କରିଥିଲେ। ଏକ ମାଢ଼ ୦.୫ ତୋଳା ଅର୍ଥାତ୍ ୬ ଗ୍ରାମ୍। ୧୪୬୬ରେ କପିଳେନ୍ଦ୍ର ଦେବ ଦାକ୍ଷିଣାତ୍ୟ ଦିଗ୍‌ବିଜୟ ପରେ ୧୬ଟି ହାତୀ ପିଠିରେ ଆସିଥିବା ସୁନା ଦାନ କରିଥିବା ଜୟବିଜୟ ଦ୍ୱାର ଶିଳାଖଣ୍ଡରୁ ଜଣାଯାଏ। ୧୩୮ ପ୍ରକାର ରତ୍ନଖଚିତ ସ୍ୱର୍ଣ୍ଣ ଅଳଙ୍କାର ସହ ଏହି ବେଶକୁ ସେ ବଡ଼ତଡ଼ଉ ବେଶ ନାମରେ ନାମିତ କରିଥିଲେ।

ସୁନିଆ ଦିନ ରାଜାମାନଙ୍କ 'କନକ ଭେଟି' ପ୍ରଥା ରହିଛି। ସୁନାବେଶରେ ନିୟୋଜିତ ସେବାକାରୀ- ସିଂହାରୀ, ପାଳିଆ, ଖୁଣ୍ଟିଆ, ଭଣ୍ଡାର, ମେକାପ, ଚାଙ୍ଗଡ଼ାମେକାପ, ଶ୍ରୀପୟର, ଶ୍ରୀଭୁଜ, କିରୀଟ, କାନ, ବାହାଡ଼ା ମାଳି, ସେବତୀ ମାଳି, ତାବିଜ ମାଳି, ହରିଡ଼ା କଦମ୍ବ ମାଳି, ବାଘନଖ ମାଳି, କଦମ୍ବ ମାଳି, ହଳ ଓ ମୂଷଳ, ଚକ୍ର, ଆତକାନି, ଚନ୍ଦ୍ରସୂର୍ଯ୍ୟ, ଅଳକା, ଓଡ଼ିଆଣି, ଚନ୍ଦ୍ରିକା, ରୁପା ଶଙ୍ଖ ଆଣି ଠାକୁରଙ୍କୁ ସଜାନ୍ତି। ରଡ଼ ନିଆଁରେ ଜଳୁଥିବାବେଳେ ସତେ କି ସୁନା ଏଇପରି ମୁହୂର୍ତ୍ତର ଅପେକ୍ଷା କରିଥିଲା ଯେତେବେଳେ ଶ୍ରୀଜଗନ୍ନାଥଙ୍କ ଆଜ୍ଞାଲାଗି ହେବ ସେ।

ଆମ ଆଗରେ ରଥ ଉପରେ ତିନି ଠାକୁରଙ୍କର ସୁନାବେଶ। ମୁଣ୍ଡରେ, ହାତରେ, ପାଦରେ, କଟୀରେ, କର୍ଣ୍ଣରେ ସ୍ୱର୍ଣ୍ଣ ଅଳଙ୍କାର। ଅଳଙ୍କାର କାହା ପାଇଁ? ଯିଏ ପିନ୍ଧେ ତାହା ପାଇଁ, ନା ଯିଏ ଦେଖେ ତାହା ପାଇଁ? ଯଦି ଏହା କେବଳ ଯିଏ ପିନ୍ଧେ ତାହାହେଲେ ଅରଣ୍ୟ ଭିତରେ ନିର୍ଜନ ମଣିଷଟିଏ ଏହାକୁ ପିନ୍ଧି କ'ଣ ଆନନ୍ଦ ପାଇ ପାରିବ? ଅଳଙ୍କାର ପିନ୍ଧା ବେଶକୁ ଯଦି କେହି ନ ଦେଖିଲେ ତାହାହେଲେ ସେ ବେଶଭୂଷା, ପୋଷାକ ପରିପାଟୀର ମୂଲ୍ୟ କ'ଣ?

ଆଜି ବଡ଼ଦାଣ୍ଡରେ ଲକ୍ଷ ଲକ୍ଷ ଭକ୍ତ ନିର୍ନିମେଷ ନୟନରେ ଚାହିଁ ରହିଛନ୍ତି। ତାଙ୍କ ଭିତରେ ଧନୀ ଅଛନ୍ତି, ନିର୍ଧନ ଅଛନ୍ତି। ଗାଁରୁ ଆସିଥିବା ସାଧାରଣ ମଣିଷ ଅଛନ୍ତି, ସହରରୁ ଆସିଥିବା ଧନୀ ଲୋକ ବି ଅଛନ୍ତି। ସେମାନେ ଅପେକ୍ଷା କରିଛନ୍ତି, ଦେଖିବା ପାଇଁ।

ସୁନାବେଶର ମହତ୍ତ୍ୱ ସମ୍ପର୍କରେ ଅନେକ କଥା କୁହାଗଲା। ମାତ୍ର ଏହାର ଆଉ ଗୋଟିଏ ତାତ୍ପର୍ଯ୍ୟ ସମ୍ବନ୍ଧରେ ମୁଁ କହିବା ଲାଗି ଚାହୁଁଛି। ସେତେବେଳେ ରାଜାମାନେ ଚାହୁଁଥିଲେ ପ୍ରଭୁଙ୍କୁ ସେମାନଙ୍କର ଅର୍ଜନ ସମର୍ପଣ କରିବା ପାଇଁ। ସୁନାବେଶରେ ପ୍ରଭୁ ସାଜି ହୋଇ ବଡ଼ଦାଣ୍ଡରେ ଉଭା ହେବା ଆମର ସାମାଜିକ ଜୀବନର ଏକ ଚିତ୍ର ମଧ୍ୟ ଦେଉଛି। ଆଜି ସାଧାରଣ ନାରୀଟିଏ ସୁନା ହାର ପିନ୍ଧି ସକାଳେ ଘେରାଏ ବୁଲିପାରୁନାହିଁ। ଲୋକଟିଏ ସୁନାହାର ପିନ୍ଧି ସନ୍ଧ୍ୟାରେ ଘେରାଏ ବୁଲି ଆସିପାରୁନାହିଁ। ଚୋର ଚୋରେଇ ନେଉଛି। ଏହା ଆମର ଜଖମ ସାମାଜିକ ବ୍ୟବସ୍ଥାର ଚିତ୍ର। ଯେଉଁ ବ୍ୟବସ୍ଥାରେ ରାଜ୍ୟର ରାଜା ନିର୍ଲୋଭପଣିଆର ନିଦର୍ଶନ ଦେଖାଇ ସମସ୍ତ ସମ୍ପତ୍ତି ଦାନ କରିଦେଇପାରନ୍ତି ସେ ରାଜ୍ୟ ଯେମିତି ବନ୍ଦନୀୟ, ଯେଉଁ ଗଭୀର ରାତ୍ରି ପର୍ଯ୍ୟନ୍ତ ବଡ଼ଦାଣ୍ଡଟାରେ ପ୍ରଭୁମାନେ ସୁନାବେଶ ହୋଇ ଉଭା ରହିପାରନ୍ତି ସେ ରାଜ୍ୟର ସାମାଜିକ ଅବସ୍ଥା ମଧ୍ୟ ସେହିପରି ପ୍ରଶଂସନୀୟ। ଏହା ଜରିଆରେ ତତ୍କାଳୀନ ଗଜପତି ଶତ୍ରୁପକ୍ଷଙ୍କୁ ଆହ୍ୱାନ ଦେଉଥିଲେ, ଦେଖ ଆମ ଠାକୁରଙ୍କୁ, ଦେଖ ତାଙ୍କର ବେଶ ଏବଂ ଖୁସିହୁଅ। ମାତ୍ର ଓଡ଼ିଶା ଉପରେ ଲୋଲୁପ ଆଖି ପକାଅ ନାହିଁ, ସାବଧାନ।

ଓଡ଼ିଆ ଜାତିର ସ୍ପର୍ଦ୍ଧା, ସ୍ୱାଭିମାନ ଏବଂ ସାହସର ସ୍ୱର୍ଣ୍ଣିମ ଅଧ୍ୟାୟ ଶ୍ରୀଜଗନ୍ନାଥଙ୍କ ସୁନାବେଶ। ଆଜି ସମୟ ବଦଳିଯାଇଛି। ଇତିହାସର ମୋଡ଼ ବୁଲାଣିରେ ବହୁକଥା ବଦଳିଗଲାଣି। ଓଡ଼ିଶାର ସେ ଅର୍ଥନୈତିକ ସମୃଦ୍ଧି ଆଜି ନାହିଁ। ମାତ୍ର ସବୁ ପରିବର୍ତ୍ତନ ଭିତରେ ଅପରିବର୍ତ୍ତିତ ଅଛି ପରମ୍ପରା, ଅପରିବର୍ତ୍ତିତ ଅଛନ୍ତି ଶ୍ରୀଜଗନ୍ନାଥ। ଅକ୍ଷତ ରହିଛି ତାଙ୍କର ସୁନାବେଶ। ଏ ବେଶ ଓଡ଼ିଆଙ୍କୁ ମୋହିତ କରୁଛି। ଇତିହାସ ଆଡ଼କୁ ଟାଣି ନେଉଛି ଏବଂ ଧୀରେ ଧୀରେ କାନ ପାଖରେ କହିଦେଉଛି- ଇଏ ଥିଲା ତୁମର ଇତିହାସ, ତାକୁ ତୁମେ ଅତିକ୍ରମ କରିପାରିବ। ଇତିହାସଠାରୁ ଅଧିକ ସମୃଦ୍ଧ ଭବିଷ୍ୟତ ନିର୍ମାଣ କରିପାରିବ। ଶ୍ରୀଜଗନ୍ନାଥଙ୍କ ସୁନାବେଶ ଏ ରାଜ୍ୟର ୪ କୋଟି ୨୦ ଲକ୍ଷ ଲୋକଙ୍କ କାନରେ ଜଣ ଜଣ କରି ସେଇକଥା କହୁଛି। ତୁମେ ସୁନା ଦେବତାର ଭକ୍ତ, ସ୍ୱର୍ଣ୍ଣିମ ଇତିହାସର ଉତ୍ତରାଧିକାରୀ, ସୁନାବେଶର ହିତାଧିକାରୀ। ତୁମେ ଏଇଠି ଅଟକି ରୁହ ନାହିଁ, ଆଗେଇ ଚାଲ, ଆଗେଇ ଚାଲ। ମୁଁ ଅଛି ତୁମ ପଛରେ। ବଡ଼ ଦେଉଳରେ, ବଡ଼ ଆଗ୍ରହରେ, ବଡ଼ ବଡ଼ ଆଖି କରି ଚାହିଁରହିଛି ତୁମ ସମସ୍ତଙ୍କୁ।

ସେକଥା ବାରାନ୍ତରେ - ଆସନ୍ତୁ ଆଜି ଆମେ ସୁନାବେଶ ଦେଖିବା। ଠାକୁରଙ୍କ ରାଜରାଜେଶ୍ୱର ବେଶ ଦେଖିବା।

ଗତକାଲିଠାରୁ ଗୁଣ୍ଡିଚା ମନ୍ଦିରରୁ ଫେରି ଆସିଲେଣି ତିନି ଠାକୁର। ମାତ୍ର ଶ୍ରୀମନ୍ଦିର

ଭିତରକୁ ପ୍ରବେଶ କରିନାହାନ୍ତି। କାଲିଠାରୁ ଚାହାଣି ମଣ୍ଡପରୁ ଚାହିଁ ଲକ୍ଷ୍ମୀ ଠାକୁରାଣୀ ଆଖିରେ ଆଖିରେ ନାନା କଥା କହିଦେଇ ସାରିଲେଣି। ତଥାପି ମନ୍ଦିର ଭିତରକୁ ଯାଇନାହାନ୍ତି ବଡ଼ଠାକୁର। କାହିଁକି ? କାହିଁକି ଏ ଅପେକ୍ଷା, କାହା ପାଇଁ ଅପେକ୍ଷା ? ଏ ଅପେକ୍ଷାର ତାତ୍ପର୍ଯ୍ୟ କ'ଣ ?

ଗତକାଲି ରାତିରେ, ବଡ଼ଦାଣ୍ଡରେ ଠିଆ ହୋଇଥିବା ତିନି ରଥଙ୍କୁ ଆପଣମାନେ ଦେଖୁଥିଲେ। ଦଶମୀ ଚାନ୍ଦର ଜ୍ୟୋତ୍ସ୍ନା ବିଛେଇ ପଡ଼ିଥିଲା ମେଘପଖଳା ଆକାଶରେ। ତାରାଖଚିତ ନୀଳ ଆକାଶର ଚାନ୍ଦୁଆ ତଳେ ଶୋଭା ପାଉଥିଲେ ତିନି ରଥ ଏବଂ ତିନି ରଥରେ ଦେବତା – ଯିବି ଭିତରକୁ, ଆଉ ଦି'ଦିନ ଯାଉ। ବର୍ଷକରେ ଏଇ ଥରୁଟେ ମାତ୍ର ଆସିଛି ଶ୍ରୀମନ୍ଦିର ବାହାରକୁ। ଆକାଶର ଲକ୍ଷ ଲକ୍ଷ ତାରା ପରି ବଡ଼ଦାଣ୍ଡରେ ଲକ୍ଷ ଲକ୍ଷ ମଣିଷ ଏବଂ ଲକ୍ଷ ଲକ୍ଷ ଅପୂର୍ଣ୍ଣ ଇଚ୍ଛା, ହାହାକାର। କେତେ ଦୂରରୁ ଧାଇଁ ଧାଇଁ ଆସୁଛି ଭକ୍ତଟିଏ। ପିଲାଛୁଆ ଧରି ଧାଇଁଛି ସେ ଛତୁଆ ଟିକେ ଖାଇ ଓ ପାଣି ମୁନ୍ଦେ ପିଇ। ଆସୁ, ସେ ଦେଖୁ ମୋତେ, ମୁଁ ଦେଖେ ତାକୁ। ଏଇ ବଡ଼ପଣ ଯୋଗୁଁ ଜଗନ୍ନାଥ ଉତ୍କଳର ନେତା। ଉତ୍କଳମଣିଙ୍କ ପରି ଆମର ଜନନେତା ଜଗନ୍ନାଥଙ୍କଠାରୁ ଏଇ ଗୁଣ ଶିକ୍ଷା କରନ୍ତି। ଆଗେ ମୋର ଭକ୍ତ, ମୋର ଜନତା, ମୋର କର୍ମୀ; ପଛରେ ମୋ ନିଜ ପରିବାର, ମୋର ମନ୍ଦିର। ସମସ୍ତଙ୍କୁ ଧନ୍ୟବାଦ ଜଣାଇ, ଦେଖାକରି ତା'ପରେ ଭିତରକୁ ଯିବି।

ଦର୍ଶକ ବନ୍ଧୁ, ଆଜିର ସୁନାବେଶର ମହତ୍ତ୍ୱ ଆପଣ ଜାଣନ୍ତି। ବର୍ଷକ ଭିତରେ ଆଉ ଯେତେଥର ଏହି ବେଶ ହୁଏ ସେସବୁ ମନ୍ଦିର ଭିତରେ, ରତ୍ନ ସିଂହାସନ ଉପରେ ହୁଏ ସେ ଦୃଶ୍ୟ। ଅଣହିନ୍ଦୁ ଭକ୍ତ ଦେଖିପାରନ୍ତି ନାହିଁ। ସେମାନଙ୍କ ଲାଗି ଇଏ ଗୋଟିଏ ଅବକାଶ ଯେତେବେଳେ ପ୍ରଭୁମାନଙ୍କ ସୁନାବେଶ ଦେଖିପାରନ୍ତି। ଆଜି ସେମାନେ ମଧ ଦେଖୁଛନ୍ତି ଏ ଦୃଶ୍ୟ।

ଏବେ ଭକ୍ତମାନଙ୍କର ଭିଡ଼ରେ ଭର୍ତ୍ତି ଶରଧାବାଲି। ଯୁଆଡ଼କୁ ଚାହିଁଲେ କେବଳ ଭକ୍ତ ଓ ଭକ୍ତ। ହୃଦୟରେ ସେମାନଙ୍କର ଭକ୍ତି ଓ ଶ୍ରଦ୍ଧା। ସେ ଶ୍ରଦ୍ଧା ଯେଉଁଠି, ତାହା ଶରଧାବାଲି। ସେ ମମତା ଯେଉଁଠି, ତାହା ମାନ ମଣ୍ଡପ। ସେ ସ୍ନେହ ଯେଉଁଠି, ତାହା ସୁନା ସିଂହାସନ। ହେ ସୁନା ହୃଦୟର ଶିଖର ଦେବତା, ଏ ଓଡ଼ିଆଙ୍କୁ ସାହା ହୋଇଥାଅ। ନିଖିଳ ଜନଙ୍କୁ ଏଇପରି ବଳୀୟାରଭୁଜ ଟେକି ଶରଣରେ ରଖିଥାଅ ପ୍ରଭୁ। ଶଙ୍ଖେ ପୂରାଇ ଚକ୍ରେ ଉହାଡ଼ି ନିରାପଦରେ ରଖ ସେଇ ଦୀନ କୁଟୀରର ଦରିଦ୍ରତମ ମଣିଷଟିକୁ, ଯାହାର ତୁମ ବିନା ଆଉ କେହି ଆଶ୍ରା ନାହିଁ।

ସୂର୍ଯ୍ୟାସ୍ତ ସମୟ। ଅସ୍ତଗାମୀ ସୂର୍ଯ୍ୟଙ୍କର ସୁନାଆଉଟା କିରଣ ଝଲସି ଉଠୁଛି

ଦଇନିର ଭାବଲହରୀ - ସମର୍ପଣର ଇଏ କି ବିଶାଳ, ବିସ୍ତୃତ ବିଶ୍ୱରୂପ ! ଦର୍ଶକ ବନ୍ଧୁ, ଏ ଦୃଶ୍ୟ ସବୁବେଳେ ଦେଖିବାକୁ ମିଳେ ନାହିଁ। ଆଜି ଏ ରୂପ ସମ୍ମୁଖରେ ଯାହା ପ୍ରାର୍ଥନା କରିବେ ତାହା ପୂର୍ଣ୍ଣ ହୋଇଯିବ ବୋଲି ଲୋକବିଶ୍ୱାସ।

ଏବେ ବିଦାୟର ବେଳା। ଅଥଚ ମନ ହେଉଛି, ଏ ରାତି ଶେଷହୀନ ହୁଅନ୍ତା କି ? ଏ ଯାତ୍ରା ଏମିତି ଚାଲିଥାଆନ୍ତା କି ? ମାତ୍ର ସବୁ କଥା ସରିଯାଏ, ସବୁ ଘଟଣାର ହୁଏ ଶେଷ। ଭଲ କଥା ପୁଣି ଶୀଘ୍ର ଶୀଘ୍ର ସରିଯାଏ ବୋଲି ଧାରଣା ହୁଏ। ଆମକୁ ବି ଏ ଧାରାବିବରଣୀ ଶେଷ କରିବାକୁ ହେବ। ମାତ୍ର ତା' ପୂର୍ବରୁ କ୍ଷମା ପ୍ରାର୍ଥନା କରିନେବି- କାଳେ କିଛି ଦୋଷ ତ୍ରୁଟି ରହିଯାଇଥିବ କବିମାନଙ୍କ ଉଦ୍ଧୃତି ଉଦ୍ଧାର କରିବାବେଳେ। ଆପଣଙ୍କ ଭିତରେ କେତେ ପ୍ରାଞ୍ଚ, କେତେ ବିଞ୍ଚ, କେତେ ଦାସିଆ ବାଉରୀ, କେତେ ସାଲବେଗ, କେତେ ବନ୍ଧୁ ମହାନ୍ତି ଅଛନ୍ତି। ଆପଣ ଆମକୁ ଦେଖିଛନ୍ତି, ଶୁଣିଛନ୍ତି। ଇଏ ଆମର ପରମ ସୌଭାଗ୍ୟ। ବିଦାୟ। (୨୦୨୦)

■

ଜଗନ୍ନାଥ ଲୁହ ପୋଛିଦେଲେ

ଏହା ଭିତରେ ପନ୍ଦର ବର୍ଷ ବିତିଗଲାଣି, ମାତ୍ର ସେଇ ରେଳଯାତ୍ରାର ଅନୁଭୂତି ମୁଁ ଭୁଲିପାରିନାହିଁ। ଆଜି ବି ଭାବିବସିଲେ କଥାଗୁଡ଼ିକ ମୋତେ ଆଶ୍ଚର୍ଯ୍ୟକର ଲାଗେ। ସେଇ ଅପରିଚିତ ଯାତ୍ରୀମାନଙ୍କ ସହ ଆକସ୍ମିକ ସାକ୍ଷାତ ହୋଇ ନ ଥିଲେ କେମିତି ମୁଁ ପତ୍ନୀ ସଂଯୁକ୍ତାଙ୍କୁ ଛବିଶ ଘଣ୍ଟାର ରେଳଯାତ୍ରାରେ ଆଣି ଭୁବନେଶ୍ୱରରେ ପହଞ୍ଚିଥାଆନ୍ତି !

୨୦୦୫ରେ 'କମେଡ୍‌କେ'ର ପ୍ରବେଶିକା ପରୀକ୍ଷାରେ ଉତ୍ତୀର୍ଣ୍ଣ ହୋଇ ଝିଅ ଗୌତମୀ ବାଙ୍ଗାଲୋର ନିକଟବର୍ତ୍ତୀ ତୁମ୍‌କୁରର ଶ୍ରୀ ସିଦ୍ଧାର୍ଥ ମେଡିକାଲ୍ କଲେଜରେ ଆଡ୍‌ମିସନ୍ ନେଲା। 'କମେଡ୍‌କେ' ହେଉଛି 'କନ୍‌ସର୍ଟିୟମ୍ ଅଫ୍ ମେଡିକାଲ୍, ଇଂଜିନିୟରିଂ ଆଣ୍ଡ୍ ଡେଣ୍ଟାଲ୍ କଲେଜେସ୍ ଅଫ୍ କର୍ଣ୍ଣାଟକ' ବା କର୍ଣ୍ଣାଟକର ଡାକ୍ତରୀ, ଇଂଜିନିୟରିଂ କଲେଜଗୁଡ଼ିକର ସଂଘ। ଆଜି ସିନା ଓଡ଼ିଶାରେ ଦି' ତିନିଟି ଘରୋଇ ମେଡିକାଲ୍ କଲେଜ ହେଲାଣି, ୨୦୦୫ ମସିହା ବେଳକୁ ଏସବୁ ହୋଇ ନ ଥିଲେ (ସେଇବର୍ଷ ହାଇଟେକ୍ ଆରମ୍ଭ ହେଉଥାଏ)। କେବଳ ତିନିଟି ସରକାରୀ ମେଡିକାଲ୍ କଲେଜ ଥିଲା ଓଡ଼ିଶାର ଛାତ୍ରଛାତ୍ରୀଙ୍କ ପାଇଁ ଯାହା ଆଶା। ସେଥିରେ ପୁଣି ନାନା ପ୍ରକାର ସଂରକ୍ଷଣ। ଏକମାତ୍ର କନ୍ୟା ସନ୍ତାନର ପିତା ଭାବେ ମୋତେ ଗ୍ରୀନ୍‌କାର୍ଡ ସୁବିଧା ମିଳିପାରିଥାଆନ୍ତା, ମାତ୍ର ମୁଁ ସେ ପ୍ରମାଣପତ୍ର ଠିକଣା ସମୟରେ ଯୋଗାଡ଼ କରିପାରି ନ ଥିଲି। ବିଜୟନଗରମ୍‌ରେ ଥିବା ଏକ ଘରୋଇ ଡାକ୍ତରୀ କଲେଜରେ ମୋର ବନ୍ଧୁ ସ୍ୱର୍ଗତ ବିଜୟ କୁମାର ପଟ୍ଟନାୟକଙ୍କ ପୁଅ ପଢ଼ିଥିଲେ। ସେ ଦିଗରେ ସାହାଯ୍ୟ କରିବାଲାଗି ମୁଁ କଂଗ୍ରେସ ନେତା ଶ୍ରୀ ନିରଂଜନ ପଟ୍ଟନାୟକଙ୍କୁ ବହୁ ଅନୁରୋଧ କରିଥିଲି। ମାତ୍ର ତାଙ୍କର ଉତ୍ତର ମୋତେ ନିରୁତ୍ସାହିତ କଲା। ଏଭଳି ପରିସ୍ଥିତିରେ କର୍ଣ୍ଣାଟକ ଥିଲା ଶେଷ ଆଶ୍ରୟ। ସେ ରାଜ୍ୟରେ ଅନେକ ମେଡିକାଲ୍

କଲେଜ। 'କମେଡ୍‌କେ' ପରୀକ୍ଷା ଦେବା ସହ ବିଭିନ୍ନ ମେଡିକାଲ୍ କଲେଜକୁ ଅଲଗା ଅଲଗା ଆବେଦନ କରିବାକୁ ପଡ଼େ। ଗୌତମୀ ଲାଗି ମୁଁ ଏମ୍.ଏସ୍. ରାମେୟା କଲେଜ ସହ ପ୍ରାୟ ଦଶଟି କଲେଜରେ ଆବେଦନ କରିଦେଇଥାଏ। ପ୍ରଥମେ ସିଦ୍ଧାର୍ଥ ମେଡିକାଲ୍ କଲେଜରୁ ଡାକରା ଆସିଲା। ତେଣୁ ସେଇଠି ଆଡ୍‌ମିସନ୍ ନେଇଗଲୁ। ପରେ ପରେ ଅନ୍ୟାନ୍ୟ କଲେଜରୁ ମଧ୍ୟ ଡାକରା ଆସି ପହଞ୍ଚିଥିଲା। କର୍ଣ୍ଣାଟକର ଘରୋଇ ମେଡିକାଲ୍ କଲେଜଗୁଡ଼ିକର ପଚାଶ ଭାଗ ସିଟ୍ ତାଙ୍କ ରାଜ୍ୟର ପିଲାମାନଙ୍କ ପାଇଁ ସଂରକ୍ଷିତ, ଅନ୍ୟ ପଚାଶ ଭାଗ ସିଟ୍ ପାଇଁ 'କମେଡ୍‌କେ' ପରୀକ୍ଷା ହୁଏ। ସେଥିରେ ଭାରତର ବିଭିନ୍ନ ରାଜ୍ୟର ପିଲା ଭାଗ ନିଅନ୍ତି। ବାର୍ଷିକ ୩ ଲକ୍ଷ ସତୁରି ହଜାର ଟଙ୍କା ଫିଜ୍। ଏହା ଭିନ୍ନ ଟେବୁଲ୍ ତଳେ ଗୋଟିଏ ଟଙ୍କା ମଧ୍ୟ ଅଧିକ ଦେବାକୁ ପଡ଼େ ନାହିଁ, ଯାହା ଗୁଜବ ଆକାରରେ ବେଳେ ବେଳେ ଓଡ଼ିଶାରେ ପ୍ରଚାରିତ ହୁଏ।

ଗୌତମୀ ଆମର ଗୋଟିଏ ଝିଅ। ନର୍ସରୀରୁ ନେଇ ଯୁକ୍ତ ଦୁଇ ପର୍ଯ୍ୟନ୍ତ ଆଠନମ୍ବର ଡିଏଭି ସ୍କୁଲ୍‌ରେ ପଢୁଥିଲା। ତାକୁ ଦୂର ବାଙ୍ଗାଲୋରରେ ଛାଡ଼ିବାଲାଗି ବାପମାଆ କାହାରି ଆମ ମନ କହୁ ନ ଥାଏ। କିନ୍ତୁ ତା'ର ଇଚ୍ଛା ସେ ଡାକ୍ତରୀ ପଢ଼ିବ। ତେଣୁ ତୁମ୍‌କୁର (ବାଙ୍ଗାଲୋରରୁ ୭୦ କି.ମି. ଦୂର) ଶ୍ରୀ ସିଦ୍ଧାର୍ଥ ମେଡିକାଲ୍ କଲେଜରେ ନାମଲେଖା ହେଲା। ତା' ଆଗରୁ ପ୍ରବେଶିକା ପରୀକ୍ଷା ପାଇଁ ବାଙ୍ଗାଲୋର ଏବଂ କାଉନ୍‌ସେଲିଂ ପାଇଁ ତୁମ୍‌କୁର ଯାଇଥିଲୁ। ୨୦୦୫ ଜୁଲାଇ ୩୧ ତାରିଖ ଦିନ ଗୌତମୀକୁ ତା'ର କଲେଜର ଛାତ୍ରୀ ନିବାସ 'ପଦ୍ମପାଣି ହଷ୍ଟେଲ୍'ରେ ଛାଡ଼ିଲୁ। ଆମେମାନେ ତୁମ୍‌କୁର ବଜାରର ବିଘ୍ନେଶ୍ୱର ଲଜିଂରେ ରହି ତା' କଲେଜକୁ ଯା-ଆସ କରୁଥାଉ। ତୁମ୍‌କୁରର ପାଣିପାଗ ନାତିଶୀତୋଷ୍ଣ, ଖରାଦିନେ ସୁଦ୍ଧା ସେତେବେଳେ ସେଠାରେ ପଙ୍ଖା ଦରକାର ପଡୁ ନ ଥିଲା। ଶ୍ରୀ ସିଦ୍ଧାର୍ଥ ମେଡିକାଲ୍ କଲେଜର କ୍ୟାମ୍ପସ୍ ଯେମିତି ବିଶାଳ, ସେମିତି ସୁନ୍ଦର। ଝିଅର ଦରକାରୀ ଜିନିଷପତ୍ରତକ କିଣି ତା' ହଷ୍ଟେଲ୍‌ରେ ତାକୁ ଦେଇଦେଲୁ। ସଂଯୋଗବଶତଃ ସେ ବର୍ଷ ଗୌତମୀକୁ ମିଶେଇ ଚାରିଜଣ ଓଡ଼ିଆ ପିଲା (ଅନ୍ୟ ତିନିଜଣ ହେଲେ ନିବେଦିତା, ସୁନୀଲ ଏବଂ ରୁଚିତ) ସେହି କଲେଜର ଆଡ୍‌ମିସନ୍ ନେଇଥାଆନ୍ତି। ସେମାନଙ୍କ ସହ ଚିହ୍ନାପରିଚୟ ହୋଇଗଲା। ଅଗଷ୍ଟ ୩ ତାରିଖ ଉପରବେଳା ଯଶଓ୍ୱନ୍ତପୁର (ବାଙ୍ଗାଲୋର) ଷ୍ଟେସନ୍‌ରୁ ଆମର ଭୁବନେଶ୍ୱରକୁ ଫେରିବା ଟିକେଟ୍ କରାଯାଇଥାଏ। ସକାଳେ ଝିଅକୁ ତା' କ୍ଲାସ୍‌ରେ ଛାଡ଼ି ସଂଯୁକ୍ତାଙ୍କର ଓ ମୋର ବସ୍‌ରେ ଯଶଓ୍ୱନ୍ତପୁର ଷ୍ଟେସନ୍‌କୁ ଆସିବା କଥା। ସେଇଠୁ

ଟ୍ରେନ୍ ଧରିବୁ। ପୂର୍ବଦିନ ରାତିରେ ବହୁ ସମୟ କଥାବାର୍ତ୍ତା ହୋଇ ପରସ୍ପରକୁ ମାନସିକ ପ୍ରସ୍ତୁତି ପାଇଁ ବୁଝେଇଥାଉ। ସକାଳ ନଅଟାବେଳକୁ ଯାଇ ଝିଅ କଲେଜରେ ପହଞ୍ଚିଲୁ। ଝିଅ ଆପ୍ରନ ପିନ୍ଧି ପ୍ରଥମ 'ଆନାଟମି' କ୍ଲାସ୍ ଯିବାଲାଗି ପ୍ରସ୍ତୁତ ହୋଇସାରିଥାଏ। ତାକୁ ତା' କଲେଜ ପୋର୍ଟିକୋରେ ବିଦାୟ ଦେଲାବେଳକୁ ସେ ଗୋଟେ ନୂଆ କାମ କରିବସିଲା। ନୋଇଁପଡ଼ି ମୋର ଗୋଡ଼ଛୁଇଁ ମୋତେ ଜୁହାର ହେଲା। ଝିଅ ଆଉ ମୁଁ ଦିହେଁ ସାଙ୍ଗ ପରି ଚଳୁ। ଆମ ଭିତରେ ଜୁହାର, ପ୍ରଣାମ ଇତ୍ୟାଦି ନ ଥାଏ। ଖୁସି ହେଲେ ସେ ମୋତେ ଭିଡ଼ି ଧରେ, ଦୁଃଖୀ ଥିଲେ ଆସି ଛାତିରେ ଆଉଜିପଡ଼େ। ସେଦିନ ତା'ର ଏମିତି ପ୍ରଣାମ କରିବା ଦେଖି ବହୁ ସମୟ ହେଲା ମୁଁ ଆଖିରେ ରୋକିଥିବା ଲୁହକୁ ଆଉ ସମ୍ଭାଳି ପାରିଲି ନାହିଁ, ସେ ଦୁଇଟୋପା ଗଡ଼ିଆସିଲା। ମୁଁ ମୁହଁ ବୁଲେଇ ସଂଯୁକ୍ତାଙ୍କ ହାତ ଭିଡ଼ିଧରି ଗେଟ୍ ପାଖକୁ ପଳେଇଆସିଲି। ଝିଅକୁ ତା'ର ସାଙ୍ଗମାନେ କ୍ଲାସ୍ ଭିତରକୁ ନେଇଗଲେ।

ଝିଅର କ୍ଲାସ୍‌ଠାରୁ ମେଡିକାଲ୍ କଲେଜ ଗେଟ୍‌ର ଦୂରତା ପାଞ୍ଚଶହ ମିଟର ହେବ। ମୋତେ ତାହା ପାଞ୍ଚଶହ କିଲୋମିଟର ପରି ଲାଗୁଥାଏ। ସଂଯୁକ୍ତାଙ୍କ ହାତ ଧରି ଧୀରେ ଧୀରେ ମୁଁ ଚାଲିଥାଏ। ଝିଅକୁ ପଛରେ ଛାଡ଼ି ଆସିବା ଲାଗି ଆଦୌ ମନ ହେଉ ନ ଥାଏ। ଉଣେଇଶ ଆମିଷପ୍ରିୟ। ଏଠି ଏ ଦକ୍ଷିଣ ଭାରତୀୟ ସମ୍ବର, ରସମ୍ ଭିତରେ କେମିତି ଚଳିବ! ଏମିତି ଭାବୁ ଭାବୁ ଆସି ଗେଟ୍ ପାଖେ ପହଞ୍ଚି ଅଟୋରିକ୍ସାକୁ ଅପେକ୍ଷା କରୁଥାଏ। ବାମହାତରେ ମୁଁ ସଂଯୁକ୍ତାଙ୍କ ହାତ ଧରିଥିଲି। ହଠାତ୍ ମନେହେଲା ସଂଯୁକ୍ତାଙ୍କ ହାତ ମୋ ମୁଠାରୁ ଖସିଯାଇଛି। ମୁଁ ଦେଖିଲାବେଳକୁ ସତକୁ ସତ ସେ ମୋ ହାତରୁ ଖସିଯାଇ ରାସ୍ତାରେ ଲୋଟୁଥିଲେ। ମେଡିକାଲ୍ ସାମ୍ନାରେ ଏ ଦୃଶ୍ୟ ଦେଖି କେହି କେହି ଭାବିଲେ, ରୋଗୀଟିଏ ହୋଇଥିବ। ଅଟୋରିକ୍ସାବାଲାଏ ମଧ୍ୟ ଧାଇଁ ଆସିଲେ। ସଂଯୁକ୍ତା ସେମିତି ତଳେ ପଡ଼ି ଲୁହ ବାଲୁବାଲୁ ଆଖିରେ ଦୁଇହାତ ଯୋଡ଼ି ମୋତେ କହୁଥାନ୍ତି, "ମୁଁ ମୋ ଝିଅକୁ ଛାଡ଼ି ଏଠୁ ଯିବି ନାହିଁ। ତୁମେ ଯାଇ ମୋର ଟ୍ରାନ୍ସଫର୍ ବ୍ୟବସ୍ଥା କରାଅ।" ମୁଁ ତାଙ୍କର କଥା ଶୁଣି କ'ଣ କହିବି ବୁଝିପାରୁ ନ ଥାଏ। ମୋ ଆଖିରୁ ମଧ୍ୟ ଲୁହ ନିଗୁଡୁଥାଏ।

ସଂଯୁକ୍ତା ଜୀବନବୀମା ନିଗମରେ ଚାକିରି କରୁଥିଲେ। ସେତେବେଳେ ତାଙ୍କର ପୋଷ୍ଟିଂ ଭୁବନେଶ୍ୱରରେ ଥାଏ, କିଛି ମାସ ପରେ ଖୋର୍ଦ୍ଧା ବଦଳି ହୋଇଗଲେ। ରାସ୍ତା ଉପରେ ପଡ଼ିରହି ସେ କହୁଥାଆନ୍ତି, ତାଙ୍କର ବାଙ୍ଗାଲୋର କି ତୁମ୍‌କୁର ପାଖ କୌଣସି ଜାଗାକୁ ଟ୍ରାନ୍ସଫର ପାଇଁ ମୁଁ ଚେଷ୍ଟା କରିବା ଦରକାର।

ତାହାହେଲେ ସେ ଝିଅ ପାଖରେ ରହିପାରନ୍ତେ! ତାହା ନ ହେଲେ ସେ ଚାକିରି ଛାଡ଼ିଦେବେ ପଛକେ ଝିଅଠାରୁ ଅଲଗା ରହିବେ ନାହିଁ।

ତାଙ୍କର ଏ ଅବସ୍ଥା ଦେଖି ମୁଁ ବୁଦ୍ଧିଶୂନ୍ୟ ହୋଇପଡ଼ିଲି। ବଡ଼ କଷ୍ଟରେ ସେଠୁ ତାଙ୍କୁ ଧରି ପ୍ରଥମେ ତୁମ୍‌କୁର ଓ ତା'ପରେ ଯଶୱନ୍ତପୁର ଆସିଲି। ବାଟସାରା କଥା ନାହିଁ, ଖିଆ ନାହିଁ କି ପାଟିରେ ପାଣି ଟୋପାଏ ନାହିଁ। ମୋତେ ଡର ଲାଗୁଥାଏ। କାଳେ କ'ଣ ହେଇଯିବ କି!

ଯଶଓ୍ୱନ୍ତପୁର ଷ୍ଟେସନ୍‌ର ଚାରିନମ୍ବର ପ୍ଲାଟ୍‌ଫର୍ମରୁ ଆମେ ଟ୍ରେନ୍ ଧରିଲୁ। ଓ୍ୱେଟିଂ ଲିଷ୍ଟ୍‌ରେ ଥିବା ଆମର ଟିକେଟ୍ ଯୋଡ଼ିକ ସୌଭାଗ୍ୟବଶତଃ କନ୍‌ଫର୍ମଡ୍ ହୋଇ ଯାଇଥିଲା। ସଂଯୁକ୍ତା କାନ୍ଦିଚାଲିଥାଆନ୍ତି। ଟ୍ରେନ୍ ଛାଡ଼ିଲା। ଏ ଗୋଳଚହଳ ଓ ଭିଡ଼ଭାଡ଼ ସତ୍ତ୍ୱେ ତାଙ୍କର ମାନସିକ ଅବସ୍ଥାରେ କୌଣସି ପରିବର୍ତ୍ତନ ହେଉ ନ ଥାଏ। ଏମିତି ଅବସ୍ଥାରେ ପ୍ରାୟ ଅଧଘଣ୍ଟାଏ ଟ୍ରେନ୍ ଚାଲିସାରିଥିବ। ଆମେ ଦି'ଜଣ ଉପର ବର୍ଥରେ ବସିଥାଉ। ଲକ୍ଷ୍ୟ କଲି ତଳ ସିଟ୍‌ରେ କଲିକତା ଯାଉଥିବା ଗୋଟିଏ ସଂକୀର୍ତ୍ତନମଣ୍ଡଳୀର ତିନିଜଣ ସଦସ୍ୟ ବସିଥାଆନ୍ତି। ତାଙ୍କ ଭିତରୁ ଯୁବକ ଜଣକ ଥିଲେ ଅନୀଲ ଶର୍ମା, ସେ ଧର୍ମଚର୍ଚ୍ଚା ମଝିରେ କିଛି ହାସ୍ୟରସ କାର୍ଯ୍ୟକ୍ରମ ପରିବେଷଣ କରିଥାଆନ୍ତି। ସିଏ ସଂଯୁକ୍ତାଙ୍କର ଏ ଅବସ୍ଥା ଦେଖି ମୋତେ ପଚାରିଲେ- ତାଙ୍କର ଦେହପା ଠିକ୍ ଅଛି ତ ?

ଅନେକ ସମୟ ହେଲା କାହା ଆଗରେ ମୋର ଦୁଃଖତକ କହିବି କହିବି ବୋଲି ଭାବୁଥାଏ। ଝିଅକୁ କେବଳ ଫୋନ୍ କରି କହିଦେଇଥାଏ ଯେ ଆମେ ଟ୍ରେନ୍‌ରେ ସିଟ୍ ପାଇଯାଇଛୁ। ତାକୁ ତା' ମାଆର ମାନସିକ ଅବସ୍ଥା କଥା ମୁଁ କହିପାରି ନ ଥାନ୍ତି। ହୁଏତ ସିଏ ବି ଏତେବେଳକୁ ମନଦୁଃଖରେ କୋଉଠି ବସିଥିବ। ତେଣୁ ଅନୀଲଙ୍କ ପ୍ରଶ୍ନର ଉତ୍ତରରେ ମୁଁ ସବୁକଥା ତାଙ୍କ ଆଗରେ ଗାଇଗଲି। ମୋ ଛାତି ଭିତରଟା ଟିକେ ହାଲୁକା ହୋଇଗଲା।

ତାହା ପରଠାରୁ ସଂଯୁକ୍ତାଙ୍କୁ ବୁଝେଇବା ଓ ତାଙ୍କ ଖାଇବା ପିଇବାର ଯତ୍ନନେବା ଇତ୍ୟାଦି ସବୁ ଦାୟିତ୍ୱ ଅନୀଲ ଏବଂ ତାଙ୍କର ଗୁରୁ ନେଇଗଲେ। ପ୍ରତି ଷ୍ଟେସନ୍‌ରେ ଗୁରୁଙ୍କର ଅନୁରାଗୀମାନେ ଆସି ସେଓ, ଅଙ୍ଗୁର, ଥଣ୍ଡାପାଣି ଇତ୍ୟାଦି ଦେଇଯାଉ ଥାଆନ୍ତି। ବାଙ୍ଗାଲୋରରୁ ଆସିବାବେଳେ ତାଙ୍କ ସାଙ୍ଗରେ ଆସିଥାଏ ପ୍ରଚୁର ପରଟା, ଆଚାର ଓ ତରକାରି। ସିଏ ବାଧ୍ୟକରି ସଂଯୁକ୍ତାଙ୍କୁ ଖାଇବାକୁ ଦେଲେ। ମୁଁ ପ୍ରତିବାଦ କରିବାରୁ ସେ କହିଲେ, ''ଆମ ପାଖେ ବହୁତ ଅଛି। ଆପଣ ଦିହେଁ ନିଶ୍ଚିନ୍ତ ରୁହନ୍ତୁ। ଆଦୌ ସଙ୍କୋଚ କରନ୍ତୁ ନାହିଁ। ଆପଣମାନେ ଦୁଃଖୀ ରହିଲେ

ସେପଟେ ଝିଅର ମନ ଦୁଃଖୀ ରହିବ।'' ତାଙ୍କ କଥା ଶୁଣି ବହୁ କଷ୍ଟରେ ସଂଯୁକ୍ତା ପାଟିକୁ ପରଟା ଓ ଆଚାର ନେଲେ, ପାଣି ପିଇଲେ। ମୁଁ ମଧ୍ୟ କିଛି ଖାଇଲି।

ସେମାନଙ୍କ ଆଶ୍ରମର ନାମ ହେଲା ଶ୍ରୀ ଶ୍ୟାମ ସତ୍‌ସଙ୍ଗ ମଣ୍ଡଳ ଓ ତାହା ହାଓ୍ୱଡ଼ାର ଘୁଷୁରୀଧାମରେ ଅବସ୍ଥିତ। ଗୁରୁଙ୍କ ନାମ ଥିଲା ପ୍ରକାଶ ଚନ୍ଦ୍ର ତିବରେୱାଲ୍। ସେମାନେ ତିନିଜଣ ଥିଲେ। ଆମ ସହ ବେଶି ଗପସପ କରୁଥିଲେ ଅନୀଲ ଶର୍ମା।

ଏହାପରେ ଅବଶିଷ୍ଟ ପଚିଶ ଘଣ୍ଟାର ରାସ୍ତାତକ କେମିତି କଟିଗଲା ମୁଁ ଆଉ ଜାଣିପାରିଲି ନାହିଁ। ଅନୀଲ ଏତେ ସୁନ୍ଦର ସୁନ୍ଦର କଥା କହୁଥାଆନ୍ତି ଯେ ତାଙ୍କ କଥାରୁ ମନ ହଟୁ ନ ଥାଏ। ତାଙ୍କର କହିବା ଠାଣୀ ଖୁବ୍ ବଢ଼ିଆ। ସଂଯୁକ୍ତା ମଧ୍ୟ ତାଙ୍କ କଥା ଶୁଣି ଟିକିଏ ଟିକିଏ ହସିବାର ଲକ୍ଷ୍ୟ କଲି। ବାଟସାରା ସେମାନେ ଆମର ଖାଇବା ପିଇବା କଥା ବୁଝୁଥାଆନ୍ତି। ଆନ୍ଧ୍ର ଡେଇଁ ଓଡ଼ିଶା ସୀମାରେ ଟ୍ରେନ୍ ପହଞ୍ଚିଲାବେଳକୁ ଆମେ ଦୁହେଁ ଅନେକଟା ସହଜ ହୋଇଯାଇଥିଲୁ, ଯଦିଓ ମନତଳେ ଝିଅକୁ ଦୂରରେ ଛାଡ଼ିଆସିବାର ଦୁଃଖ ପଥର ପରି ଚାପିହୋଇ ରହିଥିଲା।

ଭୁବନେଶ୍ୱର ଷ୍ଟେସନ୍‌ରେ ଆମେ ଓହ୍ଲେଇଲୁ। ଆମକୁ ବିଦାୟ ଦେବା ପାଇଁ ଅନୀଲ ପ୍ଲାଟ୍‌ଫର୍ମକୁ ଓହ୍ଲେଇ ଆସିଲେ। ମୁଁ ମୋ ପକେଟ୍‌ରୁ କଲମଟି କାଢ଼ି ତାଙ୍କ ପକେଟ୍‌ରେ ଖୋଷିଦେଇ କହିଲି- ଆପଣ ଆମର କି ଉପକାର କରିଛନ୍ତି ତାହା ବୁଝିପାରିବେ ନାହିଁ। ପ୍ରତିଦାନରେ ଏ ଲେଖକ ତା'ର କଲମଟିଏ ଉପହାର ଦେଉଛି। ସେ ଖୁସିରେ ମୋତେ ଆଲିଙ୍ଗନ କଲେ।

ଏହାର କିଛିଦିନ ପରେ, ସେପ୍ଟେମ୍ବର ମାସରେ ଗୌତମୀ ତା' ସାଙ୍ଗମାନଙ୍କ ସାଙ୍ଗରେ ଭୁବନେଶ୍ୱରକୁ ଆସିଲା। ସେକେଣ୍ଡ୍ କ୍ଲାସ୍ ସ୍ଲିପର୍‌ରେ ଚଢ଼େଇଛୁଆ ପରି ଗୁଡ଼ିଏ ପିଲା ଭର୍ତ୍ତି ହୋଇଥାଆନ୍ତି। 'ହୋମ୍ ସିକ୍‌ନେସ୍' ଛୁଟିରେ ଆସିଛି ବୋଲି ଆମକୁ କହିଲା। ସେ ନିଜେ ତୁମ୍‌କୁର ଷ୍ଟେସନ୍‌ରୁ ଟିକେଟ୍ କାଟି ଭୁବନେଶ୍ୱର ଆସିବା କଥା ମୋତେ ଆର୍ମଷ୍ଟ୍ରଙ୍ଗ୍ ଚନ୍ଦ୍ରକୁ ଯିବା ପରି ଅସମ୍ଭବ ଲାଗିଲା। ଗୋଟିଏ ମାସ ଭିତରେ ତା'ର ଆତ୍ମବିଶ୍ୱାସ ଖୁବ୍ ବଢ଼ିଯାଇଥିଲା। ନଭେମ୍ବର ମାସ ୧୨ ତାରିଖ, ତା'ର ଜନ୍ମଦିନ ବେଳକୁ ଆମେ ବାପା-ମାଆ ଯାଇ ତା'ର ପନ୍ଦର, କୋଡ଼ିଏ ସାଙ୍ଗଙ୍କୁ ଡାକି ତୁମ୍‌କୁରର ଗୋଟେ ରେଷ୍ଟୋରାଁରେ ଭୋଜି ଦେଇଥିଲୁ। ସେଇଠି ତା'ର ସହପାଠୀମାନଙ୍କ ସହ ଆମର ଭଲ ପରିଚୟ ହୋଇଥିଲା। ସେ ଆଉ ଏକଲା ଅନୁଭବ କଲା ନାହିଁ।

ଏହା ଭିତରେ ଅନେକ ବର୍ଷ ବିତିଗଲାଣି। ଗୌତମୀ ସେଠାରେ ସାଢ଼େ ପାଞ୍ଚବର୍ଷ ପଢ଼ି ଓଡ଼ିଶା ଫେରିଲା। ତା'ପରେ କଟକ ଶ୍ରୀ ରାମଚନ୍ଦ୍ର ଭଞ୍ଜ ମେଡିକାଲ୍

କଲେଜରୁ ପି.ଜି. ସାରି ଚାକିରି କଲା। ଏବେ ସେ ଦାୟିତ୍ୱ ସଂପନ୍ନ ଆସିଷ୍ଟାଣ୍ଟ ପ୍ରଫେସର, ପତ୍ନୀ ଓ ମାଆ। ଏକା ସହରରେ ରହୁଥିବାରୁ ପ୍ରାୟ ତିନି ଚାରି ଦିନରେ ଥରେ ତା' ସହ ଦେଖାସାକ୍ଷାତ ହୁଏ। ଅନ୍ୟାନ୍ୟ ଆଲୋଚନା ଭିତରେ ବେଳେବେଳେ ସେଇ ପନ୍ଦର ବର୍ଷ ତଳର କଥା ମୁଁ କହିବସେ। ହଠାତ୍ ଆଖିଆଗରେ ନାଚିଯାଏ ଅନିଲ ଶର୍ମାଙ୍କ ହସ ହସ ଶ୍ୟାମଳ ଚେହେରା। ଲାଗେ, ଗୋଟିଏ ଦୁଃଖିନୀ ମାଆର ଆଖିରୁ ଲୁହ ପୋଛିଦେବା ଲାଗି ଶ୍ରୀଜଗନ୍ନାଥ ତାଙ୍କୁ ସେଦିନ ହାଓ୍ୱଡ଼ା ଯଶଓ୍ୱନ୍ତପୁର ଟ୍ରେନ୍‌ରେ ପଠେଇଥିଲେ।

■

BLACK EAGLE BOOKS

www.blackeaglebooks.org
info@blackeaglebooks.org

Black Eagle Books, an independent publisher, was founded as a nonprofit organization in April, 2019. It is our mission to connect and engage the Indian diaspora and the world at large with the best of works of world literature published on a collaborative platform, with special emphasis on foregrounding Contemporary Classics and New Writing.

www.ingramcontent.com/pod-product-compliance
Lightning Source LLC
Chambersburg PA
CBHW022023120726
47898CB00008BA/2728
9781645601500